追思先伯祖直绳先生

李昕

西沙踏浪壮心酬，
辛亥功成寄小舟。
尚忆当年提督李，
何曾南海隐风流。

追思先伯祖直绳先生

李昕

西沙踏浪壮心酬，

辛亥功成寄小舟。

尚忆当年提督李，

何曾南海隐风流。

李准（1871—1936）

「（将西沙）收入海图，作为中国之领土。

——李准」

众家评说：

明敏诚笃，果敢有为，必有成效。——李鸿章

才具优良，志趣坚定，实心任事，历久不渝。——张之洞

求之近今统将，实为不可多得之才。——岑春煊　张人骏

粤东省城九月反正，以李直绳（李准）君之功为最。——胡汉民

粤省光复，（李准）公树伟功。——黄兴

图为位于永兴岛的三沙市地名碑

三沙设市记碑文

浩瀚南海　岛礁列布　秦谓涨海　汉曰七洲洋

唐始开辖制　长沙石塘隶于琼州

千年建制沿革　一统绵延　渔民耕海

更路成簿　南海诸岛成先民生存之地

汉通海上丝绸之路　元郭守敬四海测验

明郑和七下西洋　南海岛礁赫然史册

清末李准率师巡航　踏勘诸岛宣我主张

明清乃成南海疆域　民国终定南海版图

新中国盛　海南建省　承辖西南中沙

今三沙设市　立府永兴　睦邻四方　固我海疆

和平发展　共享安康　镌石记之　以为永志

中共海南省委　海南省人民政府

2019 年 11 月 26 日，作者李昕在三沙永兴岛留影

目　录

上　编

下　编

附　录

序：温情拟家传　理性作国史

谭丽琳

宣统元年，即公元1909年，广东水师提督李准深感“中国向不以领海为重”，怀揣“探其（西沙）究竟，收入海图，作为中国之领土”之宏愿，于当年旧历四月率船龄超30年、破旧失修的“伏波”“琛航”两舰，前往南海西沙群岛巡阅维权。

2019年是李准将军巡航西沙110周年。李准孙辈、著名出版人李昕应三沙市政策项目研究中心之邀，于11月下旬前往三沙永兴岛讲学。这座面积不足4平方公里的海岛，是三沙市委、市政府驻地。

此次登岛，李昕为驻岛军警民讲述了李准其人和110年前的南海维权历史。当年，李准巡航西沙21天，先后登陆15个小岛，逐一命名勒石，升旗鸣炮，宣示主权。在列强觊觎下，他心怀忧患，深感南海领海安全如“春冰虎尾，夙在兢兢”，于次年编著《广东水师国防要塞图说》，首次用经纬度记录，将南海诸岛纳入我国防版图。近年来，随着南海局势趋紧，李准的维权行动和留下的文字，成了彰显我国南海主权的重要铁证，李准被高度评价为“南海亮剑第一人”。2012年7月，中央决定设立地级三沙市，管辖西、南、中沙群岛的岛礁及海域。170字的《三沙设市记》，记载了自秦以来我国南海维权的十个重要历史节点，“清末李准率师巡航，踏勘诸岛宣我主张”赫然在列。

冬日的永兴岛浪急风硬。对西沙，对永兴岛，李昕有旁人未知究竟的特殊情结。记得面对浩瀚南海，李昕百感交集，一改平素温文之态，朗声笑叹“西沙，我来了！”为了此次西沙之行，李昕专门添置了一部拍照功能强大的新手机，一登上永兴岛，他对永兴岛上的一草一木、一砖一瓦似有久别重逢的亲切，恨不得一一收入镜头。须知，110 年前，永兴岛被踏勘至此的李准命名为“邻水岛”。四川邻水是李准的家乡，也是李昕的祖籍地。这次除了讲学，李昕还想寻访李准西沙巡航旧踪，计划乘快艇选几个李准当年命名的小岛走走看看。但当天风力 5 级、浪高 2 米，为安全起见只得作罢。

李昕是中国著名出版人，先后在北京、香港从事出版工作，退休前任生活·读书·新知三联书店总编辑。从业 30 多年间，他主持出版了《邓小平的时代》、王鼎钧回忆录四部曲等等一大批极具影响力的经典好书，在出版界留下了一段黄金传奇。退休后，学养深厚的他从编书人变成写书人，5 年笔耕不辍，推出了 6 本随笔札记，大多聚焦“做书”，比如《做书：感悟与理念》《做书的日子》《做书的故事》等等，以及刚刚在香港三联书店出版的《那些年，那些人和书》，本本读之有故事，感之有温度，悟之有理念，堪称出版人的经典教科书。

在李昕的亲情世界里，李准是一个特殊而复杂的存在。身为前清高官的李准受命镇压过革命党人，在特殊年代，这是笼罩在李昕全家心头的政治乌云。而当李准的历史功绩，特别南海维权的历史意义得以重新评价后，为避攀附之嫌，李昕很少提及这位祖辈，认为和他的关系“不近也不远”，未曾想过研究李准，写写李准。

事实上，我们邀请他去三沙、南海看一看，最初是想请他给守护南疆的三沙军警民讲讲怎么读书，丰富岛上的文化生活。可适逢巡航西沙 110 周年历史节点，作为李准将军的孙辈来到三沙，又怎能不追忆先贤？我们本以为凭借李昕的特殊身份，以及他的学识、口才，加上史料积累、家传故事，随便给大家讲一讲应该都会很受欢迎，不是一件太辛苦的事情。但是李昕从一开始就没打算“随便讲一讲”。基于 30 多年出版工作养成的严谨风格，他认为自己对李准研究很不够，以至没有一时贸然应承。特别是，当时他因脑部缺血常常感到头晕，身体状况不好，所以我们劝他以健康为重，先放下这一提议。但李昕并没有放下，而是把这次讲座当作一个大工程，足足提前了两个月精心准备。关于李准的书籍、资料确实不少，但李昕不是拿来就用，他发现这些书籍、文章中以讹传讹之处太多，需要一一考证。一些看似不那么重要的历史细节，他也没有放过，反复到国家图书馆或网上查阅史料甄别，耗费了不少时间和精力。形成两万字的讲稿后，李昕反复修改打磨，三易其稿，终成精品。2019 年 11 月 26 日，在“三沙大学堂”上，李昕用“南海雄杰”定位李准，讲了李准的为人为官，讲了 110 年前的南海维权，史料厚重，充满深情又公正客观，极具感染力，被现场听者称为是大学堂有史以来“最精彩”的一堂。

110 年过去了，李昕是家族中第一个来到三沙寻访李准旧踪的晚辈。110 年前的西沙之行是李准人生的高光时刻。当时的中国政治腐败、国力贫弱，处处被动挨打，逢战必败，只得“量中华之物力，结与国之欢心”，割地赔款、丧权辱国。身处那样一个充满耻感和痛感的时代，李准的血始终是热的，骨头始终是硬的。他的忧患意识、他的亮剑精神，他的远见卓识，他的深明大义，以及他的家国情怀，在晚清的黑暗天幕之中绝非只是微光一线，堪称时代的强音。放在今天看，也显得弥足珍贵。讲座后我们意犹未尽，总觉得这次三沙之行应该不仅仅只是一课之缘，有必要请李昕以他独特情感和视角，写一本关于李准的书。或谨慎使然，或责己甚严，李昕当时答复把握不大，但愿意试试看。

回京后，李昕一头扎进对李准的研究之中。特别在疫情期间，他闭门不出，全身心投入研究、写作。关于李准的多篇专题文章接连出炉，他总在第一时间发给我，请我提意见并展开讨论。回看往复微信，成书话题已泛然成篇。有幸成为“第一读者”，我大为受益。李准是晚清诸多重大历史事件的参与者、推动者，也与诸多重要历史人物关联紧密，这倒逼我认真研读了晚清及民国初年的历史，对所涉人事有了大致的把握。而李昕发来的每篇文章都可读而且耐读，文风一如既往的平实凝练，内容也是一如既往的扎实厚重，值得反复研读，回味悠长。李昕谦称自己并非历史学者，没有接受过研究历史的专业训练，但事实上他每篇文章都透着据事直书、论从史出的史家精神。为祖辈作传，他秉持“有一分证据说一分话”，绝不溢美，也不讳恶。他坚持用事实说话，对李准的正面评价都有足够的史实支撑，为此查阅的资料不仅仅限于史书，而拓展到《政治官报》《申报》等晚清、民国的诸多报纸，甚至朝廷奏折，全书脚注多达两百余条。他回望李准的目光有晚辈的敬意，更有学者的客观。坦白说，这本书称得上温情拟家传，理性作国史。

书成之后，李昕老师按个人出书惯例嘱责编作序。我深感惶然：这是我责编的第一本书，算是出版业的学徒新人，实不敢冒昧为师长代言。李昕老师仍坚持意见。恭敬不如从命，我便把这份托付当作前辈对后进的奖掖和提携。在此，深深感谢李昕老师对海南出版社、对我的信任和支持。同时，也要感谢三沙市委市政府对南海题材作品的重视和支持。当然，我还要特别感谢李军先生，在我初到出版社工作之际，是他把我引荐给李昕老师，希望我在名家指点下成为专业出版人。这份美意，也是“做好书”的力量。

谨此为序。

2020 年 5 月 1 日

上　编

南海雄杰[①]

李准（1871—1936）是清朝末年的广东水师提督。作为前清的旧官僚，按理说，他的名字早该被历史湮没了。但是，由于他在维护我国南海主权方面起到过不可忽视的作用，所以近几十年来，他不断被人提起，特别是在南海问题引起国际争端的今天，他当初在南部海疆一系列的维权行为，更是被政府和学术界重视和推崇。他被认为是一位具有民族气节的爱国军人，是近代以来代表中国宣示南海主权的第一人。

我和李准有一点亲属关系。我是李准家族的晚辈。他是我祖父的亲哥哥，是我的伯祖父。这层亲戚关系，说近不近，说远也不远。

说近不近是说，作为晚辈，我不是李准的直系亲属；说远不远，那是因为，我祖父和父亲两人实际都是被李准抚养成人的，他们和李准有特殊的感情。

这话要从我曾祖父李征庸说起。李征庸一共有四个子女，两儿两女。这两个儿子，一个是长子李准，一个是幼子李涛。李涛就是我祖父，他生于 1894 年，比李准小 23 岁。1901 年，我曾祖父去世时，李准 30 岁，已经是朝廷命官（广东省厘金局总办），而此时我祖父年龄尚小。正所谓“长兄如父”，从这时起，李准

---

① 本文原是作者 2019 年 11 月 26 日在海南省三沙市举办的三沙大学堂所做的同题讲座的讲稿，2020 年 3 月，作者进行了大幅度的修改和增补。

承担起了抚养全家的责任。那时李准的大妹妹已经嫁人，8 岁的小妹和 7 岁的小弟就跟随李准生活。李准的几个女儿和 5 岁的长子李相枚（景武）与他这两个弟妹年龄相仿，都到了该读书的时候，李准便为他们开私塾，请家教。大约过了 10 年，小弟、小妹都成家了，小妹嫁出去，小弟（我祖父）仍然没有离开大家庭，他随李准先后在广州、香港、青岛、天津等地居住，始终与李准一起生活。我父亲小时在家读私塾，后来到学校读初中、高中，一直到 1934 年在天津进入南开大学，他的全部学费都是伯父李准出的。直到 1936 年李准去世，我祖父、我父亲始终与他住在一起。那时，我父亲已经 22 岁。

正是因为这样，李准对于我父亲，比起一般的亲属更亲，对他的影响也更深。而我，从小也就知道李准其人。我上小学时经常听父母谈起他。但是，那时是 20 世纪五六十年代，社会上对李准的标准认知是一个前清的反动官僚，而且还是有罪过的人，是“镇压黄花岗起义的刽子手”，双手沾满革命志士的鲜血。父亲那时用他来教育我，大多是告诉我：“咱们家庭出身不好，家里出了这样的反动阶级的人物，你要自觉地划清界限。”我父亲在清华大学任教，据我所知，在“文革”中，他被扣上很多顶政治帽子进行政治审查时，所检查交代的内容中，有一项就是要说清楚他和李准的关系。

但是，也就是在“文革”后期的 1975 年，当中国海军在西沙群岛与南越海军开战以后，我父亲突然在《人民日报》上看到一篇题为《南海诸岛自古就是我国领土》的文章，其中谈到 1909 年李准率领“伏波”和“琛航”两艘军舰在西沙群岛宣示中国主权的历史。文章显然是把当年李准在西沙巡海、立碑、升旗、鸣炮作为中国拥有西沙群岛主权的证据。在这篇文章中，李准完全是个正面人物。这令我父亲大为振奋，拿着报纸给家里人传阅，好像出了心头一口闷气。而我到此时才知道，李准原来对我们国家是做出过历史贡献的。

因为这一层亲属关系，我对李准比较关注。平时读书，也注意收集一些相关史料。但我是中文系出身，并不擅长史学研究，也从没有当作一个专题来研究李准。只是最近才比较系统地阅读了一些相关的史料性书刊。我发现有关李准的研究已有很多，在网上可以搜索到不少论文，公开出版的李准传记和研究性著作，也已经有三五本，有的著作资料相当扎实，信息量大，研究也有一定深度。著作中充分肯定了李准对国家和民族的贡献，作为李准家族的后人，我应该感谢其发掘史料、拨乱反正、重新评价李准之功。但同时，在接触这些研究成果之后，我仍觉有不满足、不过瘾之处，因为在我看来，李准既是个传奇人物，也是个话题人物，围绕他，可以展开探讨的问题很多，而现在学术文化界只是刚刚起步。所以，不揣冒昧，我愿意贡献一点自己对李准其人其事的思考和看法。为了更加准确地反映历史人物的原貌，我力求从第一手材料入手进行介绍和评论。我未必能挖掘出多少新鲜史实，也不一定能提出什么新鲜见解，甚至我引用的史料都未必完全准确，因为包括李准本人在内，所有当事人的回忆都可能有失实之处。但是，我可以做到的是尽我所能，让每一句话都言之有据，绝不虚构和夸张。

一、李准的家庭背景和成长经历

李准是四川省邻水县人。他的祖上是江苏省江宁（今南京）人，明代末年，他的祖先李诣元作为贡生被选拔做官，被任命为四川邻水县教谕（相当于今天的县教育局局长），从而在四川安家落户。从这时开始，李家在这里耕读传家，以务农为主。直到李准的祖父这一代（第八代），不再有人做官。但是李准的父亲，后来中了进士并做了官，再加上李准官至水师提督，可谓光宗耀祖，以至于家里的几代长辈去世后都受到朝廷诰赠“光禄大夫”或者“一品太夫人”一类的封号。

四川邻水县现属广安市，靠近华蓥山，离重庆100多公里。这个地区近代以来出过几位名人，最著名的是邓小平，另一位人们熟知的是《红岩》里的“双枪老太婆”的原型陈联诗，还有一位就是李准。近些年来，当地开发旅游业，把李准作为历史名人来宣传，还开辟了一些相关景点。

应当承认，李准的成长，依赖于他优越的家庭环境。他的父亲，既是文化人，又是官员，还是早期的实业家。这种身份对李准的性格塑造产生了极大影响。

李准家乡四川邻水柑子镇上的路标（李舒锦是其祖父）

（一）从父亲李征庸说起

李准的父亲李征庸 1847 年生，李准出生那年他 24 岁，正在北京国子监里读书。当年参加了会试，不中，留在北京继续苦读。1874 年再考，还是不中，但是他考中了北京景山官学的教职。景山官学是清朝的贵胄子弟学校，李征庸就在这里教授汉学。官方规定，凡是在官学任教满三年的，哪怕不是进士出身，也可以候选知县一级官职。所以到了 1877 年（光绪三年），又是会试之年，李征庸本拟放弃应试，直接赴云南谋官职了。几位早已先期考中进士的知交好友给他出主意，劝说他再试一次，嘱咐他"勿为高古之文"，只需"略仿今日墨卷为之"，意思是不要去解读古代经典，作一点时文即可。他照此办法尝试，果然中了第 208 名贡士，后来参加殿试更高中二甲第 13 名进士。这个名次是很高的，因为一甲的进士只有 3 名（状元、榜眼、探花），所以二甲第 13 名，相当于总名次的第 16 名。李征庸的殿试成绩排名，是连李准都不知道的，他在回忆录里只谈到父亲在会试中得到的贡士名次，而没有提到殿试成绩。这是前些年我到北京国子监查阅立在那里的明清进士题名碑，直接找到了李征庸的名字，才得到确认的。

获得进士出身以后，李征庸被皇帝钦点任刑部主事，主管贵州司。原本他有心回乡照顾父母，并且在家乡做一点实事，但此时父亲给他写信，说自己虽然年老，身体却还健朗，不需照顾，要他留在北京好好干，不必急着回来。

可意外的是，第二年二月间，他父亲"偶染微恙，竟至不起"。就是说，偶然得了一个类似感冒的小病，就去世了。

李征庸慌忙回家奔丧，才第一次见到自己的儿子李准。这时李准 7 岁（虚岁 8 岁）。李准回忆这次父子相见，引用了唐诗"儿童相见不相识，笑问客从何处来”。

古代官场上有“丁忧”制度，就是根据儒家传统的孝道观念，官吏父母去世，必须辞官在家守丧，为期 3 年。李征庸原本就不喜欢做官，而热衷于办实业，这时正好利用“丁忧”的假期，实现他改造自己家乡的计划。他说，他希望“为吾乡开风气，为人民谋福利”，同时教子读书。

为了教孩子们读书，他在自己房子旁边加盖五间房作为学堂，让同宗同族的几十个孩子和他儿子李准一起到学堂读书，分两个班。年龄稍长的，他自己亲自授课；像李准一般年龄较小的，他另行聘请教师训导。

李征庸盖的学堂

在经营方面，他是一个很有想法的人，他花了不少时间，阅读农书，研究耕作、养殖的方法。他在家乡发展养殖业，有养鱼池，也有畜牧场。他还考察了华蓥山一带的山间矿产，开了煤矿和铁矿。

资金不足就集资，得到乡里亲友的帮助，这些实业都大获成功。

到了 1880 年，就是他回乡守丧的第三年，他从古书上了解到中国古代用竹子造纸的技术。他看到家乡盛产竹子，绵延几十里，到处是竹山。这些竹子，历来闲置无用。他觉得应当利用起来，为乡人造福。于是他在学堂旁边开了一间造纸厂，造纸用的煤炭、石灰和碱水都是他自己的实业里出产的，原料完全自给自足，所以获利甚多。

李征庸是邻水县近代以来第一个靠发展实业富起来的人，也是带动乡亲致富的人。

就这样不知不觉地过了 8 年。李征庸在家乡办实业红红火火，他有些“乐不思京”了。本来“丁忧”3 年后，他应该回京候命，等待分派新职，但是他根本就没打算继续做官。可是他致富也遭到地方官的嫉妒。有人说他“舍官不做与民争利”，这话传到他耳朵里，让他非常恼火。一气之下，他决定暂时结束实业生涯，把经营多年的煤矿、铁矿等赠送给家里没有官员的亲戚，自己只留下离家最近的造纸厂和养鱼池等，交给家人经营，然后到北京去谋官职了。

临行前，他教育李准“立志上进，以远大为期”，说“吾家世代忠厚孝友，不替他人以精刻自诩”。意思是说，要李准将来为国家做大事，而不是为某个人效力，或为自己谋私利。这个观念对李准影响很深。李征庸后来对李准说的“要差可当，优差不可当。宁为红人，勿为私人”，也是这个意思。所以，李准为国效命的观念是从他父亲那里继承来的。

1887 年，李征庸到京后，被派任广东河源县知县。从此，他把自己的一家都带到了广东。他在此后的十多年中，先后担任过广东河源、香山、海阳、揭阳、南海等县的知县，出钱为自己捐过道员，也被贬过职，降为候补通判。后来，到了 1899 年，朝廷谕旨“四川产矿处所甚多，商务亦极繁盛，非大加兴办，不足以拓利源”。而李征庸因“于洋务矿务阅历最深，确有心得”，经两江总督刘坤一保奏，被朝廷任命以“三品卿衔专充督办四川矿务商务大臣，准其专折奏事”[①]。此前，他的最高职务只是通过捐纳得到的候补道员（四品），这一次可谓得到了特别的恩宠。当然，朝廷也是用其所长。李征庸的另一个特长是办理捐务，这一条对李准的职业生涯影响甚大。捐务是指向富人劝捐，请他们出钱协助国家赈灾或者开展经济建设。广东沿海地区经济开发较早，富人较多，而李征庸多年在那里当官，人脉很广，所以常常受到朝廷钦命募集捐款。1901 年，因为陕西和山西两省接连两年遇到罕见的旱灾，引起大饥荒，朝廷又急命他为南洋考察商务大臣。说是考察，但实际是应陕西巡抚岑春煊和山西巡抚锡良奏请，办理秦晋赈捐，奉旨允准[②]。因为李征庸在南洋颇有声望。他在上海筹款，不久即染重病，没多久就病逝。

说起来，李征庸在当时要算一个勤政爱民的好官。“地方人士称赞不已”，“说当年李大老爷真可比宋代的寇莱公（寇准），早堂接状早堂审，晚堂接状也要审清，半夜里接下来无头案，一双红烛审到天明”[③]。尽管做得很辛苦，却不时招致一些乡绅怨恨，而且他确实不喜欢官场的应酬，心生倦意，有意挂冠而去。自谓“心力交瘁，犹不能尽如民意”，常存“一夫不获，实余之辜”的愧意，自知责任重大，唯恐失职、失责、失信。所以早在 1894 年就上书请求开缺（离

---

① 参见《李准年谱》，中国文史出版社，2014 年，第 38 页。

② 同上书，第 43 页。

③ 李景武：《先祖开始发迹》，《清末民初官场琐记——李景武回忆录》，台湾善同文教基金会，2014 年，第 6 页。

职），未能获准。但是到了1896年，因为得罪了地方官员被参，结果在1898年真的被两广总督谭钟麟撤去南海知县的职务，降为候补通判。开缺实职，理由竟然是说他消极怠工，令人觉得不可思议①。

李征庸自己搞过实业，积累了一些家产。他建设家乡、报效国家的观念很重。戊戌六君子之一杨锐给朝廷的奏折里，曾说他"平日关怀大局，见义必为"②。他当年进京考试时因为口袋里没有钱，住不起客店，只能住在四川会馆里面，会馆虽条件简陋，但对举子住宿不收费，使他受惠良多。等他经营企业有了家产以后，他便出资白银5万两捐建全蜀会馆，占地十余亩，内有鱼池、戏台、花圃、宿舍等等，以方便此后来京赶考的四川学子③。1898年，李征庸的四川同乡杨锐和刘光第在四川会馆里面创办蜀学会，同时还想建立一个蜀学堂，需要资金。当时李征庸正好到京候命，和杨锐一起住在北京的丞相胡同，闻知此事，当即资助白银2万两，作为筹办经费。这件事得到光绪皇帝嘉奖，赏给他"头品顶戴"。1900年发生"庚子之变"，慈禧太后和光绪皇帝逃往西安，李征庸表示"惟有毁家报效，以酬万一"，自己出资2万两白银，倡议四川省绅民共捐款10万两白银，受到朝廷传谕嘉奖④。

---

① 谭钟麟：《奏覆陈广东员弁被参名节折》（光绪二十三年三月五日）说前年南海县有白日抢劫案，知县李征庸在三次电谕催促下仍然"稳阁不办，亦不复禀，经臣钟麟将其撤任"。

② 《光绪二十四年八月初四日内阁侍读杨锐等呈》，《戊戌变法档案史料》，中华书局，1958年，第306页。

③ 李景武：《先祖的举子业》，《清末民初官场琐记——李景武回忆录》，台湾善同文教基金会，2014年，第11页。

④ 捐款事，分别见李景武《清末民初官场琐记——李景武回忆录》第11页，《李准年谱》第36页、第43页。

李征庸和晚清的很多达官贵人打过交道，作为一位思想开明、主张实业救国的官员，他和李鸿章、张之洞、周馥等朝廷重臣观念接近，私交甚好。说来也巧，当孙中山还没有发动革命，在家乡香山县制订改造乡村计划时，他正担任香山县知县，算是孙中山当年的“父母官”。他被孙中山认为是一位有革新精神和改革思想的官员，所以孙中山曾经给他写信，希望和他谈一谈为家乡修路的计划，以谋求官府支持。但当时孙中山正要去香港读大学，于是和李征庸约定，在暑假期间面谈。谁知李征庸因为遭到地方官员排挤，还没等到暑假到来，就被调到海阳县去了。原来，香山知县一职被绰号“剥皮杨”的杨文骏用 5 万两白银买到手，孙中山只好怏怏而归。①

因为思想开明，所以李征庸在晚清各种政治势力的斗争中，本能地倾向于维新派。戊戌变法后被慈禧太后处死的戊戌六君子中，至少有三个人和他熟悉。一个是谭嗣同，另外两人都是他的四川同乡，即杨锐和刘光第。上面提到，李征庸出资捐建蜀学堂，这所学堂是倡导新学的，不仅宣传维新思想，而且还教英文，可以说是中国比较早的新式学堂（和北京大学的前身“京师大学堂”同年）。可惜因为杨锐和刘光第遇难，这个学堂夭折了。

谭嗣同

① 见于刘居上：《求索》，转引自陈贤庆《孙中山到过石岐吗》，《香山报》，2005 年 12 月 28 日。

戊戌六君子遇难现场（历史图片）

戊戌变法失败，戊戌六君子被问斩。据说，李征庸曾经去探监，给他的老朋友刘光第送去名叫“鹤顶红”的剧毒麻醉药，说吃下去以后，被砍头的时候不至于太疼。但是刘光第拒绝服用。这件事传说成分比较大，没有更多史料证实。但刘光第被害，李征庸大声喊冤，说：“裴邨（刘光第，字裴邨）这样的人都可杀，天下何人不可杀哉？”这在姜泣群写于民国初年的《朝野新谭》中确有记载。此外，其他史料也有相关叙述，称李征庸得知六君子即将遇害的消息时，人正在天津，他立刻赶回北京。一进京城，就听说六君子已经在押往菜市口的路上，他就慌忙赶到菜市口，准备给烈士收尸。去以前，他周围的所有人都劝告他不要去，担心这事被朝廷知道，他会遭遇杀身之祸。事实上，当时除了他以外，的确没有第二个官员敢于出现在菜市口行刑现场。但是李征庸将生死置之不顾。他目睹了六君子被杀的情景。他看到谭嗣同被斩后瞪着双眼，死不瞑目，就走到跟前，俯下身说了句：“复生，头上有天耳。”（谭嗣同，字复生。这句话是告诉谭嗣同：“人在做，

出题“合掌”，他可以对出“分心”。在野外，祖父看到野鸭子飞过，出题“野鸭子”，李准便对“火鸡公”。每次对成一对，祖父总是用一个小本做记录。到了 6 岁，在祖父训教之下，他已经可以作五字、七字的对联了。比如祖父说“风吹红豆树”，李准可答“雨打紫荆花”；祖父说“一行白鹭上青天”，李准对曰“几只乌鸦过小桥”。

母亲对他是一如既往的严厉。他记得小时挨过两次打。一次是因为他拿到一册京戏的唱本大声朗读，母亲发怒，责打数十下，令他发誓不可读无用之闲书。另一次是族人长辈给了他一点零钱，他拿去玩了一次转盘游戏，即轮盘边缘插满各种玩具和食品，交钱给庄家可转轮盘，轮盘指针指到什么物件就可以获得什么物件。母亲认为这是赌博，令其跪下，又是责打数十而止。这样的家教，李准都一直铭记，直到他晚年写回忆录时，还说“至今梦寝间，犹常受先母之责，惊泣而醒”。但他对母亲尊敬至极，称“吾家后世之为母者，当视此”。

祖父好象棋，每次与人对弈，李准在旁观看，渐渐就会下了。6 岁的一天，他偶然和大伯父李佑弼对弈一局，竟然赢了，令祖父大为惊叹。

1878 年，李准 7 周岁，祖父去世，李征庸从京城回乡守丧，李准父子得以团聚。

从这时起，李准在父亲指导下，读书更加规范，开始读《诗经》、《小学集注》、《幼学琼林》、唐诗等，两三年后，又读《四书》以及《尚书》《礼记》《左氏春秋》等，并开始练习书法。李准后来成为晚清著名书法家，乃是自幼积累的功力。后来，李征庸还专门为李准聘请了几位私塾先生，其中有些学问渊博，例如钟炳灵曾是李征庸的同学，设馆授徒享有盛誉。先生中甚至还有翰林院编修出身的高官、后来担任广西巡抚的黄槐森，他在家“丁忧”时被请来给李准授课，这使李准的学业日益精进。

1887年，李征庸出山做官，任广东河源县知县。全家人同年到了广东。临行前，李准先在家乡参加了县试，获得第13名。接着举行府试，但考试的当天正是父母早已给他确定的结婚的日子，他只得放弃。因而他连秀才的名分也没有机会得到。[①]

但是县试通过后，作为生员，他有资格考举人。于是他准备直接参加乡试，而且从广东到北京去参加顺天府的考试。他的运气实在不好，1889年、1891年和1894年三次乡试都没有中举。到1895年，他已经24岁了。父亲李征庸觉得他不需要再考了，于是给他捐了一个官。清代，特别是晚清时期，做官可以走两条路：一条是通过科举，考官；另一条是通过出钱，捐官。李征庸家中有实业，不差钱，所以为李准捐了一个同知。同知相当于知府（地区一级官员）的副职，属于正五品。不过，这只是一个官名而已，并没有实职，将来能不能做成官，一是要看机会，二是要看能力。

这就是父亲领进门，修行在个人了。

二、李准由文入武的历程

李准以作为军事将领闻名，但是他最初却是文职官员。他的仕途，是从小事做起的。也算是子承父业，李征庸曾以劝捐见长，受到朝廷重用，李准便沿着这条路往下走。

然而他从一开始就显示出特有的能力。

---

① 明清科举考试，童试分为三场，即县试、府试、院试，三场都通过方可成为秀才。

（一）职场初试锋芒

1895 年底，父亲把他托付给张之洞。张之洞便委派他去办赈捐，因为张之洞在汉口、武昌搞实业，太需要钱了。但是李准一入道，就发现，光靠两片嘴唇去劝人出钱，没那么容易。白白掏钱的事情没有人愿意做，但是有钱的人并不清楚自己能得到什么回报，因而积极性不高。所以他就仔细研究以往的各种捐例，找出一些规律，列出一个表格，把捐多少钱，可以得什么官位，或者得到什么封赏都找出对应关系，还有捐例中的各种花样、各种规矩，都一一列明，所有这些，他最后写成小册子，印制几千册，散发给那些可能有意愿捐款的人。

可谓青出于蓝而胜于蓝。李征庸看到李准印制的这本书，有些吃惊，自叹不如。他说："中国捐例繁杂，几乎没有人能说得清楚。你竟然可以条分缕析，让大家都能一目了然。你这一辈子，应该是吃穿不愁了。"

他说的没错。后来李准在赈捐的业务上成绩突出，屡受嘉奖和提拔。这显然和他父亲李征庸的人缘也有关系，因为李征庸在广东潮汕一带威望较高，所以一听说是李征庸的儿子来办赈捐，大家都响应支持。李准收到的捐款，第一个月就超过 10 万两白银。以后几个月，征收到几十万两白银，电汇给张之洞，用来修路开矿。张之洞非常高兴，向朝廷保奏李准为候补知府。

1897 年，黄河和淮河发水灾，李鸿章主持治河救灾，急需用钱。各地慌忙办理赈捐，但是远水不解近渴，赈捐的钱救不了燃眉之急，这时朝廷下了一道谕旨：

> 着盛宣怀、李征庸各筹垫五十万两，解交考察河工大臣李鸿章备用。

圣旨下了，十万火急。李征庸要李准到广东一带去筹集。李准很快拿到50万两白银，电汇到天津交给李鸿章。李鸿章立即奏报朝廷，随后就接到上谕：

李征庸、李准着先行传旨嘉奖。[1]

这件事，让盛宣怀感到大为惊奇。大家知道，盛宣怀是晚清洋务派的代表人物，既是政治家又是实业家。他的能量非一般人可比，但是他也没能这么快筹到50万两白银，于是写信询问李准是怎么弄到的，李准回复了一句话：

历年信用昭著，各票号分任其事。

意思是说，因为他和他父亲的信用好，这笔垫付款（实际是借贷，将来会陆续以赈捐款偿还）各个银行一分就完成了。

张之洞

1897年这一年，李准为劝捐而奔波，到过四川、直隶、湖北、安徽、江苏、江西、山东各省，每每成绩显著，渐渐名声在外，广为人知。当年，因为这项成绩，朝廷为他保加三品卿衔。两年后，张之洞又和刘坤一等保奏他为候补道员

① 《李准年谱》，中国文史出版社，2014年，第34页。

（比知府高一级的行政官员），也得到朝廷批准。不过，在清代，品衔和职务不一定是对应的。李准此时还没有实职。但是通过办理捐务，他既显示了自己的能力，又建立了自己的人脉，几个省的巡抚都和他熟识起来，出任实职的机会也就来了。新任广东巡抚鹿传霖见他善于理财，便要他担任广东钱局提调（相当于银行的总调度），而广西巡抚黄槐森原来就曾是他的授业老师，这时见到梧州知府一职开缺，便想保奏李准出任此职。虽然后者的官职更高，实权更大，但李准感觉自己的根基还是在广东，所以选择了前者。

在广东钱局，李准对发行钱币一类的事情一窍不通，所以算是从头学起。钱局中有两个坐办（业务实际负责人），名叫薛培榕和熊方柏，他们都是张之洞在任两广总督办实业时的得力干将，张之洞调任湖广总督时曾想把他们带走，因李鸿章挽留，才一直待在广东。他们办事精细不苟，思虑周密，经验丰富，父亲李征庸要李准以他们为师。李准确实从他们身上学了不少东西。次年，他又兼任海防善后局提调，又要面对一些特殊的拨款之类的新业务，好在他在这里遇到了进士出身的陈省三，此人实心任事，谨慎细密，一丝不苟，他也按照父亲的意思拜其为师。后来他还把自己的妹妹嫁给了陈省三的儿子。

李准爱学习，特别愿意接受新知识，这本是他自幼养成的性格，也是受其父亲的影响。李征庸是很时髦的，他的家大概在1894年前后就安了电灯。要知道，广州第一盏电灯是张之洞点亮的，时间是在1888年，直到1892年，广州只有街道和公共场所有700盏电灯，城里人家安装电灯的还没有几户。但李征庸居然可以在一个小小的县衙门里自己发电，想必这在当时也是一大景观。李准在父亲的熏陶下，对“洋务”也一直保持兴趣，喜欢尝试新玩意。他在回忆录里说自己22岁时“学照相，从上海购照相器具、药料归，不间寒暑，暇辄为之。又兼学绘事，花卉虫鸟之属，亦稍有研究”。那时的照相机是一个大方盒子，底片是一块玻璃片，要自己在暗房里把药水涂在玻璃片上才可以使用，照完相，还得在暗房里用药水显影、定影，再印成照片。要学照相，就得把这些全部学会。这种手艺，当时在广东恐怕没有几人掌握。李准自己乐于研究这些，曾突发奇想，把电话和电铃引进自己家中。因为线路和外部无法连接，他就在自己家里把卧室、书房、餐厅、客厅互相连接[①]。这种尝试相信也是那个时代人们所罕见的。李准做这些，好像是公子哥不务正业的玩票，但实际显示出他的一种追求创新的精神，这种精神后来对他的职场生涯起到了很大作用。

李准熟悉银局业务之后，发挥他的创新精神，做了一件在中国金融史上具有重要意义的事情，这就是铸造广东铜元[②]。

史料记载，1900年农历六月，李鸿章上奏朝廷，要在广东自制港式铜元，获得批准。这标志着中国铜钱铸造工艺从传统的手工翻砂进入了先进的机器冲压生产的新阶段。但是，李鸿章当时担任两广总督不久，对货币市场的情况尚不熟悉，此事的最初策划，要归功于李准。

李准了解的当时广东市场的情况是，银元每一枚的面值太大，通常交易需要制钱（传统的带有方孔的铜钱）找零，而制钱远不够用，导致香港的低面值铜质辅币铜仙大量流入，造成市场混乱。

---

① 参见李景武：《我的父亲李准》，《清末民初官场琐记——李景武回忆录》，台湾善同文教基金会，2014年，第23—24页。

② 铜元、银元之“元”，一作“圆”。

于是李准拟定一个“条陈”，要“仿香港之铜元式，改造三等铜元”[①]。这个“条陈”就是呈送给李鸿章的，所以才有李鸿章奏请朝廷批准一事。

从制作的角度，仿造香港铜仙制作广东铜元的好处有三个：一是机器冲压制作快，可以迅速解决市场紧缺的问题。二是其工艺相比制作带有方孔的制钱更为简单，成本也更低。三是制作标准化，依赖进口设备，工艺精细，仿造困难，基本可以杜绝过去长期禁止不了的私铸假钱。

所谓“三等铜元”，是指铜元和银元有三种比价。有 50 枚换一元的，有 100 枚换一元的，还有 200 枚换一元的，尺寸和面额大小不同，其中以 100 枚换一元的最受欢迎。当时的报纸记载发行时的盛况，说“开张日已沽去十四万余个”，“日内来局兑换者仍属拥挤不堪，钱局每日仅可出铜元四万个，尽数发交官局兑换，每早十点钟开局兑毕即收局云”[②]。

香港铜仙

① 《李准年谱》，中国文史出版社，2014 年，第 36 页。

② 《商情：各省：铜元流畅》，《商务报》，1900 年第 33 期，第 4 页。

李准制作的广东铜元

后来铜元因为紧俏，在市场上便开始升值。官价 100 枚对一枚银元，民间兑换只用 85 枚左右。广东发行如此成功，引起各地纷纷效仿，全国有十来个省份都开始铸造铜元。大家都以为有利可图。但是因为各地制作大多不甚精致，铜质杂，成色低，工艺差，总之品相不佳，以至于又引起铜元贬值。李准后来总结说，他制造的铜元口碑好，是因为他格外重视品质，铜元的材料，非日本住友铜不用，九成紫铜，一成锡铝，熔铸成条再碾成片，发现有裂纹的、带陀螺纹的、缺边的、有砂眼的一律重铸，这样他的铜元在国内就有信用。确实，清末广东铜元在收藏市场上名气很大，一直受到藏家的追捧，价格居高不下。

李准在李鸿章手下做的另一件大事，是改革厘金制度。

1899 年，李鸿章担任两广总督以后，为了充实财政，发现厘金制度需要改革。所谓厘金，是清代实行的一种税款，即官府对商业贸易征收的交易税。当时，广东省按理每年应该有 400 万两白银左右的厘金可收，但是因为厘金局官办不力，每年只能收到 200 多万两。所以前两年改而实行了商业承包制度，就是在民间找人承包，要求每年收税400万两，但是这样做效果更不好，承包人完不成任务，反而只能收到100多万两。于是李鸿章主张，还是收回官办，仍然以一年400万两定承包额，让厘金局官员承包。没有人敢出来接受这件事，连藩司（省级财政、民政的最高长官，也叫布政使）都不敢认领。

李鸿章

李鸿章问李准："你有办法吗？"李准帮他分析了广东厘金征收上的弊病，主要是责权不统一，上级干涉带来的掣肘因素太多，造成征收不力。他说如果让他来做，让他全权处理，北京方面和广东的上级不对他横加干涉，他保证完成每年税收400万两白银的任务，如果完成数额不足，他自己赔偿，缺多少补多少。

李鸿章大喜，立刻向朝廷保奏李准担任广东省厘金局总办，这个职务大抵相当于现在的广东省税务局局长。

这件事中，李准显示出了气魄和担当，但父亲李征庸却很为他担心，致电李鸿章，说李准"资浅望轻，力小任重"，怕是担不了这么大责任。可是李鸿章对李准很有信心，回电告诉李征庸，说他的儿子"明敏诚笃，果敢有为，必有成效，勿劳远虑"。

果然，李准到了厘金局以后，厉行改革，修改税收章程，裁撤庸员和冗员，任用廉洁奉公的官员，雷厉风行开展工作，一年以后，收到430多万两白银。

收取厘金，很重要的一部分叫作"行厘"，就是对商船转运中的货物征税。广东珠江有三条干流，分别是东江、西江、北江，这三条内河上的商船，是税收最主要的来源。但是因为江边盗匪甚多，商船经常被抢劫，以至于影响到官府厘金的收入。李准主事以后，能够迅速增加税收，很重要的原因，在于他利用一些小兵舰给商船做了护航。厘金局原来就有两艘小兵舰，李准上任后又加造了几艘。1900 年，他发现这三条内河有些地方水域狭窄或者水浅，小兵舰开不进去，就又造了 300 条舢板。他招募了许多新兵，建立惠安水军三营，专门巡防东江；建立肇安水军两营，专门巡防西江；建立韶安水军三营，专门巡防北江。然后还建立了广安水军两营，专门巡防几条江交叉的地方。

这种办法，相当于对一些商船武装押运，有效地保证了广东地方的商业税收。他并没有借助武力去狂征暴敛，而是通过保护商人利益，建立官府的信用，使商民知道，官不扰民，反而能为民做主。这样商人就能自愿据实报税。几年来，他的厘金征收都能顺利完成任务，总共上缴了 1000 多万两白银。

同时，他也把护商的船队整顿和改造成了一支内河的水军。用今天的话来说，这相当于一支水警部队，拥有大大小小几十艘兵舰，还有几百条舢板。李准觉得，内河的小兵舰虽小，但官兵也要懂军事，所以他对兵士加以严格训练，使之对沿岸的盗匪有很强的威慑力和打击能力。几年之中，李准率军平定了多起匪患，可以说是威震三江。

李准从这时起就成了内河水军的统领。为了在陆地上配合水军，他自建了粤义军，这也就是他的亲军营。作为文官，要统领军队，需要有个职务，于是当时的两广总督陶模就奏请朝廷，给他一个头衔叫作“水师统巡”，负责“考察广东省内河及沿海水师事”[1]。这可以算是他由文入武的开始。

李准手里有了兵，就不免会有人打他的主意。他办事能力很强，善于协调各种关系，所以总是有人请他领兵去应对各种民变，协助维持社会秩序。

1903 年，粤汉铁路工程局总办杨名枢调任驻日本公使，职务开缺，当时的工部侍郎盛宣怀发电报给两广总督岑春煊，表示希望李准兼任粤汉铁路工程局总办。他明知李准不懂工程建设，仍然提出这个要求，是看中了李准手里有兵士，而且他本人善于协调。

粤汉铁路，指的是从广州到武昌的铁路，也就是今天京广铁路的南段。该铁路从 1900 年开始修建，最初是盛宣怀和美国合兴公司签订合同，规定由美国投资修建铁路，50 年后中国还清投资款并收回路权。但是执行之中困难重重，主要原因是铁路沿线的乡民不开化且民风强悍，往往以破坏风水为理由阻挠道路的勘测和修建，动不动就聚众数千人，有时会发生将美国人打死打伤的事件。盛宣怀将这个烫手的山芋丢给李准，李准于是只能设法去做调解，严防滋事。他在工程局内设护路兵 8 旗，每旗 100 人，以懂英语和粤语并且熟悉乡情民风的军官作为管带（负责人），以便说服乡民或者美国工程师。他自己常常要亲自上阵，对参加骚乱的乡民先做弹压继而安抚，对美国工程师则费尽心力做解释。有时弄得口干舌燥，告诉美国人必须尊重中国民俗，非改线绕路不可；有时则又要和当地乡绅一起开导乡民，再三比喻，晓之以理，以求乡民谅解修路之难。这

① 奏折：《奏为饬委候补知府李准为水师统巡巡视考察广东省内河及沿海水师事》，存中国第一历史档案馆，档号 03-5955-110。

样好歹保证了筑路的正常进行。然而通过自己的亲身体验，李准感觉到“此路与外人合作之无益有害，不如赎回自办，借挽权力”[①]。这些想法，完全符合当时的社会民意。他向张之洞、盛宣怀表达了自己的意见之后，张之洞于1905年奏请朝廷，将筑路权从美国购回。

（二）由内河统巡到水陆提督

李准虽然已经在统领内河水军，也在粤汉铁路组建了护路兵8旗，但严格来说，他此时还不是军人，只是警察而已。他自己建立的十个营的水军，还有他的所谓粤义军也不是正规部队，并没有进入绿营或防营[②]的编制，都是不领军饷的。他的军队，靠海防善后局从赌饷[③]里拨款维持开支。1903年，岑春煊出任两广总督，把广东地区剿匪的责任全部交给李准，调拨一部分绿营和防营的军队交给他指挥，到了后来，甚至连水师的军舰也可以让他调用来打击海盗，这样便迫使李准转变身份，从文人变成了武将。

岑春煊让李准去剿匪，最初不是因为信任他，而是想借机整治他，去逼他完成几乎不可能完成的任务。因为当时广东匪患猖獗，官军屡战屡败，而土匪越战越强。土匪敢和官军约期会战，而官军常常不敌。像江洋大盗林瓜四那样的匪帮，如果不消灭，

---

① 《李准年谱》，中国文史出版社，2014年，第50页。

② 绿营由汉族士兵组成，在清代属于国家常备军。防营是由地方管理负责防守地方的军队。

③ 晚清时期，广东为弥补地方财政收入空虚从赌博营业场所抽取的税捐，称为“赌饷”。

广东沿海一带永无宁日。

岑春煊上任时，因为听信一些人的谗言，想撤掉李准的职务，但是他采用的办法，不是直接参劾查办，而是逼着李准去剿匪[①]。但是李准不辱使命，真的在一两年时间里，肃清了区新、李北海、林瓜四等几股顽匪，令岑春煊不能不对他刮目相看，转而大加信任和倚重。

李准率军剿匪，和以前的做法不同，主要有三点：

第一，他是真刀真枪地和土匪开战，而不是虚晃一枪，做做样子。他身先士卒，对土匪穷追猛打。作为最高指挥官，他是敢上前线的人，兜里常常揣着 4 支手枪，怀里两支，裤袋里两支。他的枪法也很准。战斗中，他有时也遇险，例如在和林瓜四决战时，炮弹在他不远处爆炸，他骑的大白马忽然马失前蹄，把他甩到地上，这时他觉得一块弹片擦着头皮飞过。他后来非常感谢这匹马救了自己的命。他在战场上的表现，称得上勇猛无畏。

第二，他是文人出身，和土匪开战不光是死打硬拼，而更加讲究计谋。例如他对付在大山中飘忽不定的李北海匪帮，采用封堵山口只击不追的策略，也就是坚壁清野，逼得李北海因为绝粮而不得不投降。再如他知道林瓜四平时躲在澳门吃喝嫖赌，只在春夏两季水稻插秧时才来向乡民收“行水”（保护费），所以他就在水稻插秧时节去设埋伏，用守株待兔的方法把林瓜四的主力击败。他比起以前剿匪的指挥官的确是多了一些谋略。

---

① 关于岑春煊与李准的关系，可参阅本书中《冤家恩公——李准与岑春煊的恩恩怨怨》一文，在此不详述。

第三，他会利用情报。在与区新、李北海、林瓜四决战中，他都巧妙地利用了“线人”。当然这也是会用人的表现，因为他的“线人”成分复杂，其中多是投诚的匪徒，有的甚至曾经是匪首。例如打区新匪帮时，他的“线人”傅赞开曾认区新为干儿子，由此可知他必定当过匪首无疑。打李北海匪帮时，他的“线人”李亚汉的爷爷是李北海父亲的养父，两人自然以兄弟相称。最后抓林瓜四时，他用重金收买了林瓜四的把兄弟余启福，让余启福乘林瓜四熟睡时打开其卧室的后窗。所有这些，说明他取得剿匪胜利，主要不是靠强攻，而是靠“卧底”“暗探”提供的情报。他甚至还会采用“以毒攻毒”的做法。李北海率部投诚以后，他从土匪里面挑选出 80 人，编入防营，令其作为先锋队，以后再遇土匪，就让他们打先锋。这些人熟悉土匪的套路，知己知彼，所以李准的部队总是旗开得胜。

说到用人，李准是能一视同仁的。无论是什么出身，哪怕像傅赞开那样曾做过匪首，瞎一只眼、瘸一条腿的人，对李准来说，只要有功，必有重赏。他积累了 100 多万两白银的花红[①]，统统存入钱局（银行），绝不挪用，杜绝贪污[②]，全部用来奖励有功人员，极大地鼓舞了士气。同时他也善待这些投诚的匪首。如傅赞开在打区新之役中侦察有功，他让总督岑春煊奏请朝廷，把傅赞开的职务从千总提拔为候补都司。李亚汉表示愿意为他效命，随侍左右，李准觉得这个年轻人是可造之才，名字“亚汉”在广东话中读作“阿汉”，太土，就将其名字改

---

① “花红”意为奖金，在这里即是悬赏捉拿土匪的赏金。

② 参见本书中《浊者固浊，清者自清——腐败官场上的李准》一文，在此不详述。

为“李耀汉”，编入自己的亲军营。后来他一直被提拔，做了防营的管带（营长），民国以后，此人甚至当过广东省省长。还有一位是余启福，相比之下命运比较惨。他是林瓜四的把兄弟，却提供情报给李准，导致林瓜四被活捉，最后遭凌迟而死。当时林瓜四的弟弟林瓜五还在逃，他发誓与余启福不共戴天。他知道余启福住在虎门，便在一个晚上带人闯进余家，不仅杀害了余启福，而且杀了他一家十几口人，只留下了三个女儿，分别是16岁、14岁、12岁。李准定然不会放过林瓜五，很快将其率领的残匪剿灭。他看到余启福的女儿无人抚养，就认她们为义女并将她们留置在水师衙门内，直到她们长大嫁人成家。其中一个女儿，李准将她嫁给了自己的亲军营管带曾雄。曾雄是李准最得力的部将之一，毕业于李准创办的虎门陆军速成学堂，在亲军营从哨长（排长）做起，一直做到管带。后来在民国成立时，他配合李准领导广东和平起义，将李准的三个亲军营改编为中国陆军独立第一团。他极受孙中山信任，被授予少将军衔，后担任粤军副总司令①。

李准在围剿林瓜四匪帮的时候，已经在广东成了军事方面的实力派，手里掌握着大量的绿营和防营，而且还有对水师的调遣权。但他这时的最高职务，只是正四品的文职，所谓候补道员，严重名实不符。1905年，几场胜仗打下来之后，两广总督岑春煊和广东巡抚张人骏认为李准“任事果敢，而才力足以相副”，“求之近今统将，实为不可多得之才”，故保荐他署理广东水师提督。1906年，又改任水陆提督，将陆军一并统辖

---

① 参见李景武：《澳门生擒林瓜四》，《清末民初官场琐记——李景武回忆录》，台湾善同文教基金会，2014年。

过来。[①]这次升职对李准来说是极大的破格，正所谓连升数级，从正四品直接跳到正二品并代理从一品职务，这在清末官场上是不常见的，须知当时的朝廷行贿卖官之风盛行，但李准的提拔依靠的是自己的战功。

李准做了军事指挥官之后，就面临如何领兵带兵的问题。作为一个有现代意识的军人，他对自己队伍的军事素质要求很高。前面曾经提到，李准早在接受内河水师统巡职务时，组建过东、西、北三江水军共十营，但那时交给他管理的内河、外海兵舰大大小小五六十艘，都破败不堪，而原有的水师船员滥竽充数者甚多，其中不少是因行贿而得其职的。于是他大加整顿，“撤之换之，不遗余力”，并规定凡外海舰船非海军水师学堂出身者不准录用，内河小船也是非水师船员出身者不可用。然后修理旧船，添造新船，仅仅在 1904 年一年里，他就添置内河小兵舰 14 艘，较大的内河兵舰 7 艘，立时使三江上的水师从船到人面貌一新。至于他自建的粤义军（即亲军营），则是一开始就模仿新军规制，调福建武备堂、保定陆军学校等正规学校毕业的多名军官去做教官训练士兵，并调美国留学回来的甲午时期的军舰管带吴敬荣任粤义军管带。在他心目中，这些部队都应该成为现代化的武装力量。

前面说过，李准喜欢尝试新东西、洋玩意。大家未必知道，广东水师在中国是最早使用无线电通信技术的。大约在 1899 年，就有人尝试在军舰上使用无线电台。提出这个创意的并不是李

---

① 参见《署两广总督岑跪奏为请将广东省水陆提督并归一员，并将虎门屯防同知改为抚民直隶同知以一事权而资治理折》，《申报》，1906 年 7 月 30 日，第 20 版。

准，究竟是谁我们找不到确切史料证明，但推测批准使用的人，可能就是当时的两广总督李鸿章。而李准则肯定是无线电台的大力推广者。在他担任署理水师提督以后，他将所有的炮台、要塞、外海兵舰、内河兵船以及河口、码头全部装上无线电台，以便及时用电报联络，各方互相支援。连他自己的水师行台[①]里都装了无线电台。他后来在一系列军事行动中调兵速度快，很重要的原因就在这里。他的长子李景武回忆说，李准把他的一处办公地点装修得像一艘军舰，三层楼完全按照大船的样子布置，一层是办公室、酒吧和卧室，二层是舵楼，有船舵、罗盘等船上应有的设备，三层有烟筒和桅杆，还有吊在两旁的救生艇。一切都仿佛真船一样，由此不难看出他对舰船的热爱和痴迷，以及他对新奇事物的追求。

同时他也要建军校。1902 年，他曾经捐款 2 万银元给广州的黄埔武备学堂，这个学堂是张之洞创办的，李准继续支持它的发展。为此两广总督陶模曾经奏请朝廷对他加以表彰，朝廷谕旨赏给他头品顶戴[②]。到了 1905 年，他发现自己统领的上百营的防营兵士素质太差，便令每营抽调长官和兵士若干名，到虎门陆军速成学堂集中学习，学成再回营训练士兵。他希望所有的中下级军官都受过军事教育，以便将来彻底改造防营，将防营转变为新军。

---

① 广东水师的衙门在虎门，李准在广州城内的办公地点和住所称为水师行台。

② 《李准年谱》，中国文史出版社，2014 年，第 48 页。

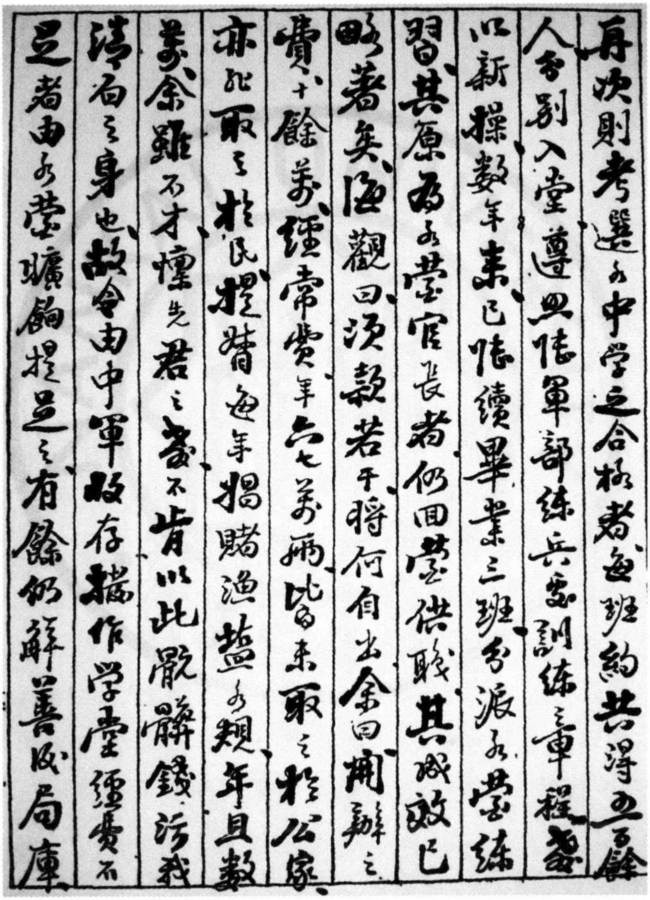
再次則考選其中學之合格者為班約共得五百餘
人分別入堂遵照陸軍部練兵處訓練之章程為
以新操數年來已依續畢業三班分派各營練
習其原有各營官長者仍回營供職其成效已
略著矣總觀所須款若干將何自出余回擬辦之
費十餘萬經常費每年六七萬兩皆由余取之於公家
亦非取之於民提督每年捐賭漁鹽各規年且數
萬余雖不才懍先君之教不肯以此骯髒錢污我
清白之身也故今由中軍存儲作學堂經費不
足者由各營曠餉提足之有餘仍解善後局庫

李准手书提到“不肯以此肮脏钱污我清白之身”

他在虎门提督衙门旁边建立的虎门陆军速成学堂，有一栋可以容纳上千名学员的三层大楼，另有学生宿舍、教室、餐厅、操场、运动室等，甚至还有健身房，里面有单双杠、木马、杠铃、哑铃等健身设备。建筑费用 10 万银元，首先从各营历年存储的公款中筹集，每年的运营费用几万银元，李准则是从他自己的办公费用中开支。因为每年海防善后局会拨赌饷和妓饷数万元给提督做办公费用，李准认为这种从赌场和妓院收来的税金“太脏”，沾了手就会玷污自己的清白之身，所以全部转拨给军校作为经费。

这所学校每期500人，学制两年。毕业后，从中选拔30名优等生送进保定陆军学校或日本士官学校。到辛亥革命前，这个陆军学校共培养了1500名毕业生，他们大多成为军中骨干，其中还出了一些著名的军人，例如王若周、蒋光鼐、陈铭枢、陈济棠等，后来都担任前清或民国军队要职。

要建军校，就要有军乐队。这种洋玩意，当时中国人几乎没有概念。李准在军校中设一个军乐学堂，招生50人，规定也是两年毕业。他要到法国订购全套军乐器，价值过万元，需要善后局拨款。当局根本不懂这是些什么东西，以为就是提督娱乐消遣之物，稀里糊涂地拨了款。等到建立起乐队后，每当军校学生列队行进时，鼓号响起，继之军乐齐奏，大家才恍然大悟，原来这声音这么振奋人心！当时没有国歌，也没有军歌，只以《卿云歌》代替。没想到这首歌，后来真的成了北洋政府时期的国歌。

三、李准一生经历中的两个焦点

一个人漫长的一生不可能都在历史聚光灯下，能在一点上被中国历史聚焦，已经非常难得了。但是李准很幸运，他身上有两个焦点。一个是为中国在南海宣示主权的一系列行为，显示了一种难能可贵的爱国主义精神；另一个是他在最后一个封建王朝行将灭亡之时，审时度势，选择了一条正确的道路，为民国建立作出贡献。

（一）百年来维护南海主权第一人

李准从小受儒家思想教育，立志报国，他的仕途恰好是在中国的南部边境，又处在晚清饱受外国列强欺压的时代，所以很自然地形成主权意识，“守土有责”的观念很强。当他1905年署理（代理）广东水师提督职务以后，他的职责进一步明确，就是要保卫海疆。他对南海维权显示出的敢于亮剑的精神，深为大家所称道。

不过，对李准来说，维护国家主权的立场并不仅仅表现在一些重大历史事件中，也渗透在他的日常行为中，而且维权的地域也不仅限于南海诸岛。职务所系，需要他和外国人打交道的地方很多，因为当时西方列强总是贪婪地窥视中国，试图攫取中国的利益，所以在中外关系上发生摩擦的情况也不少。作为中国南部海疆的守卫者，必须保持高度敏感，坚持寸土必争。

李准在署理和担任广东水师提督期间，介入过几件重大维权事件。

一是“西江捕权”事件。因为连接广东和广西的西江闹匪患，有盗匪抢劫了英国商船，英国人借口中国方面剿匪不力，而在1907年擅自派军舰进入中国内河西江，在广西梧州一带开枪扰民，甚至搜查中国船只，引起极大民愤。在此情形下，李准受命承担缉捕盗匪的责任，他一边和总督张人骏一起与英方交涉，一边制定沿江安检和护航的措施，并购置新型兵舰，加大缉匪力度，最终取得英方的信任，使其无条件从西江撤兵。

1907年的李准（历史图片）

二是日本商船在中国领海走私军火的“二辰丸”事件。关于“二辰丸”偷运军火，李准早已得到情报，他秘密派军舰提前一天在澳门对面的九洲[1]洋等候“二辰丸”到来。1908年正月初一，正在“二辰丸”与澳门商人非法交易时，李准的水师官兵将船扣留。后来虽然此事引起中日外交纠纷，日方蛮横的态度迫使软弱

① “洲”，一作“州”。

的清政府签订了屈辱性的协议，但是毕竟制止了非法军火走私，维护了中国的海关检查权。

三是“澳门疏浚”事件。葡萄牙人管理澳门，地界一直没有勘定，特别是水界，中方一直坚持葡方没有领海权。但是双方的勘界谈判因为意见分歧而搁置。1911 年，澳门的葡萄牙政府以清理航道为借口，不顾当地民众的反对，强行对澳门对面的九洲洋进行“疏浚”，在清理过的地方统统设立浮标，表示此处为澳门航道，试图利用这种方法“以海定陆”，扩展其占领澳门的面积。香山县绅民向李准上书以后，李准一面电请总督张鸣岐出面与葡澳当局交涉，一面派出四艘兵舰准备开战，迫使葡萄牙人停止疏浚①。

不过，李准在维权方面对国家贡献最大的，是捍卫南海诸岛的主权。

1. 东沙岛的收回和利用

东沙岛在香港东南方向 300 多公里处，自古以来是中国的领土。明代以后就一直有广东、福建的渔民在这里捕鱼，它是南海诸岛中最早被开发的岛屿。

但是，1907 年夏，东沙岛被日本商人西泽占据，他派人在岛上开采磷质（即鸟粪）和海产品，“竖旗，建屋，装运货物”。首先得到消息的，是两江总督端方。因此地不属端方管辖，他发电给清朝外务部，外务部便责成两广总督张人骏调查处理。由于当时外务部不知被日本人占领的海岛名称，且发来的经纬度又不准确，张人骏在海图上找来找去，不得要领，便回电说广东所辖海域无此岛屿。于是又请端方重新标示，弄清了此岛的精确经纬度

① 关于“西江捕权”事件、“二辰丸”事件和“澳门疏浚”事件，可参见本书中的专题文章《李准与南疆维权》，为避免重复，在此不展开详谈。

以后，张人骏方确认，有这样一个岛，在英文海图里，名叫蒲拉他士岛。但在广东省志和舆图中都查不到此岛，他怀疑此岛不属于广东，“似在闽粤之间”。他给端方回电说：“闻风涛甚大，本拟由粤派人前往密探，惟粤无堪往大洋之船，应否由尊处派往，或电闽省细查有无证据。望酌裁。”①

显然，张人骏的态度是踢皮球。张人骏作为两广总督，是一位很有主权意识的官员，他在很多涉及南海主权的问题上支持李准，显示出民族气节。唯独在东沙岛问题上，他最开始的态度相当消极。他在电文中说的“粤无堪往大洋之船”肯定是托词，李准的水师舰队可以去距离远得多的西沙，怎么会去不了东沙？他这里主要是不想担责，因为没有明确东沙岛是否归广东省管辖。

可是管辖的责任更不在端方。端方见张人骏不管，他也置之不理，将此事搁置了一年有余。到了 1908 年 8 月，英国政府想在这个岛上设立灯塔，找到端方询问此岛是否归属中国，才迫使端方发电给朝廷的海军提督萨镇冰，请他派军舰前往东沙岛察看。

于是，1908 年底，萨镇冰派管带黄钟英率领“飞鹰”号军舰经香港到东沙岛勘察。1909 年正月间，黄钟英通过实地调查，确认此岛就是中国人称之为东沙的岛屿，并在岛上确实看到了当初有人向端方反映的情况：日本人真的在开工厂，岛上建有小铁道，盖有厂房，而中国渔民被驱离，早先中国居民在岛上盖的天后庙被拆毁。他们了解到基本情况，但是由于军舰上的官兵操一口广东口音的英语，和日本人沟通不畅，岛上虽有很多台湾人，但那些人说闽南话，官兵也听不懂。为了向外务部形成系统报告以便

---

① 《张督复端督元电》，见陈天锡：《东沙岛成案汇编》第一章第二节，商务印书馆，1928 年。

和日本交涉，张人骏决定再次派懂日语和闽南话的人上岛调查。

“飞鹰”号驱逐舰，此为民国时期照片

从这时起，张人骏对东沙问题的态度变得主动了。1909 年农历二月，张人骏派广东水师的吴敬荣、林国祥、王仁堂等乘坐“飞鹰”舰和“开办”舰再次到东沙登岛巡察。这一次了解的情况更加翔实，他们审问岛上的日本人，并做了详细笔录，而且还拍了照片。他们看到岛上建有一根木桩，上书“明治四十八年八月”，背面书写“西泽岛”三字。有房屋 20 余座和淡水厂，有日本男女工人 101 名，另有台湾人 33 名，都受聘于台湾的日本商人西泽。他们在岛上开采的磷质肥料和海产品，有日本商船负责运输，每月一次至三次不等。如此经营，从 1907 年 7 月开始。这样，张人骏便可以向外务部呈送报告了。

那么，在这个过程中，李准起了什么作用呢？

虽然张人骏的报告全部是他个人署名，但是显然这件事是他和李准商量的结果。被派往东沙岛做调查的吴敬荣等三人，都是广东水师的管带，且都是李准最为得力的部将。

说李准参与其事，还因为他本人对此事有所记录。

李准在他自己的三篇回忆文章《任庵自编年谱》（即《李准年

谱》)、《任庵六十自述》和《李准巡海记》里面，都记载了他本人曾经发现日本人竟然插着太阳旗在东沙岛经商，而他亲自登岛，拔下日本国旗，驱赶日本人，即所谓“我遂下彼旗，索还我海瀛”的事，同时也讲到他回省后立即向张人骏报告，请张人骏与外务部协商处理。但是，因为陈天锡主编的《东沙岛成案汇编》几乎收录了全部的官方档案资料却唯独未涉及李准这次东沙巡阅，且张人骏与端方、外务部往来电文数十封甚至没有提到李准之名，所以很多学者认为李准的记录不足为信，或是误记。但是以我对李准回忆文章的一般了解，事情似不至于此。他的回忆录中的观点狭隘偏颇肯定会有，他对某些并非重要的史实有意无意地漏记也会存在，对于若干往事的细节产生“误记”更是不可避免，但是将重要历史事件连续三次在不同文章里“误记”，这几乎不可能。李准是一个笃实、诚信的人，把没有的事情说成有，不符合他的性格。另外，对照晚清以来大量的官方和民间史料，我细读李准的《任庵自编年谱》等回忆性著作，还没有找到其他可以称为“误记”的重大事实。

那么，如何解释李准巡阅东沙的事没有反映在官方史料中呢？我想这是因为张人骏没有把它记录进去。因为李准的巡阅，不是受张人骏委派、奉外务府之命进行的，而是他的一次例行巡海。作为署理水师提督，这是他的分内之责，尽管以前他未曾想到要去，以致东沙岛被日占而无人知。但是他很可能风闻东沙被占之事，端方电请张人骏调查东沙，他也应能听说。然而张人骏开始抱着一种推诿的态度，拖了一年搁置不论，而李准巡阅东沙，按照他自己的记忆，恰恰就发生在这段时间，也就是 1908 年 9 月以前。至于张人骏并未根据李准巡阅而向外务部报告，因为当时他已经大致知道此事，正在和端方以及福建总督“踢皮球”。而后来他正式接手处理东沙问题，向外务部呈送报告时，他已经掌握了吴敬荣等人调查的笔录和照片，用不着再讲李准当初去巡阅的情况了。

查明了情况，就该与日本交涉了。交涉主要在张人骏、外务部和日本领事濑川浅之进之间进行。李准参加了其中一些讨论。对于中方称东沙岛是中国固有领土，日方要求中方拿出证据，张人骏以中方渔船历来在此停泊、渔民在此岛建立天后庙等作为证据，日方以为必须是地方志有所记载才可为凭证。这实际是刁难，因为他们知道中国人自古重陆地轻海洋，地方志不会记录这些内容。张人骏找出广雅书局印行的《中国江海险要图志》，说其中的海图可以证明。但对方又说，这是新书不算数，要有中国的古书证明才行。李准回忆，他请自己手下的王雪岑找到了康熙年间陈伦炯的《海国闻见录》，但张人骏的说法不同，他给外务部的报告说，他找到的是清朝王之春的《国朝柔远记》所附的海图。但是最后使日本人承认东沙为中国领土的证据，既不是李准提供的，也不是张人骏提供的这些国人自制海图。陈天锡在《东沙岛成案汇编》的“结论”一章里说：

> 日人向我索提东沙岛领土证据，我国提出种种佐证，不能邀其顾盼。卒恃以为折服之具者，乃在英人之 *China Sea Directory* 一书。何以我之领土权不能凭我之证据，反而恃他人著作之证明，此则由于国人学术倾向之关系，惩前毖后，吾人应有之职责，固不独于政府也。

这一段话对当时中国缺乏现代科学精神的学术提出严厉批评，同时也说明中国从日本人手里收回东沙岛是多么侥幸！

无论如何，在证据面前，日本认输了。于是双方又商谈交还岛屿的条件。

日本公使强调日本人在东沙岛盖房投资，还引进了机器设备，要求中国补偿。这时李准的态度比较决绝，他认为日本人从岛上盗取中国海产品，应该不是一个小数，所以两相抵债了，补偿款不需要给。但这种大而化之的方法日方不同意，于是张人骏开始和他们算细账，即日方的投资和货物如何作价，而中方需要向日本商人征收多少税款，以及日人损毁中国渔民的渔船和岛上的天后庙该如何赔偿等。最后议定条件，是中方给予西泽银元 16 万，西泽纳税及赔偿渔民共 3 万银元。条件基本确定，张人骏调任两江总督，新任的两广总督袁树勋和日本领事签订了协议。

这样，东沙岛上日本人投资的物业和机器设备都留给了中国。李准派管带王仁堂等乘坐“广海”舰前往接收。1910 年农历十月初二抵达东沙岛，根据清单清点岛上实物。七日中午举行接收典礼，升黄龙旗，“广海”舰鸣礼炮 21 响，令在场国人振奋。这是我国近代史上绝无仅有的一场有关收复失地的外交胜利。

东沙岛收复以后，就要加以利用，日本人可以在那里开采磷质肥料和海产品，运回国内或台湾生利，中国为什么不行？所以中国最初也想按照日本人的做法继续经营。他们甚至还把岛上的日本技师留下来继续聘用。先是官办，后来又招商改民办，折腾过几次，始终经营不理想，原因可能很多，但其中重要的一条，是磷肥在中国不被认可，销售不畅。于是转以开发海产品为主，最终也没有找到经营之道。

此时已是清朝结束前的最后两年，李准参与了经营东沙岛的全部策划。在其中他主要承担的责任，是利用“广海”号兵舰给岛上的人提供粮食、蔬菜和药品，每月至少一次，有时两三次。不过作为军人，他首先想到的还是岛上的通信联络。他曾与总督袁树勋商量，准备进口三台电机（无线电报发射机），分别置于省城、“广海”舰和东沙岛，以便通信。因为东沙岛太远，原来的无线电报发射机功率不足，所以需要以大功率设备替换，花费白银一万七千多两。此议几经讨论，几乎可以决定了，忽然两广总督换成了张鸣岐，张鸣岐以“粤省库储支绌，筹款维艰”为由，呈请朝廷邮传部出资，结果自然是没有了下文[①]，令李准非常沮丧。

至于为岛上提供粮食和基本生活物资，他是从不间断的，他知道这事情人命关天。但是民国后，他解甲归田了，此事交给广东地方当局。1933 年，他在《李准巡海记》里谈道：

> 改革后，党人只知争地盘，谋利益，遂不以此岛为意。留岛之人绝粮而死，可哀也。我虽不杀岛人，岛人由我而死，余滋愧内疚于心也。

这是真实的事件，发生在 1925 年，岛上建设观象台，因包工头逃跑，导致岛上“菜蔬药料断绝二十余日，工人死者数十名”[②]。

在这事上，李准自责没有给岛上接通无线电通信，否则悲剧不会发生。当然，责任并不在他。

2. 到西沙群岛宣示主权

东沙岛被日本人占据，这对李准是一个警醒。他由此担心，南海还有其他岛屿存在类似的情况。他询问手下的将领林国祥，林国祥告诉他，距琼州榆林港（今海南三亚市郊）大约 200 海里，距香港约 400 海里有群岛，西人名之 Paracel Islands（帕拉塞尔群

---

① 参见《李提复袁督文》《张督致外部邮部电》，《东沙岛成案汇编》第十六章第一节，商务印书馆，1928 年。

② 陈天锡：《东沙岛成案汇编》第十九章第一节，商务印书馆，1928 年。

岛，今译西沙群岛），凡从新加坡东行来香港者，这个群岛是必经之地。但因为群岛暗礁极多，行船者大多避而远之。李准听了，“极欲探其究竟，收入海图，作为中国之领土，因请于安帅（指总督张人骏），而探此绝岛。安帅极然余说”[①]。按李准的说法，巡视西沙之举，提出创意的是他。但从官方史料来看，总体上主持这次西沙之行的是张人骏。

李准的意图很清楚，他是军人，考虑的多是主权问题。“收入海图，作为中国之领土”是他的主要目的。从个人的角度来说，他热衷于此事，和他有渴望建功立业的功名之心有关。他曾对自己的长子李景武说，凡对国家有大功的人，死后朝廷可以给一个“襄”字作为谥号，为国开疆拓土可以算是大功了，所以他做了巡视西沙这件事，或许将来就能得到一个“襄”字。就像张之洞、左宗棠死后都被谥为“文襄公”。他说自己不是进士出身，做不了“文襄公”，做个“武襄公”也不错。

西沙“老龙头”

① 《李准巡海记》，《国闻周报》，1933 年第 10 卷第 33 期。

但是张人骏考虑更多的是如何利用西沙，他看到日本人在东沙岛大发其财，觉得西沙应该也有与东沙相同的资源，是可以充分利用的。所以他兵马未动，粮草先行，在李准等勘察西沙之前，先成立了一个西沙筹办处，调来王秉恩、李哲濬两个道员，负责筹划西沙经营之事。

此前，广东水师对西沙群岛的确所知甚少。但是李准绝不是第一个到达那里的人。至少“老于航海”的林国祥可以告诉他西沙的概况，这说明他可能到过此地，而东沙岛事件发生后，张人骏商请李准，派吴敬荣也率舰去西沙实地察看过一次。只不过，吴敬荣并未登岛，也未作勘察和测量，他只是在海中瞭望，算是巡航而已。

在这个前提下，李准去西沙，实际是“复勘”，并且作为西沙筹办处的一项工作任务。但是此举却意义非凡，主要表现在李准登岛升旗、鸣炮、立碑宣示主权，而且做了大量勘测。因为只有这样的巡视，其海岛在国际法的意义上才能被理解为享有主权。

但这次航行是相当危险的。林国祥所说的“行船者大多避而远之”自有道理。特别是广东水师的军舰破旧，准备出海的“伏波”和“琛航”两艘军舰，船龄都已有三十几年，能不能经得起远航，还是未知数。依经验丰富的林国祥看，如果天气好没有问题，如果遇上大风大浪就难说了。可是李准坚持一定要出海，而且越快越好。他和林国祥一起下舱检查军舰，林国祥亲自动手查找存在的隐患，锅炉机器、桅帆绳索，无不检查。该修的修，该补的补，甚至把甲板下的铁锚也全部拉上来，用锤子一节节敲打，凡是听声音有异者，立刻更换或加固。总之，尽可能地保证设备安全。

然后，李准命令准备粮食数百担和各种罐头食品。他想得非常周到，还带了许多牛、羊、猪、鸡等，各色稻、麦、豆种子，准备到岛上去放养和种植。他令水手把淡水舱储满淡水，把炭舱储满煤。除水手以外，他们还另雇小工上百名，木匠、石匠、油漆匠若干人，又准备木材、旗杆、国旗之类若干，做好到海岛上升国旗的准备。李准请林国祥作航海总指挥，吴敬荣为“伏波”舰管带，刘义宽为“琛航”舰管带。他自己乘“伏波”舰，随行者除了西沙筹办处的李哲濬等几位官员以外，还包括两位外国无线电工程师，一位是德国人布朗士，另一位是丹麦人那森。因为考虑到要进行大量的勘察测量以及岛屿物产的检验，所以他们带了十几位测量师和学生，还有两位化验师。全部随行人员达 170 余人，都有姓名可考。

1909 年农历四月初二[①]，巡海航行开始，第二天便抵达海口，受到地方官热情接待，应酬了一整天，同时采买食物，补充淡水。四月初五，到达海南岛最南端的榆林港。在李准看来，这个港是一个“山环水绕、形势极佳”的天然避风良港，他认为“应于两旁筑炮台扼守，其内可为船澳，以备有事时为兵轮停泊之用”，并安排西沙筹办处实施开发榆林港计划，由此可见李准极具军事战略眼光。新中国成立后，榆林海港被建成拱卫南大门的重要军港。因为一连多日天气不佳，不宜出海，李准一行在榆林港停驻了七天左右。这期间，他连日登岸深入民间考察。当时这里是黎族同胞的世居地，登岸后，他看到的风土人情与内地多有不同。岸上椰树成林，可随意采摘，取之解渴，甘甜顺滑。他看到当地百姓还处于原始、天然的生活状态，房屋的门梁、房顶以及席子皆取材椰树，无论男女都披发赤足，可能是因为天气炎热，只着下装。在野外的草地上，李准目睹了黎人欢快的生活场景，男子

① 据《李准巡海记》。出发日期，另有官方记录为四月初一。

敲锣吹笛击瓦，女子翩翩起舞，而青年男女也往往在此携手定情。李准听当地人说，附近山林里有很多体大如马的鹿，这一记载也印证了三亚别称鹿城的来历。满山遍野呦呦鹿鸣，引发了李准打猎的兴趣，但遗憾的是没有随船携带猎犬。当地百姓自告奋勇帮他带路，他们赤足在山林中疾奔如飞，纵然遍地灌木荆棘，也是如履平地。李准见识了他们超强的山地生存能力，随后雇请他们当挑夫到三丫港（今三亚港）考察盐田。这里所产之盐价格低廉，大多走私到香港、澳门一带。在支付力钱时，李准给每人两毛，但百姓不收。李准以为他们嫌少，于是每人增加两毛，仍然不收，一问才知道出发时谈的价钱是一乘轿子两毛，即一人一毛，故不应多取。这一举动，令李准感慨不已，认为当地黎族百姓毫不贪财忘义，如此淳朴，真有上古之风。李准的这些描述被史学研究者称为“清代黎人风俗图”，今天看来很有史料价值。

天气转好，四月十一日，李准一行正式出发去西沙探岛。

鸟瞰晋卿岛（宋国强摄）

据回忆，他们到达的第一个西沙海岛是今天的晋卿岛。李准记录说，抛锚的地方水极深，锚链几乎用尽，但是水很清澈，阳光之下可以看见海底的红白珊瑚，竟然大如松柏。有一种一丈来长的白色的鱼，在珊瑚之间回环穿梭。他们坐上随船带来的扒艇上岸登岛。拄着木棍，踩着海边巨大的圆石一路走过，圆石高高低低，他们也跳来跳去。忽然觉得脚下圆石动了起来，惊问："石何能行？"林国祥告诉他，这是海上的大蛤，壳上长满了绿苔，不知有多少年了。

西沙群岛上"似草似木"的植物，实则为海草桐

这个岛不大，长约六七里，用不了多久，可以环行一周。岛上还有一种低矮的似草似木的植物，一丈来高，亦很粗壮，枝叶横向生长。地上的泥土是深褐色的，由千年的鸟粪堆积而成。岛上的鸟很多，大鸟有一人高，长嘴，不怕人。有时几千只大鸟聚集在一起，他用霰弹鸟枪连开三枪，也不见鸟飞动，以为没有击中，但走过去一看，才发现已经击倒 30 多只，这是因为鸟群不

知道枪的厉害，甚至不知人的威胁。

在这个岛上，他们发现了1850年前后德国人在椰树上和珊瑚石上刻画的文字。他们船上的德国人布朗士能够辨识这些文字。由此可以知道，早有西方人在打这些小岛的主意。又在岛上发现一座石屋，长宽各八九尺，四围以珊瑚石砌成，屋顶用极大的贝壳覆盖。估计这是当年德国人留下的。李准在小屋里休息了一下，然后让石匠在珊瑚石上刻字“大清宣统元年广东水师提督李某巡阅至此”[①]，并且立了一块石碑。他将这个岛命名为“伏波岛”[②]，以纪念他乘坐“伏波”舰到此。又让木匠制成木架，搭建一座木屋，在屋子旁竖起五丈多高的白色桅杆，挂黄龙国旗在桅杆上，宣示此地是中国之领土。

在伏波岛上住了一夜之后，第二天他们继续寻找新的岛屿。临行前，他们把带去的牛羊雄雌各选几对留在岛上，希望它们可以在岛上繁殖存活。但他们没有在岛上发现淡水，事后很担心这些牛羊不久会渴死。

看过伏波岛以后，他们觉得，西沙各岛上的林木雀鸟，基本是大同小异。

距离伏波岛30海里，他们来到另一海岛。岸边有沙滩，舢板可以登岸，于是他们登岛巡视。但不同的是，这个岛上有淡水。李准让工人尝试挖井，只挖了三四米，就发现有地下泉水，味道甘甜。所以李准当即将这个岛命名为“甘泉岛”，也竖旗立碑，

---

① 1933年《国闻周报》发表的《李准巡海记》，将此处时间误记为“大清光绪三十三年”，本文后面讨论李准巡视、勘察东沙岛和西沙群岛的时间时，讲明了其中的原因。

② 1947年国民政府公布的海岛名录，将此岛更名为晋卿岛。

举行命名仪式，并且放了一些牲畜在岛上。然后到对面另一小岛，发现这个岛上的珊瑚比其他岛更多，于是干脆命名为“珊瑚岛”，同样在珊瑚石上刻下岛名，并且挂起黄龙旗。

当天下午，又到一个海岛，在水边发现了很多奇奇怪怪的生物，甚至搞不清究竟是植物还是动物，于是采集了一些样本。在岛上巡视一周，最后给这个岛命名为“琛航岛”，因为他登赴西沙的两艘兵舰中，有一艘名为“琛航”舰。

在琛航岛上住了一夜后，第三天他们继续在西沙巡海。来到一个岛，他们居然在岛上遇到了渔船和渔民。他问渔民自何处来。渔民说他们是琼州文昌、陵水人，每年都会趁好天气，到这里捕捞玳瑁、海龟、海参以及海带等等。问他们平时吃什么，他们说吃龟肉、鸟肉以及鱼虾。问他们喝什么，他们说这里不缺椰子，不会渴死。不过他们每次都是备足淡水而来。李准告诉他们，以后不必如此，附近的甘泉岛上就有淡水。李准在岛上四处游览，发现这是西沙的一个主要岛屿，最后他将该岛命名为“邻水岛”，因为他自己的家乡是四川邻水。当然，也要立石碑，竖起长杆，升黄龙旗，鸣炮，举行一个命名仪式。①

此后，李准陆续勘察了西沙其他岛屿，并进行了地理测绘。因为岛屿情况大同小异，所以他的日记没有继续一一详记。只写了一共 15 个岛，他都一一命名，除上述 5 岛以外，还有霍丘岛、归安岛、乌程岛、宁波岛、新会岛、华阳岛、阳湖岛、休宁岛、番禺岛、丰润岛，除了丰润岛是以两广总督张人骏的家乡河北丰润命名的以外，其他各岛的岛名，大多是依据他随行官员和部下

---

① 二战期间，日本军队强行占领了西沙群岛中的多个岛屿，1946 年国民政府派“永兴号”军舰接收西沙，改“邻水岛”为“永兴岛”。

的家乡名称命名。

这次巡海的经历，也令李准一行大开眼界。

李准在《李准巡海记》里绘声绘色地描绘了西沙诸岛上的许多异闻趣事。例如海里居然有几尺甚至一丈长的大乌参。他在邻水岛问渔民们为什么只抓小乌参不抓大的。渔民告诉他，内地人们不喜欢大的，只要小的。他忍不住用棍子和铁铲拨弄海边浅水里的一丈长的大乌参，那东西居然一动也不动，只有将它的肉铲下一块，它才稍稍挪动身体。这让他感叹这真是冷血动物。又如他们一天晚上听到海水里有异样的声音，林国祥告诉他，这是海龟要上岸下蛋了。于是起而观之，借着月光，看到一大群海龟从海里鱼贯而来爬上沙滩。用灯一照，海龟皆缩头不动。水手们用棍子撬它们的肚子，把他们翻过来，这样捉了 20 只，每只 400~500 斤，够他们这一百多人吃三天。他们吃了 12 只，留下 8 只，用起重设备抬到船上，准备带回广州给大家开开眼。结果海龟太大，占了前舱很大的面积，以至于水手吃饭的地方被挤占。这些水手就拿仰卧的海龟做凳子，坐在上面吃饭，甚至在海龟肚子上打牌。他们还发现了一些奇异的物种，例如有的形似金瓜，其蒂上开紫色之花，如蝴蝶状。花很硬，类似石质，但艳美无比。此物生长于石土，根长四五寸，用力拔断其根，流出白浆，腥味异常，类似蟹爪的味道。他们最终也没有搞清楚它是什么东西，是植物还是动物，于是带了几个回来，准备给总督张人骏欣赏一下，再交给江南劝业会展览。他们还看到岛上随处可见巨大的海龟蛋和各种鸟蛋，以及藏在海螺里的寄生蟹。他们用大竹筐装了很多此类西沙特产，准备回家时赠送亲友。

西沙海龟（宋国强摄）

这次巡海，自1909年农历四月初二起航，四月二十三日回到广州，历时22天。回来以后，向总督张人骏报告，张人骏非常高兴，决意要开发西沙。

于是西沙筹办处拟定了一个“西沙筹办八条办法”，择其要点，简而言之内容大致有[①]：

（1）要制作海图，包括总分各图，然后将各岛正式命名，书立碑记，以保海权。

（2）化验西沙各岛磷肥的磷质，招工采取以收天然之利，并发展畜牧业和林业。

（3）西沙无粮食、淡水，必须选择近地接应，可以榆林和三亚两港为其根据地。此两地可广筑盐田，在西沙开办分厂。

（4）西沙岛上可建厂房宿舍、淡水厂。粮食等有专轮运送，

① 《往勘后详报原文》，参见《西沙岛成案汇编》第三章第五节，商务印书馆，1928年。

请派水师“广海”舰负责此事，并请添置兵舰巡阅各岛。

（5）安装无线电以通消息。

（6）在东沙岛、西沙岛、榆林、三亚等处分头派员负责筹办开发事务。

（7）拟聘外国高等化验师对西沙磷肥做化验，评定其价值。

（8）开办经费，约 20 万两白银，申请拨款。

然后，筹办处对西沙 15 岛重新做了命名，归之为东七岛和西八岛。

东七岛为树岛、北岛、中岛、南岛、林岛、石岛、东岛；西八岛为珊瑚岛、甘泉岛、金银岛、南极岛、琛航岛、广金岛、伏波岛、天文岛。[①]

李准命名之邻水岛即今日三沙市委、市政府驻地永兴岛，图为三沙市党政办公大楼（宋国强摄）

① 《拟定各岛之名》，见《西沙岛成案汇编》第三章第六节，商务印书馆，1928 年。

大家可能注意到，这些岛名有了很大变化，大部分不再是李准命名的那些名称。其中的原因是筹办处确定了命名的原则，即以军舰、当地出产或岛屿方位等命名，而不用地名命名。于是以两广总督张人骏家乡丰润、水师提督李准家乡邻水以及筹办处负责人李哲濬家乡宁波命名的岛屿，全部改了名。最后“丰润岛”以其位置变成了“东岛”，而“邻水岛”以其林木茂盛变成了“林岛”，也就是今天的永兴岛。至此，西沙群岛中由李准命名的岛屿剩下4个，即伏波岛、琛航岛、甘泉岛、珊瑚岛。后来到了1947年，伏波岛被国民政府改名为“晋卿岛”，这样李准命名的岛屿，在西沙群岛仅存3个。

然而，给岛屿命名之后，西沙筹办处也就寿终正寝了。他们定了“筹办八条”，考虑到天气原因，决定在当年八月以后开始实施。但是当年六月，张人骏调任两江总督，与此同时筹办处的李哲濬也被调往江苏，继任的两广总督袁树勋考虑到人力和经费两方面的原因，在九月决定裁撤西沙筹办处，将其业务划归劝业道管理。这样一来，西沙“筹办八条”也便无法落实了。

然而李准从西沙归来，还是做了一件大事。他在1910年主持编写出版了《广东水师国防要塞图说》，其中列入了西沙群岛，兑现了自己要把西沙“收入海图，作为中国之领土”[①]的承诺。书中的海图，都是他带去西沙的测量师和学生画的。

这本书在中国的海图中首次使用了现代科技经纬度，李准这样表述：

> 西沙岛在琼州陵水县榆林港之东南，星罗棋布，延袤直自纬北一十五度四十六分至纬北一十七度一十七分五秒，横自经

① 《李准巡海记》，《国闻周报》，1933年第10卷第33期。

> 东一百一十一度一十四分至经东一百一十二度四十五分。共岛十五处，分为西七岛、东八岛。水深一十三拓至二十拓不等。岛产磷质雀粪极多。宣统元年，张前部堂派员查勘，现拟招徕华商承办岛务，官为保护维持，以重领土而保利权。①

由于有了清晰的经纬度标示，这本书后来成为中国政府证明南海主权的重要文献。书名中的“国防”二字很重要，因为它明确地将南海诸岛作为国防要地纳入中国版图，所以成为中国政府对南海早已实施管辖的最为直接有力的证据。

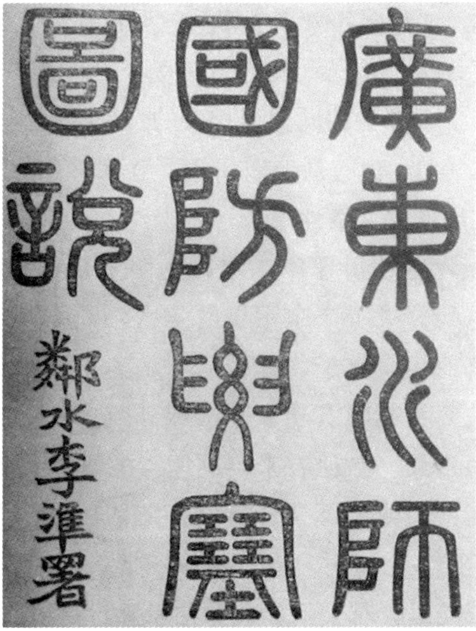

李准著作《广东水师国防要塞图说》

① 西沙十五岛，西沙筹办处定为东七岛和西八岛，而李准《广东水师国防要塞图说》定为西七岛和东八岛。

此外，李准还把他从西沙带回的很多珍稀的植物、矿石、珊瑚石、海产品和龟蛋、鸟蛋等等，专门搞了一个展览，供人参观。展览过后，他将一部分展品拿回家里长期保存，作为自己珍贵的纪念。大约 100 年后，也就是距今十年前，我到李准的女婿段平泰先生（中央音乐学院教授、著名作曲家和音乐理论家）家里，还亲眼看到过李准从西沙带回的一些花花绿绿的海滩石子、贝壳等。

（二）审时度势，光复广东行义举

这个问题，要从多年来李准率兵弹压各种民变说起。

所谓民变，指的是民众反抗朝廷官府的斗争。晚清时代，一些民变是和孙中山领导的同盟会相关的，包括同盟会利用各种会党组织的民军暴动，也包括他们在新军里策划的武装起义。

1. 李准在历次民变事件中

李准自从署理和担任广东水师提督（也曾担任水陆提督）以来，手握重兵，成了广东军界的实力派人物。每遇民变，必然参与镇压。他一向忠于朝廷，从不认为奉旨剿办匪务有什么错误。他过去因为剿匪有功，曾被朝廷赐予“果勇巴图鲁”的称号，很以为自豪，在他看来，同盟会发动的各种暴动起义和土匪制造的骚乱性质差不多，特别是那些民军，大多依靠会党建立，而会党的人员成分复杂，流氓、地痞居多，真的和土匪、黑社会有颇多类似。对于朝廷，这些暴动都算“匪患”，他一律都要将其扑灭。

这样，对于革命党人来说，他就成了罪人，是“镇压革命的刽子手”。至少在辛亥年到来之前，他就有三宗大罪：一是镇压 1907 年潮州黄冈起义，二是平定同年发生的广西钦廉起义，三是扑灭1910年的广州新军起义。其实，直到1910年以前，李准并不那么被革命党人痛恨。晚清时代，民变频频，广东一带的地方官员、军事将领，免不了要参与镇压革命党。李准的父亲李征庸仅仅是个知县，也不能幸免。这是职责所系，用李准的话来说，“食禄忠事，无可议也”。对这样的人，只要肯于反清排满，诚心反正，革命党通常可以竭诚欢迎。李准一直都有输诚革命的机会。

就拿1910年广州新军起义来说，他原本也可以揭竿而起。正月初一，他闻知革命党人倪映典准备动员新军起事，便用无线电报将广州附近的防营3000人调回。正月初三，倪映典组织起义的新军3000人来到牛王庙猫儿岗，准备和李准的部队决战。开战前，倪映典等四人先到李准阵前跪下，声明自己是为推翻清朝统治，并非报个人私仇，所以愿意拥立李准为首领，双方的军队共同革命，要求李准在20分钟内表态①。这是因为倪映典过去是李准防营里的哨长（排长），对他尚存好感。但李准一心为朝廷效命，他只是另派4人劝倪映典等速速回营，对共同革命的倡议不予理睬。20分钟后，双方开战，防营把新军杀得大败，倪映典等官兵数十人被杀，防营还趁势烧毁了新军的营房。

不过，事情闹成这样，和李准手下的防营与新军矛盾很深有关。因为清末时期，朝廷的政策是发展新军，裁减绿营和防营，使防营不免有受压制的感觉，此时便借机对新军泄愤。所以这场民变，在某种意义上是地方军（防营）和中央军（新军）的内讧。

---

① 参见李准：《任庵六十自述》，《李准年谱》，中国文史出版社，2014年，第161页。

防营杀新军，新军败阵，自然朝内有人为新军鸣不平，报纸也都为新军喊冤。于是便有御史参劾李准，认为这纯属李准纵兵闹事，他的军队杀人放火，有如土匪。参劾时，连带两广总督袁树勋一起追责。后来朝廷派员来广州调查，发现这是革命党人倪映典等制造的兵变，事件才稍稍平息。但朝廷仍以防营不该烧毁新军营房为理由[①]，称袁树勋和李准处理失当，将两人革职。可是袁树勋被革职便赋闲，而李准则是“革职留任，奉旨加恩宽免”[②]，这说明朝廷还是需要李准作为对付革命党的干将，而李准一直到此时也都是执迷不悟的。

袁树勋被免职后，接任两广总督的是张鸣岐。此人是岑春煊的心腹，受岑春煊的影响，认为李准“威权太重，骄蹇难制”，所以初来乍到就迫不及待夺取李准的军权。原先归李准统辖的许多防营都调归他人指挥了。

接着就发生了革命党人举行的广东“三二九”起义。

和同盟会前几次为了推翻清朝统治而举行的起义相比，1911 年农历三月二十九日举行的广州起义规模和影响最大。这次起义失败，革命党人牺牲了 100 多人，其中有 72 人被安葬在广州的黄花岗，所以后人也称这次起义为“黄花岗起义”。最终起义失败，又是因为李准动用水师的兵力，协助两广总督进行镇压。

其间也有阴差阳错。同盟会原准备三月二十五日起事，兵分

---

① 对朝廷调查结果，李准有不同意见，他认为新军的兵营是哗变时新军自己烧的。

② 参见李准：《袁海观制军遗事》，《清末遗闻》手稿，南开大学图书馆藏本。

三路，一路进攻总督府，一路进攻水师行台，一路攻打督练公所。但是因为起义各方协调配合问题，一再改期，先改在二十八日，最后定在二十九日，计划也改为由黄兴指挥革命党队伍一路猛攻总督府。这样就使李准未受牵制，可以轻松派兵驰援总督府。

黄花岗七十二烈士纪念碑

革命党人后来总结，“三二九”起义失败的原因就在于没有同时攻打李准的水师行台。那天，总督府已经被攻陷，革命党人进入内室，逐个房间搜查张鸣岐的踪迹。正在危急之时，李准派出的水师赶到，经过激烈交战，打退了革命党人。交战中，张鸣岐从楼上开窗，抛出一条绳索，然后抓住绳索沿墙滑下。李准派人到总督府救他，在半途与他相遇。在兵士保护下，张鸣岐被送到水师行台，见到李准时，他已被吓得魂不附体，甚至尿了裤子。他当场跪下，求李准去救他的一家老小。于是李准再次派人把张鸣岐的家人都接到提督府来。这一天，张鸣岐对李准出手相救是感恩戴德的。朝廷后来也因此而表彰李准，传旨“赏穿黄马褂”。在清代，这是朝廷对有大功官员的一种特殊奖励。

但李准此后自恃有功，常拿张鸣岐“三二九”起义当天的丑态来取笑他，张鸣岐不甘受辱，便对李准更加嫉恨。加上当时革命党人实施软硬两手，一边组织武装起义，一边与张鸣岐频频接触，劝其反正。于是，张鸣岐担心李准会投靠革命党人，进一步剥夺李准的兵权。

另一方面，“三二九”起义失败，让以同盟会为首的革命党人承受了前所未有的惨重损失。黄兴、胡汉民等革命首领开始把李准视为广东最凶险、恶毒的敌人，必欲除之而后快。李准遂成为革命党人暗杀的主要目标。第一次暗杀时认错了人，结果把广州将军孚琦杀死，然后他们决意实施第二次行刺。

1911 年农历闰六月十九日，李准坐轿外出，在广州闹市区双门底被革命党人投来的炸弹击中。他从轿子上飞出去两三米远，腰部被炸成重伤，所中弹片大约长宽各三四厘米，厚两厘米，创口很大。李准忍着疼痛，拔出双枪，钻到街边一间药铺里开枪还击，结果手腕又中一枪。他索性登上屋顶，与下面的卫队一起，和行刺者展开混战，最后卫队死伤 20 多人，才把对方击退。

当时的报刊对这件事多有报道，对李准竟然在屋顶上作战，大为惊叹，说他身轻如燕，有飞檐走壁之功。他儿子李景武后来解释说，其父不谙武功，他是爬着电线杆子上房的。

无论李准当时表现得多么英勇，这件事仍然使他非常惊恐。他意识到自己时时处在危险之中。从此，他深居简出，以受伤为理由向朝廷请求开缺（辞职养伤）。朝廷不准开缺，只以准假安抚。

但每次准假只给一个月或20天，甚至10天，为此他曾经4次提请开缺，4次被朝廷准假，一直到3个月后广州光复时，他的假期还未满。所以说，自从受伤以后，直到革命爆发，李准一直在离职休养中。

李准被炸伤后，他的所有军务都由张鸣岐代理。因为对李准的猜疑渐深，总是担心李准投靠革命党，出卖自己，所以张鸣岐不仅从广西调自己的旧部亲信——提督龙济光率2000人来做自己的卫队，而且调海军部司长刘冠雄来统领广东水师。要求今后水师调兵，李准须与刘冠雄以及张鸣岐本人三人同时发令，这明摆着是在夺李准的兵权。

广州烈士陵园中的四烈士中林冠慈、温生才和陈敬岳都参加过刺杀李准

这一时期，李准的思想变化是比较微妙的。至少，他已经变得比较消极，似乎不愿再与革命党人对立。本来兵权被夺，使他心灰意懒，再加上他意识到自己与革命党人结怨，早晚要遭报复，所以萌生退意，以免再进一步与革命党人结仇。

谈到这个时期的李准，有学者引用台湾出版的《中华民国国父实录》里面记载的一段逸闻来说明其政治态度，所谈之事，纯属子虚乌有。

这段逸闻说，就在黄花岗之役两天后，李准在外国读书的儿子主动拜见孙中山。那天，孙中山从菲律宾来到美国芝加哥，为革命党劝募军饷，在唐人街福州酒楼发表演说。刚讲完，一个年轻人表示要捐款，捐出自己身上仅有的 5 美元。大家一打听，才知此人即是广东水师提督李准之子，名叫李国庆，在场众人一时皆惊。散会以后，李国庆随孙中山回到旅舍，说自己将动身返国，想要动员其父李准拥护革命。第二天一早，他又拿着装有一把左轮手枪及若干子弹的小包，再次来到旅舍求见孙中山，希望孙中山给香港同盟会写一封介绍信，以便密商行事。但孙中山考虑到各种利害，没有答应他的要求。书中这样说：

> 国父虽知李为爱国热血青年，然为香港党人安全计，不得不慎重，乃告之曰：'现值党人新败，香港党人机关，料必侦探密布，万一被察觉，汝不能行事。汝意以为如何。'李连声称是，乃匆匆握别赴旧金山。至旧金山，犹致函芝加哥同盟会同志，殷殷致候，并告返国日期。李去后约一年，闻李准有杀一子之风说，自此，李国庆之信息，亦竟杳然。[①]

虽然没有明说，但是暗示已很充分，意谓李准杀了这个动员他投诚革命的儿子。古人云“虎毒不食子”，李准何能如此凶残？须知这一切纯属虚构。

---

① 转引自张功臣：《倒戈的水师提督》，《东方历史评论》微信公众号：ohistory。

首先，查阅李准家族的《懋熙堂李氏族谱》，李准没有一个名叫李国庆的儿子。李准在辛亥年之前育有多个女儿，但儿子只有一个，名叫李景武（本名李相枚），1911年时15岁，在德国学习骑兵，并未去过芝加哥，也未见过孙中山。

李准长子李景武

其次，李景武在德国，倒是真的给父亲李准打过电报，时间是在武昌起义之后，电报的内容是："大厦之将倾，一木之难支。望大人当机立断，毅然反正，还我汉室山河。"[①] 据李景武回忆，这封电报对于后来促成其父向革命转变，还是起了积极作用的。

所以说，李准并非传闻中那样仇视革命。

2. 广东革命举义旗

此后不久，辛亥革命在武昌爆发，湖南、陕西、山西、云南等多个省份相继独立，国内形势大变。广东何去何从，是张鸣岐和李准都需要面对的现实问题。革命党那边，自然是希望广东也能响应革命，像其他省一样宣布独立，脱离清朝的统治，以便促成其解体，至于是依靠谁的力量，他们并不介意。谁带头脱离清政府而独立，他们就支持谁。因而以同盟会为首的革命党人一方面仍然在准备举行起义，另一方面则分别策反张鸣岐和李准，希望他们早早醒悟，反戈一击。革命党人先后和这两人秘密联系，

---

① 李景武：《汪精卫》，《清末民初官场琐记——李景武回忆录》，台湾善同文教基金会，2014年，第229页。

并且采用离间的办法，要求张鸣岐起义，以杀李准为条件，同时要求李准起义，以杀张鸣岐为前提。

张鸣岐

比起李准，张鸣岐对清廷忠诚度更高，是个铁杆的保皇派[①]。尽管，作为权宜之计，从个人利害关系考虑，他也曾表示可以接受革命党的要求，宣布广东独立，但终究还是下不了决心。事实上，他也真在九月初八挂白旗宣布独立，但是第二天一早又宣布收回成命，令人撤去白旗，被人讥为“假独立”。他的患得患失、犹犹豫豫、反复无常，最终让他错失历史留给他的良机。

李准则看清了历史潮流，知道清廷寿终正寝的日子来了。用他自己的话说，是“默察天心，俯窥人事，知民心思汉，大势所趋”。他肯定会权衡利弊，思考之后，感觉“利害相权，宜审轻重，于是应乎天而顺乎人，立意反正广东”。于是他便通过自己的幕僚谢质我主动联系在香港的革命党人谢良牧。谢良牧当时虽表示“不信某提（指提督李准）有悔祸之心”，但他还是和陈炯明一起给谢质我回信，亮明党人态度，指出李准投诚之选择将是“其道至正，其势至顺”，“为民国立大功勋”，同时对李准晓以利害，告诉他，“某督（指总督张鸣岐）阴贼狡猾，行恶嫁祸，使

① 李准与张鸣岐的关系，请参见本书中专题文章《站在历史的十字路口》。

人集矢于某提，而自图其利”。他说自己和陈炯明敢预言，“他日见民军逼粤，诈取某提而迎降者，必某督也”。意思是说张鸣岐将拿李准祭刀，这就是张鸣岐对李准“急则相求，缓则相倾”的策略。于是建议李准“当先发难制之”[①]。

这封信对李准影响甚大，谢、陈二人对张鸣岐的分析令他信服。因为他早已感觉到张鸣岐有可能会加害于他。就在他开始联系革命党人之前两天，也即九月初二，张鸣岐甚至给他摆了一场鸿门宴，只因他有充足的防备，张鸣岐的手下未敢贸然行动。

由此李准更坚定了投诚的决心。他请谢良牧联系香港的同盟会领袖胡汉民。胡汉民最初也对李准的态度将信将疑，“未敢遽信”。但是回信仍然表达了诚意，告诉李准，“舍昔日之助满政府者而助民国，则去敌而为友，党人当知此义”。[②] 所以李准自农历九月初四日开始，在半个月里先后三次派自己的弟弟李涛[③]和幕僚黎凤翔代表他去香港和胡汉民等人谈判。我猜想，他让李涛前往，有愿以亲属作为人质之意，从而表达自己的诚意。

胡汉民

革命党人晓以大义，启发李准，说黎元洪响应了革命，所以革

---

① 《谢良牧陈炯明致谢质我书》，见《光复粤垣记》，《辛亥革命稀见文献汇编》第 44 卷，香港中和出版社，第 15—18 页。

② 《胡汉民在南京宣布反正时情形》，同上书，第 9—10 页。

③ 李涛字次武，就是笔者的祖父，当时年仅 17 岁。

命党对之以礼相待，如果李准也效法黎元洪，他对革命的贡献当不在黎元洪之下，过去他与革命党的恩怨将既往不咎，但是，如果李准反对革命，一旦革命成功，那就连身家性命都会有麻烦。胡汉民强调，只要李准弃暗投明，“革命党人不报私仇”。他知道李准熟识汪精卫（汪精卫曾在李准家担任家庭教师），便带话说：“汪精卫就是革命党人，你李准相信他，还不相信我们吗？”

不过，在李准做出向革命党投诚的决定之后，革命党人对李准提了投诚交换条件。其中有一项是李准必须杀掉张鸣岐、龙济光、孔殷、李世桂等清朝要员，让他或者率军直接攻城拿下总督府，或者声讨总督罪状，号令水陆两军讨伐之。这令李准有些为难。他希望广东和平光复，不愿开杀戒。最后由胡汉民拍板，革命党人做了妥协，表示不动武力、和平解决问题也行。李准希望起义之前，双方互相交换约书，算是承诺互信的凭据。他再次派弟弟李涛和黎凤翔与革命党人胡汉民协商。

农历九月十七日是关键的一天。这天，李准两次转给胡汉民约书。第一份内容是：

> 广东水师提督率部下亲军各营统带吴宗禹、吴占高今特派代表全权与李涛（即次武）、黎凤翔到港与中国国民军南方支部长密商水路各军反正各条件。应如何协同办理之处，即由黎、李两代表承认后，当率所部照行密约不爽。此据。辛亥年九月十七日李准亲笔。

写完意犹未尽，又提笔写下第二份约书：

> 今欲保全粤省地方人民生命财产起见，愿率部下水陆各

军全行反正以救国民。如国民军定期以文明举动来省，当率部欢迎。俟军政府举定有人，即将兵权交出与军政府。惟准伤病之后，精神才力，恐有不逮，难以胜任。今率所部反正，即算尽国民之责任矣。辛亥年九月十七日李准亲笔。①

这第二份约书实际是阐述他的理念和补充条件，主要有三层意思：一是说明他投诚反正，目的不是为了保自己，而是为了保护人民财产安全；二是要求国民军必须和平进入广州，否则他不欢迎；三是表示他无意在反正后继续任职。

胡汉民读了李准的两份约书，也亲自开出一份正式凭证②：

正式凭证

今由李准君约协助国民军，将虎门所有要塞地带内军队和武器悉数缴纳。既实行此约，即为国民军之友。所有李准君及其所部军人军属名誉财产，概由国民军保护。

交此为证。

中国同盟会南方支部长胡汉民

天运辛亥九月十七日

根据约书和正式凭证商定的条件，两天以后的九月十九日

---

① 《辛亥年九月十七日约书》(一)(二)，见《光复粤垣记》,《辛亥革命稀见文献汇编》第44卷，香港中和出版社，第25页。

② 《胡汉民来书》，见《光复粤垣记》,《辛亥革命稀见文献汇编》第44卷，香港中和出版社，第21页。

（公历 11 月 9 日），李准宣布反正，命令部下停止和国民军交战，在所有的炮台、军舰上升起国民军军旗。

九月十八日是起义的前一天，广东各界显得六神无主。那时，省城有各界人士组成的咨议局，这是 1905 年以后清政府“预备立宪”的产物，形式类似于西方国家的省级议会。此时，咨议局要代表民众做决策，他们听说张鸣岐要再次择期宣布独立，便推举他作为大都督，而龙济光为副都督，一时社会舆论大哗。虽然咨议局连夜为张鸣岐、龙济光刻好了新任都督的关防大印，但张鸣岐犹豫再三，不敢轻易接受此职。恰好当日还有革命党人发来电报，威胁要公审他，令他更加害怕。而李准的电话也打来了，他告诉张鸣岐自己已准备向革命党人投诚，请张鸣岐好自为之。李准甚至在电话里威胁张鸣岐说水师的军舰已调集到广州附近，他拥有的大炮比张鸣岐在城内拥有的更多，炮口皆已指向广州。意思是无论张同意不同意，广东要独立，而且要请革命党人来主事。张鸣岐慌忙问龙济光：“你能否扑灭李准的水师？”他还以为龙济光可以和李准较量一番，谁知龙济光回答：“不能。”① 因为此时，龙济光已被李准说服，与之共同迎接革命党人。张鸣岐看到连他的铁杆亲信龙济光都要投诚革命党，无奈之下连夜仓皇逃走。第二天一早，咨议局派人送官印给张鸣岐，发现人去楼空。

于是咨议局又要开会重选都督。有人推荐李准，但李准说自己伤病未愈，力不从心。建议另选，候选人限为革命党人。于是胡汉民被选为广东都督。接着李准发明码电报邀请胡汉民率革命党人到广州接收他所统领的清军起义。其实那时，革命党和民军队伍尚未进入广州，胡汉民身边只有少数几位随员，可谓“手无

① 参见《胡汉民自传》，传记文学出版社，1987 年，第 49 页。

一兵”。当时有人提醒胡汉民，且慢，小心有诈。说即使李准诚意反正，龙济光也不可不防。但胡汉民坚信清王朝大势已去，认为李准能稳定大局，毅然前往。

以胡汉民为首的革命党人接管了广州，意味着广东和平光复即告成功。很显然，李准在其中起了关键作用。

不过广州之外也不是没有交战，远在惠州，同盟会陈炯明领导新军起义，与陆路提督秦炳直的部队交战甚为激烈。李准和胡汉民商定，两人分别打电报给秦炳直和陈炯明，请其休战，于是双方罢兵。

这样，政权交接就算完成。

革命党领袖黄兴致电李准，说：“粤省光复，公树伟功，从前公仇，一概消释。”[①]

李准将自己的办公地点水师行台腾出来给胡汉民作为住所，但胡汉民手下无兵，担心治安问题，不敢在此居住，一连多日住在李准的兵舰上。李准承诺暂时仍然统领水路各军，负责维护广东的社会秩序。此时胡汉民提出要对外宣布李准在广东革命中的功绩，但被李准一概推辞。李准说，他过去尽职于清王朝，现在效忠于革命，都是应尽职责，不敢言功。并说这不是他一个人的功劳，若让自己“专其名”，则会于心不安。

然而时间刚半个月，李准辞职而去。尽管胡汉民再三挽留，甚至在李准的船上与他彻夜长谈，希望他留在自己身边，助一臂之力，但是李准去意已决，在表示“水路各军均交汉民（胡汉民）”之后，于农历十月初三乘“大江”号军舰到澳门，十月初五回到香港的住所，做起了寓公。后来他虽然在袁世凯当政的时代，曾

---

① 《黄克强来电》，见《光复粤垣记》，《辛亥革命稀见文献汇编》第44卷，香港中和出版社，第29页。

到北京担任过高等军事顾问之类的职务，但所任多是闲职，而且为期不长。1916 年以后，直到 1936 年去世，他基本上是在天津做寓公，终日演练书法，写京剧剧本，又由军人转变为文人。

四、如何认识和评价李准

在评价李准之前，首先需要弄清一些基本史实，因为以往的介绍和研究对一些史实说法不一，出入较大，虽然有些史料来源于李准的个人回忆，但是他本人的记述也有不准确之处，需要做一些辨析和考证。

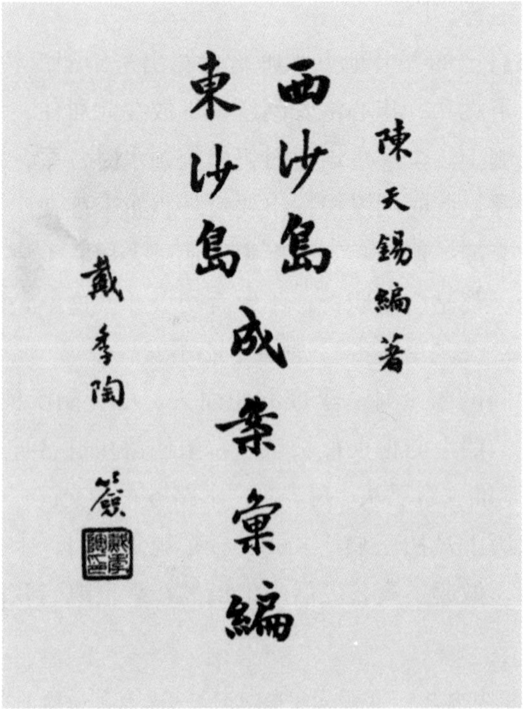

《西沙岛东沙岛成案汇编》扉页

（一）需要厘清的几个问题

1. 李准是否去过东沙岛以及他勘察东沙岛和西沙群岛的时间

史学界根据官方史料，一般会认定，李准并没有去过东沙，只是东沙被日本人占据，促使他有了巡视西沙的念头。史料证实，他去西沙的时间是 1909 年农历四月（公历 5 月），这一点确凿无疑。但是李准在自己不同的回忆录里三次提及他亲赴东沙和西沙的经历，时间与其他史料记录不一致。特别是 1933 年他在《大公报》所属的《国闻周报》上发表《李准巡海记》，又说自己巡视东沙和西沙都是发生在光绪三十三年（1907 年）。这种混乱，引起学术界和读者质疑。时间的不确切，更容易使人认为文章内容是误记。

首先是他去东沙的时间。我在前面讲到，李准并不是奉总督张人骏之命，或应朝廷外务部的要求去调查东沙被占情况的，而是听到传闻以后，自己主动去巡海，想要眼见为实。这事他自己在《任庵自编年谱》中记录是在 1908 年，应该是正确的，而且具体时间是在 9 月以前，因为当年 10 月，他率领水师舰队到厦门接待美国舰队来访，此后就没有时间和机会去巡海了。

另一方面，1908 年 9 月，张人骏闻知两江总督端方请海军部派军舰视察东沙，“飞鹰”号军舰即将到达的消息后，他给外务部的电报中提到广东目前没有军舰可以派出，是因为广东水师正在准备接待美国舰队。[①] 这与李准的记录相吻合。但从张人骏的这封回电的内容来看，他对收复东沙的态度有了变化。因为此时他已经知道东沙属于广东省管辖，自己守土有责，所以没有再像

---

① 参见陈天锡：《端张两督致外部电》，《东沙岛成案汇编》第三章第四节。

一年前答复端方那样，用“水师无大船不能前往”为理由推托。但在此之前，张人骏的确认为东沙在闽粤两省归属责任不清[①]，处在“两不管”地带，故不愿插手把此事揽在身上。所以李准自己去巡视东沙，回来后向他报告日占情况，他并没有及时通过外务部向日方提出交涉，致使李准1908年介入东沙事件，朝廷并不知晓。至于后来海军部直接派出军舰，于1909年农历正月开赴东沙，属于遵照朝廷谕旨办事，官方历史记录以这个时间为准，也就不奇怪了。

所以我认为，李准不是没有去过东沙，只是他巡视东沙没有官方记录而已。时间是在1908年9月以前，也即“飞鹰”号1909年初开赴东沙之前。

其次是他去西沙宣示主权，时间是1909年农历四月（公历5月），这一条有多方史料证明，连李准自己的《任庵自编年谱》所记录的日期也与此一致，所以无须置疑。但为什么《李准巡海记》里面记载是在光绪三十三年（1907年）呢？有学者感到完全无法理解，一个朝命大员怎么会把皇帝年号记错，将宣统元年说成光绪三十三年！但我认为，1933年发表的《李准巡海记》应该不是李准晚年的回忆录，而是当年巡海所做的手记。李准有记笔记（日记）的习惯，这份巡海记应是其中的一部分。从内容来看，这篇巡海记复现巡海实况，描写生动，细节丰富，场景逼真，犹如纪实电影，实非20年后仅凭回忆所能写出。李准1930年写五言诗体回忆录《任庵六十自述》时，在涉及西沙的一节加了一个注释，说“余笔记中有《西沙群岛记》，恕不再注”。这或许可以

---

① 张人骏当时回复端方的电报中有云：“惟遍考粤省志书舆图，均无记载此岛确据。该岛似在闽粤之间。”

证明,《李准巡海记》就是当年这篇名叫《西沙群岛记》的笔记。既是旧作,那便肯定不会弄错皇帝年号。可作参照的是《任庵自编年谱》写于 1927 年,历时 18 年后,李准仍可较准确地记录当年巡视西沙开始于宣统元年四月初二。这是正常逻辑,每个人对于这种此生最为重要的大事,应该都不会记错年份。所以,我以为报纸上日期的错,责任应不在李准。很可能是 1933 年李准到报社谈论西沙问题时,报社的记者听错了年份,故而在发表《李准巡海记》加按语时错误地写上了"光绪三十三年",甚而在校对全篇时粗率地连正文中的时间也统一改错了。可惜,这只是一个推测,因为李准的笔记现已不知所终。1951 年,为了给国家提供有关南海诸岛主权问题的历史资料,李准的小儿子李相普将这些笔记捐赠给了人民日报社,此事有人民日报社图书资料室开具的收据为证[①]。但我几次试图到该报社查找,一无所获。

2. 1909 年随李准去西沙巡海,一共几艘军舰?是两艘还是三艘?

有些文章认为前往的兵舰是三艘,即"伏波""琛航"和"广金"三舰。其根据有二:一是 1928 年陈天锡出版的《西沙岛成案汇编》介绍有关情况,明确说"前往西沙岛复勘考察人员,分乘伏波、琛航、广金三兵轮"。二是西沙筹办处在 1909 年给西沙 15 岛正式命名时,有三个岛屿用军舰名命名,分别是"伏波岛""琛航岛"和"广金岛"。

但是这和李准的记录不同。据李准在《任庵六十自述》和《任

---

① 见人民日报社致李相普的感谢信,《李准年谱》,中国文史出版社,2014 年,第 175 页。

庵自编年谱》以及《李准巡海记》中三处记载，巡海的军舰应当是“伏波”和“琛航”二舰，因为李准写得很确切，两舰都有指挥官姓名（他自己乘坐的是“伏波”舰），而并未提及“广金”舰。而且，他在西沙给15个岛屿命名时，只用了“伏波”和“琛航”两艘军舰的名字，而没有命名“广金岛”。如果他带去的是三艘军舰，却厚此薄彼，不用“广金”舰的名字，这在情理上说不通，至少他无法对“广金”舰的官兵做出解释。

李准巡视西沙，在当时是报刊广为报道的大事。查阅当时的报刊，例如《申报》就以《查勘西沙岛委员返省》为题，报道“伏波”和“琛航”两舰归来的消息[①]，也没有提及“广金”舰。

李准乘坐的“伏波”号炮舰（历史图片）

近年有学者查阅当时香港的英文报刊，得到一条史料令人恍然大悟。英文的《香港日报》有文章谈到李准舰队出发时的

① 见《申报》1909年6月16日，第11版。

情况，说5月21日（农历四月初一）舰队由广州出发，包括三艘军舰，分别是“伏波”舰、“琛航”舰和“广金”舰。但是舰队到了海南榆林港后，因遭遇恶劣天气，李准考虑到“广金”舰的安全性差，故将其遣回广州，只让“伏波”和“琛航”两舰开赴西沙。①

经查，“广金”舰是广东黄埔船局1890年造成的钢壳炮舰，按理说，它比起福建船政局建造于1871年和1874年的“伏波”和“琛航”两艘木壳炮舰要更现代化一些。但问题是它的排水量太小，只是一条小船，无法抵御狂风巨浪。它的排水量只有650吨，这吨位大约相当于“伏波”和“琛航”的一半，属于浅水炮舰。它速度快，机动灵活，适合在广东的几条内河巡航，但不适于远海航行，所以它的西沙之行半途而废了。

至于西沙筹办处仍然命名“广金岛”，大概是为了纪念这艘军舰对于西沙巡阅的首发之功吧。

3. 李准巡察西沙多少个岛屿？他去过南沙吗？李准滩是谁命名的？

有文章介绍李准巡视西沙14岛或16岛，皆不确。根据李准本人记述，应为15岛，因为每个岛李准都做了命名，15个岛名俱在《任庵自编年谱》的记录中。他主持编写的《广东水师国防要塞图说》也明确标示西沙为“西七岛、东八岛”。这本“图说”著于1910年，即李准巡视西沙的第二年，其表述应确切无疑。

问题是：李准究竟在几个岛屿登陆？有人认为只是3个岛或4个岛，也有人认为15个岛他都登陆了。李准自己说，凡是他到

---

① 见王静：《清末两广总督派舰复勘西沙及法国认知之演变》，《南海学刊》，2019年第1期。

过的岛屿，他都一一“勒石升旗”以宣示主权，但没有具体记录15岛的情况。

《李准巡海记》里只写了他在5个岛屿登岛的情形。这5个岛依次是伏波岛、甘泉岛、珊瑚岛、琛航岛和邻水岛。在每个岛的所见所闻，文章都有情景、有细节，若非亲临其境，是写不出的。另外，根据一同赴西沙考察的盐务官员郝继业回到广州后提交的报告，可知他所乘坐的“琛航”舰和李准乘坐的“伏波”舰所走的并非相同海路，所到达的岛屿，有相同的，也有不同的，例如他提到曾经到达过“地利岛”，有学者考证这是西沙群岛最南端的一个岛屿，现在名为“中建岛”。[①] 但这个岛的具体情况，没有见于李准的文字，或许可以认为李准没有直接登上这个海岛。

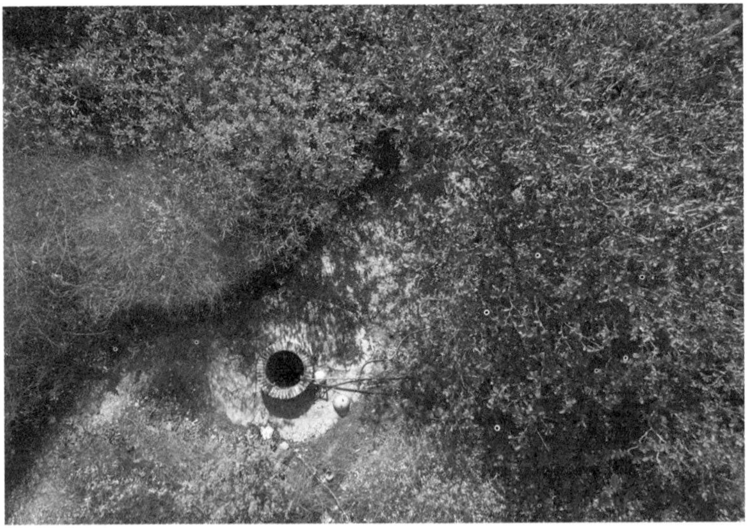

甘泉岛的泉眼（宋国强摄）

① 郝继业等原文，见《西沙岛成案汇编》第三章第五节，商务印书馆，1928年。

根据当时的官方记录，以时间计算，此次巡海从四月初一至四月二十二日，共计 22 天。除去榆林考察和遇风浪受阻的时间，再扣除往返路程时间，他们在西沙逗留的日子，根据不同史料判断，最长也不会超过 10 天，最短可能只有三四天。按李准自己的说法，他们是四月十一日从榆林港启程的，路程大约 48 小时，那么往返时间扣除 4 天，他们在群岛逗留的时间只有 7—8 天，他在《任庵六十自述》中说“在此十余日，启锭必及晨”[1] 恐怕不准确。《李准巡海记》明确记录他登上 5 个岛屿，用了 3 天。所以如果要将所有 15 个岛屿都一一登陆勘察，时间未必够用，很可能对于有些岛屿只是在岸边瞭望。但是地理定位和测绘即使不登陆也是可以进行的，否则他回来以后就不可能画出带有经纬度的海图。所以究竟他们登上几个海岛并不重要，以现有的史料为证，最少是 6 个（“伏波”舰和“琛航”舰登岛数字相加），然而也可能是 15 个岛屿全部上岸察看。这个问题因缺乏文字记录，目前无从考证。

至于有人说李准巡海同时去了西沙和南沙，这是不对的。

李准回忆，在巡视西沙结束前，他曾有心继续前往南沙勘察，但是因为“天色骤变，不敢再为流连，恐煤完水尽，风起不得归也”，所以这一次，他们肯定是至西沙而返，没有去南沙。但是学术界一直有一个说法，就是李准担任提督时，广东水师的军舰最远到过南沙，甚至曾母暗沙。这一点目前没有确凿证据，只能说存在这种可能性，如林国祥、吴敬荣这些经验丰富的水师将领，有可能曾经到远海巡航，所以李准问起南海事，他们总是说得头头是道。但李准在 1909 年之前肯定没有去过比西沙更远的南沙。

---

① 李准:《任庵六十自述》，见《李准年谱》，中国文史出版社，2014 年，第 161 页。

1909年巡视西沙以后，西沙筹办处提出的八条建议中，有一条谈到广东水师应按例派军舰对西沙诸岛进行巡航。在这以后，李准的确又曾派出开赴南方远海的军舰。李准儿子李景武回忆，1910年他曾乘坐5000吨级的大型军舰“广海”舰随同父亲到南海诸岛巡航，那时李景武已经14岁，记忆应该非常清楚。所谓巡航，应该只是瞭望一些岛屿，并没有登岛，最远到哪里，他也语焉不详。所以我们只能说，李准去南沙群岛，在1909年以后存在这种可能性。

此外网上有人说，南沙有个“李准滩”是因为李准到过南沙，甚至有人说李准滩在西沙，这都是不了解情况。“李准滩”不是李准自己命名的。他给西沙诸岛命名，从来没有用过人名而只用地名。“李准滩”是1947年国民政府为了纪念张人骏和李准1909年在南海的维权行为，而对南沙群岛中的岛屿做出的命名，除“李准滩”之外，还有“人骏滩”。1983年中华人民共和国政府公布的海图中，继续使用这两个地名。

4. 李准被谁赏识和重用？他和历任总督关系如何？

很多文章，总是把李准的升迁和岑春煊联系在一起。因为岑春煊是慈禧太后的心腹，所以李准受岑春煊的赏识，就能一路青云直上。这个说法有一定道理，但是很片面。

因为根据李准本人的记述，岑春煊恰恰是一贯刁难他的上司。岑春煊在1903年由四川总督改任两广总督。赴任的路上，他就听到一些陷害李准的谗言，一上任就想将李准撤职查办。只是因为李准办理厘金政绩显著才没有下手。以后岑春煊多次整治李准，甚而要将其置于死地。李准担任署理广东水师提督以后，唯一一次被贬职（1906—1907年），从提督降为北海镇总兵，就是慈禧太后听了岑春煊参奏的结果。李准对岑春煊嫉恨自己早就心中有数，所以1905年他才会去找周馥，以自己身体不好不能适应广东潮湿气候为理由，希望被推荐到内地任职，其根本原因在于他想逃离岑春煊的魔爪。确实到了后来，岑春煊看到李准势力做大，担心对其失控，便有杀李准之心。直到1911年“三二九”起义发生之后两天，也就是农历四月一日，早已经离开了广东的岑春煊还给两广总督张鸣岐发电，要张鸣岐寻找时机“除掉李准”以“斩草除根”。他对李准，不可谓不狠毒。但是另一方面，岑春煊也讲论功行赏。当李准接连剿灭区新、李北海和林瓜四等三个土匪团伙，治理了长期困扰广东地区人民的严重匪患时，岑春煊曾奏请朝廷，为李准连升数级，从正四品候补道员破格提拔为署理广东水师提督（以正二品身份代理从一品官职），其后又将水师提督和陆路提督合为一职，要李准出任水陆提督，使其成为广东地区唯一最高军事指挥官。这对李准的升迁是决定性的一步。因此可以说岑春煊是由于赏识而重用李准。总体上说，岑春煊对李准是恩威并施，务使其人为我所用，保持忠诚。一旦有疑，则打压排斥，绝不留情，其政治权术圆熟得令人恐怖。所以他可以算是李准的“冤家恩公”。[①]

但李准的仕途，最早得益于他父亲李征庸。从经历上看，李征庸亦商亦官，这给李准带来很多人脉资源。李鸿章、张之洞、刘坤一、周馥等都是李征庸的朋友，这些人在李准初入仕途时都对他有奖掖和提携。李准最初因为劝捐的业绩，两次被张之洞保举，李鸿章也曾奏请朝廷嘉奖李征庸父子。接着，李鸿章让李准接任厘金局总办，是独具慧眼。他认识到这个不到30岁的年轻人有超常能力，所以敢将一省的税制改革重任交给他。担任广东省厘金局总办，是李准仕途的转折点，从这里，李准

---

① 李准和岑春煊的恩恩怨怨，请参见本书中《冤家恩公——李准与岑春煊的恩恩怨怨》一文。

走上了由文入武的道路。

张人骏

李准在广东任职多年，他和他的军队是铁打的营盘，而两广总督却是流水的官。总督频频更换，李准先后遇到李鸿章、陶模、岑春煊、周馥、张人骏、袁树勋、张鸣岐等。一般来说，与总督的关系，可以决定他的作为。且不说成为提督以前要俯首听命于总督，就是做了提督，也要受总督节制，这是清朝惯例。李准有能力且比较谨慎，所以多位总督对他信任有加。李鸿章不用说了，陶模奏请朝廷，保荐他作内河水师统巡，这是他军事生涯的开端。周馥和袁树勋两人都格外倚重李准。周馥属父辈，对他宠爱到骄纵的程度，不仅把所有的军权交给他，而且连提拔司道一级行政官员，也要听他的意见，这成为后来岑春煊参劾周馥和李准的理由之一。袁树勋开始不信任李准，但是 1910 年新军起义，李准不计前嫌帮了他大忙，使其转而成为李准的莫逆之交，一切都对李准言听计从，这也是后来张鸣岐一担任总督便要削弱李准兵权的原因。只有张鸣岐和李准关系比较紧张，但此时已是辛亥年，清朝迅速覆亡，张鸣岐没有来得及加害李准。

这些年，李准在广东权力最大的时期有两个，一是 1906 年到 1907 年周馥担任总督时，二是 1910 年新军起义之后到年底袁树勋卸任总督时，但是李准在这两个时期，业绩并不突出。由此看来并非有了权力就能成事。而他最有作为的时期，是 1907 年底到 1909 年夏这一段，此时正是张人骏任两广总督。西江捕权事件、“二辰丸”事件、收复东沙、巡视西沙都发生在此时。张人骏作为一位有民族气节的官员，与李准一起抵御外侮，发挥了巨大作用。他懂得珍惜人才，在李准几次被参、仕途遇到危机的时候，都是张人骏为李准辩诬，还其清白。所以真正说得上对李准有知遇之恩的，是张人骏。打一个未必恰当的比喻，李准遇到张人骏，就像有抱负的企业总经理遇到了一个有理想有担当而又能包容的董事长。如此合作，企业怎能不兴旺？

5. 广东革命成功以后，李准为何挂冠而去？

一般的说法，是李准因与革命党人结怨太深，担心革命党人对他进行报复，所以隐身江湖。

这确实是其中一个重要原因，但肯定不是全部原因。

的确，因为李准本性谦恭，广东光复后，他不让胡汉民公布他在广东革命中的功绩，所以一些革命党人对他的仇恨并没有消退，仍然在伺机报黄花岗之仇。他躲到军舰上，竟有人开着小艇在海上搜寻他，企图用水雷炸他的船，并在四川邻水放火烧了他家的老宅。他离粤赴港，不能说没有自身安全方面的考虑。

但是，他退隐香港的决定，并非是在遇到这种危险时才做出的。广东宣布光复之前，黄兴和胡汉民都已明确表示革命党与李准尽释前嫌，他在给胡汉民的约书里面，仍然清楚地表明光复后一旦新的军政府产生，他就会把一切权力交给军政府，自己不再任职。与此同时，他给弟弟李涛写信，也谈到自己即将离开广州：

> 当此新政府成立需人之时……为大局计，为个人计，仍以辞职赴港调理为宜。若不维持粤省独立而去，是负个人责任，即使人不责我，我亦无以自安。今即将部下水陆各军一齐反正，初志已遂。即令去粤，自谓无负国民矣。

这里的“为大局计”，是考虑革命党人组建新政府，自己恐不适合参与；“为个人计”，是考虑自己的身体需要休养，腰部的伤尚未痊愈也是事实。总之，至少在当时，他所想的不是“为自身安全计”，而更多的是能否在心理上“自安”的问题，表明他“功成身退”、只求心安的意识很强。

分析一下，李准退出江湖，我以为至少有另外两重原因。

其一，他原本已有几分厌倦官场。他受中国传统儒家文化影响较深，“士为知己者死”，“达则兼济天下，穷则独善其身”等理念在他头脑中根深蒂固。所以即使在晚清旧官场上，凡是受到压制和排挤之时，他便生出归隐山林的念头。例如岑春煊做总督贬他的职，他便躲在北海，演练书法，自娱自乐；“廉钦之变”发生，布政司胡夔甫请他出兵弹压，苦苦哀求，几欲下跪，他也无动于衷。但岑春煊被免职，张人骏出任总督，一个急电，他立即披挂出征，二话不说一句。他将与谁合作、为谁效力看得很重，若是做得不舒服不自在，他宁可挂冠而去，这是他一直以来的性格。现在进入民国，他对革命党人依赖民军有极大的保留，至少他需要看一看，能不能和这些人共事。

其二，如果挂冠而去，他并非无事可做。他本质上是个文人，做书法家，当作家，那是他个人兴趣所在。既然当官，他就要建功立业，求取功名，他说过希望死后获得一个带有“襄”字的谥号，就是期望自己为国家建立特殊功勋。如果做不成事，他的官不当也罢。拿他刚刚进入官场时的情况来说，当时广西巡抚黄槐森要他去做梧州知府，而广东巡抚鹿传霖要他做广东钱局提调，两相比较，知府的官职明显更高，但是他选择做钱局提调，因为在广东他有较好的基础，而钱局的工作也比较容易上手出成绩，后来事实证明，他的选择是对的。再说这一次，他也不是没有机会。广州光复前一天，张鸣岐逃跑了，咨议局要重新推选大都督，有人想推他出来，却被他婉言谢绝，执意要把大都督的职位留给胡汉民。在这种重大诱惑面前，他并没有丝毫动心。因为他觉得自己不是革命党人，不能像袁世凯等一批旧军阀那样窃取革命成果。这也算是一种自知之明，同时也说明，他并没有把当官看得很重。

这两重原因对他的决定都有影响，但最后让他选择即刻离开的，是广东革命成功后眼前发生的一切令他无法接受。

广东光复后最初的半个月，李准一直在担负维持社会治安的责任，但是革命党所依靠的民军进城以后，打砸抢烧，干了不少坏事。前面说过，民军不是正规部队，而是同盟会依靠广东地区多个会党出钱雇佣兵士举行起义从而形成的队伍，其中大量地痞流氓出身的人本性难改。连胡汉民自己也承认，“民军以赤贫农民与其他失业而流为土匪者为基本队，而裹挟乡团及防营之溃散者，以成其众”，是“仓促啸聚”[①]。这些人进城后施暴作乱，弄得怨声载道。更有甚者，他们竟然连过去李准的水师行台、今天胡汉民的都督府都抢劫了，可谓无法无天。李准深感自己无力维持社会秩序，同时对革命竟然得到如此结果深感失望，所以才坚决向胡汉民辞职。他曾对胡汉民愤慨地说：“革命如此，将来必无幸理。”“早知今日如此，悔不当初之不欢迎也。”[②] 害得胡汉民引咎自责，表示自己将来要解散民军，而李准认为这不可能。胡汉民仍然诚意挽留李准，但于事无补，李准终于一去不回了。

李准的举动，实际是急流勇退，对于一位年龄刚满 40 岁的

---

① 胡汉民语，见《胡汉民自传》，传记文学出版社，1987 年，第 51 页。

② 《李准年谱》，中国文史出版社，2014 年，第 113 页。

将军来说，的确不易为之。但从另一方面说，退隐江湖是自古以来中国文人的明哲保身之法。到一个“心远地自偏”之处，既可保人身安全，又可保内心宁静，躲避眼前的纷乱，哪怕官场上斗得昏天黑地，自己也眼不见为净。持这种态度的人，归根到底是不愿与乌合之众同流合污。就李准来说，做出这样的选择，其深层原因，恐怕在于他骨子里孤傲和清高的文人性格。

李准退隐后在天津的住所

（二）具有特殊贡献的爱国将领

我认为，如果用一句话概括性地评价李准，可以说他是中国近代史上为维护南海主权和结束清朝帝王统治做出过重要贡献的爱国将领。

具体到他的品格，可以分 6 个方面说明：

1. 勇于任事，有胆有识，能文能武

李准是一个敢想敢干的人，有担当，敢负责，执行力极强。这一条，是他始终受到朝廷信任的最根本原因。他曾经多次被参劾，总是有人以这样那样的理由在朝廷告他的状，最终都被查案人员一一否定。其实可以肯定，他有过很多过错，但是都不予追究了，原因就在于朝廷每每肯定他“勇于任事”。例如他被降职为北海镇总兵之时，御史李灼华上奏朝廷，说李准“昧良溺职”，“请饬查办”，明列李准罪状十条之多。但朝廷令总督张人骏核查，张人骏则为李准一一辩护，在表示“查明原参李准贪暴溺职各节，或查无其事，或传闻失实，应请免其置议”的同时，说了这样一段话：

> 臣查广东地处边海，匪风素炽，疆臣有绥靖地方之责，不能不选任威望素著、长于捕务之员。李准办事勇敢，缉捕勤能，是以历任督臣咸加倚任，若一经任用，稍假事权，即指为夤缘贿求而得，则疆臣救过不暇，用人益难，似非地方之福。方今将才难得，用人之道不节取所长，似未便过于苛绳求全责备。[①]

意思是说，对李准这样面对土匪来之能战、战之能胜的将才，要从大处着眼，多加包容。事实上朝廷也因此总是对他网开一面。1910 年新军起义，明明是李准部下的防营趁乱放火把新军营房烧

① 《奏设政治官报》，光绪三十四年四月份，《清末官报汇编》，第 68 册，第 33819—33820 页。转引自田建阳：《李准年谱》，暨南大学硕士学位论文，第 66 页。

掉了，但是朝廷只是免去总督袁树勋的职务，而让李准“革职留任”，还要“奉旨加恩宽免”；1911 年他被革命党人炸伤后，四次请求开缺，朝廷都不批准，似乎是觉得广东离不了他。直到广东光复，张鸣岐逃跑之后，朝廷还传谕旨，要李准“署理两广总督”，并要他查办张鸣岐。这事虽然荒唐，但的确表明李准受到朝廷异常的信任。究其原因，就在上面所说的“勇于任事”四字。

这种性格，从他当初敢于承包广东厘金局的行为也可以看出来。完不成任务，不惜自己拿钱赔偿，这种胆识和魄力不是常人能有的。说到胆识，就涉及要讲策略，他收取厘金的主要策略，是自建内河水军护航商船以保税收。在剿匪中，他带的队伍虽不乏强攻，但更多是智取。比起以前承担剿匪责任的官员，他的业绩突出，就因为他讲求战术，而且会利用情报，明显技高一筹。

特别值得一说的是，面对外国势力的侵略行为，他敢于亮剑，这是他备受推崇之处。但李准并不是一个鲁莽的武夫，而是懂得策略，讲求方法。他站在中国立场上，和英国人、日本人、葡萄牙人在主权问题上做过多次交涉，每一次都有理、有利、有节。通常我们说弱国无外交，事实上弱国也难有强将。国将不国，个人便难逞报国之志。李准的维权，实际是处在夹缝当中的。近代中国外交史上，令国人感到屈辱的事件接二连三，都是因为清政府软弱妥协。在这种情况下，李准为中国维权，稍有不慎，随时可能被朝廷作为牺牲品。“二辰丸”事件中，日方要求撤掉李准职务就是一个例子。但是李准无所畏惧，不怕撤职甚至杀头，敢于坚持原则，这是可敬的品格。

其实李准本质上是一个文人。他自幼接受儒家教育，喜欢舞文弄墨。他从少年时代起就在父亲李征庸指导下演练书法，一生没有中断，俨然成为晚清的书法名家，特别是在大小篆书方面，成就颇高。他当年为天津《大公报》题写的报名，至今香港《大公报》还在使用。他曾经用篆书抄写《十三经》，这恐怕是填补古今空白之事。他还倾心研究书法，积数年之功，完成《古籀类编》。这是一部篆字书法大辞典，共收录一万多字，分为十二卷，订成六册，以备学习书法者查阅之用。他还将自己历年来写下的古今成语、格言、金石文字编成《任庵临池誊稿》，超过 1600 页，仍嫌不足，准备随时续编。他在书法上功夫下得极深，其好友庄思缄常叹“学书之勤，无人超过李准”。1936 年他去世以后，期刊上一篇悼念他的文章这样说：

> 先生致仕之际，正在中年，正是有为的好时期，然而他抱着一种果决的精神，努力艺术，终然被他成功了！一部篆书的《十三经》，是何等的伟大，是何等的功力，付诸影印，实在胜似刻石，这真是艺术界的异彩，亦就是直绳先生不朽的纪念。[①]

李准手书《大公报》报头

---

① 《悼李直绳先生》,《语美画刊》，1937 年第 19 期。

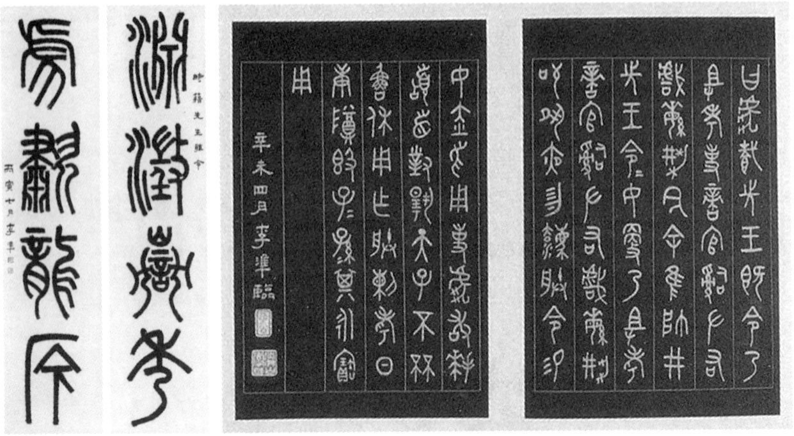

李准书法作品

除了研究和演习书法，他还进行文学创作。李准晚年在天津赋闲时，他创作的京剧剧本，有历史记录的有 30 多部，可谓相当高产。他和京剧名家交往颇多，荀慧生、金少梅、章遏云等出演过他的剧本，而梅兰芳、余叔岩、孟小冬等也都在他家里唱过堂会。他创作的剧本中，较为著名的有《三娘教子》《拾金不昧》《再生缘》《香妃恨》《玉琴缘》《棒打春桃》等，内容都是提倡中国传统的伦理道德。他说："概自民国以来，道德沦亡其不至于禽兽也。几希将欲借戏曲为改良社会之利器，将借伶人之口以唤醒国人。"[①] 这说明，他受儒家经世致用的思想影响很深，哪怕是做寓公，也是有社会责任感的，他为官时代对社会的担当始终未变。

2. 锐意改革，善于探索

纵观李准一生的经历，可以发现，他的确富有改革精神，这

① 《李准年谱》，中国文史出版社，2014 年，第 122 页。

可能源于他年轻时代接受的家庭和社会影响。父亲李征庸思想上倾向于晚清的维新派和洋务派，李准耳濡目染，也吸收了一些新的理念。所以他几乎每到一处，都会改革旧制，尝试新办法。一开始劝捐，他就通过印制有关捐例的小册子取得成功，用今天的眼光来看，他是进行了广告推销，这种做法还是前无古人的。到了广东钱局，他创意制造广东铜元，又是国内首创，不仅逆转了当时市场上因“制钱”不足而交易受限的状况，而且使造币规范化，还降低了制作成本。这是中国近代金融史上一个值得纪念的事件。接着，他进入厘金局，通过弃用旧章，改用新章，裁撤冗员、庸员，聘用新人的办法，以及沿江护航保护“行厘”征收的策略，又使征收的厘金当年翻番。后来他在“西江捕权”事件中，也是通过改革沿江的安检和护航的制度，使英国人确信李准能够承担缉捕盗匪的责任，才无条件地将军舰退出中国内河西江的。这些都说明李准仕途上的成功有赖于他的改革精神。

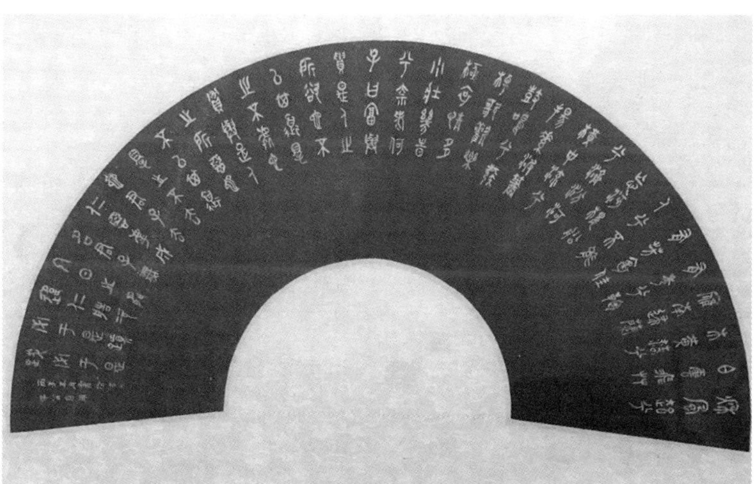

李准书法扇面

李准热衷于新事物，喜欢尝试新东西。做了军事将领之后，他极力追求军队的现代化。例如他走到哪里，就要把无线电报接通到哪里，以便随时联络。他在历次剿匪和平息民变事件中，总能迅速调动部队，全靠无线电报。他喜欢办军校，也喜欢训练士兵。1902 年，他曾经中过一次彩票的头奖，他把奖金白银二万两全部用来资助张之洞在广东创办的黄埔武备学堂。后来很多年，他都是利用自己节省下来的办公开支开办虎门陆军速成学堂，校内各种教学、训练设施一应俱全，培养出大批掌握军事知识和技能的毕业生，使之成为军队的骨干。1909 年，袁树勋初任两广总督，应朝廷之命要李准裁减防营，以便节省经费扩充新军。李准不同意，对袁树勋解释说，他的防营原本就是按照新军的规制建立的，他将所有防营的中下级军官都送进军校，等他们回营后再训练士兵，这样防营不久之后都练成新军了。这便令袁树勋无语。[①] 可以肯定，李准的军队总打胜仗，战斗力强，与将士们接受了现代化军事训练不无关系，而这又是李准大胆探索和尝试的结果。

3. 心地善良，有正义感和同情心，侠骨柔肠

李准内心很柔软，有一个小例子很能见出他的性格。

当年在西沙群岛，他们捉到一群大海龟。每只都有四五百斤重。李准挑出 8 只，让水手们抬上军舰，准备带回广州给朋友们看看。海龟乱动，水手们就把它们翻个身，让它们仰面朝天，然后就在海龟的肚子上打牌。李准看不下去，觉得这些海龟太可怜了，便命令手下把它们翻过身来，谁知它们一旦翻身便伏在甲板上“鸣如鸭，嘭嗙之声极厉，致同人不得睡”，无奈之下只得再

---

① 参见李准：《袁海观制军遗事》，《清末遗闻》手稿本，南开大学图书馆藏。

次将它们掀翻。

李准对动物如此，何况待人。

他虽是威猛的军人，但绝非冷酷无情。尽管他也能手使双枪冲锋陷阵，但他并不愿见到血雨腥风，尤不喜欢残酷的杀人场面。当年抓住匪首林瓜四，要凌迟处死，岑春煊要他监斩，他觉得惨不忍睹，而岑春煊派人去取林瓜四的心肝回来，以其心血泡酒喝，更令他感到不寒而栗。对他来说，能不杀的人他绝对不杀。哪怕是对革命党人，他也富有同情心。

例如，曾经两次参与暗杀李准，最终把他炸成重伤的革命党人陈敬岳被捕后，李准竟然主张不杀。陈敬岳被杀害，那是张鸣岐的决定，李准后来专门为此做过声明。

在四川老家邻水，至今流传着李准掩护参与黄花岗起义的革命党人回乡的故事。起义后被俘的革命党人中有几位是四川人，李准网开一面，不但没有杀害他们，而且还派人送他们回乡，其中最有名的是熊克武和但懋辛，这两人后来都做过民国政府和军队的高官。

李准这些同情革命党人的故事，在《胡汉民自传》中也能得到佐证。①

另有一事更加传奇。1911 年农历九月初四（公历 10 月 25 日），因为前任广州将军孚琦被革命党人炸死，新任广州将军凤山在这一天到任。抵达广州天字码头后，凤山被人用轿子抬着，穿过几条街道，前往自己的将军衙门。就在一家杂货店门口，被埋伏在一旁的革命党人李沛基用三颗炸弹当场炸死，尸首不全。将军府离水师行台不远，李准闻讯，随即派出两个营捉拿

① 参见《胡汉民自传》，传记文学出版社，1987 年，第 48 页。

凶犯，一时周边街道全部戒严。这时有一个年轻人在大门口要见李军门[①]，李准一看，原来是老友的儿子李沛基，他当时是个16岁的孩子。李准明知他就是凶手，但他说："外面这么乱，你乱跑什么？先别走了，就住在我这里吧。"于是李沛基在水师行台住了3天，才由李准派人送回家。[②]当然，此时他已经开始暗中联络香港的同盟会，密商投诚反正之事，已经不可能再抓捕革命党人了。至于爆炸案发生后到处搜捕凶手，那只是做做样子而已。

李准对革命党人如此，对自己的冤家对头又如何呢？

先说张鸣岐。广州光复前，革命党曾离间张鸣岐和李准，要求他们互相残杀。张鸣岐在农历九月初二日曾经为李准设过一场鸿门宴。只是因为李准早已戒备，张鸣岐没有得手而已。但是十几天后李准宣布反正前夕，革命党人要求他以杀掉张鸣岐为投诚条件，他仍然拒绝，坚持要求革命党人不动一枪一弹和平进入广州接收政权。[③]

再说岑春煊。岑春煊曾经令张鸣岐杀掉李准，以"斩草除根"，但李准并没有报复他。1916年，岑春煊因参与声讨袁世凯称帝，住在广东肇庆李耀汉的衙府里。当时李耀汉是讨袁的"肇军"司令。他是对李准唯命是听的亲信，闻知李准此时到了香港，就派人去香港请示，是否杀掉岑春煊。李准则告诉来人，自己绝无此

---

① 提督也称军门。

② 李景武：《李沛基行刺将军凤山》，《清末民初官场琐记——李景武回忆录》，台湾善同文教基金会，2014年。

③ 参见《胡汉民来书》，《光复粤垣记》，《辛亥革命稀见文献汇编》第44卷，香港中和出版社，第21页。

意，请李耀汉不要鲁莽行事。[1]

这些事例都表明，李准的人生原则是，宁肯人负于我，而我不负于人。

4. 治军有方，善待部下，重感情，会用人

辛亥革命后的李准

作为前清的旧军人，李准的治军观念是现代的。他接手广东水师以后，刻意按照新军的模式改造水师，把水师建设成一支训练有素的新式军队。前面提到他开设了虎门陆军速成学堂，培养了1500名中下级军官。此外，他还开设过水师学堂，给士兵讲解舰船知识，水雷、鱼雷的用法，等等，甚至请来外国教员普及无线电知识，专门招收懂英文的学生听课。同时建造了多艘兵舰，将水师的枪、炮等武器尽可能更新。

为了整军治军，他也需要引进高级人才。他的手下，军舰虽落伍，但人才济济。例如吴敬荣、林国祥这两位水师管带（舰长），一位是留学归来者，一位从福建船政学校毕业，两人都通英文，也都参加过甲午海战，甲午时期就已经是管带级的军官。甲午之后，两人都因战败而受到责罚，或被撤职，或坐冷板凳。但李准看中他们的经验、技术和能力，仍然对他们委以重任。巡视西沙，他依靠的就是这两人，特别是林国祥。李准曾多次说过，西沙暗礁多，海上风浪大，如果不是靠着林国祥多年航

① 参见《李准年谱》，中国文史出版社，2014年，第126页。

海、处理各种险情的丰富经验，他们肯定是有去无回，死无葬身之地。

李准求才若渴，以他聘用张钊为虎门陆军速成学堂教官一事可以证明。张钊从福建武备堂毕业，在广东新军中做教官。一次偶然到虎门会友，遇到李准。李准发现他谈军事头头是道，就请他给虎门陆军速成学堂讲一课。结果反映极佳，大家心悦诚服。于是李准想把他留下做教官。谁知岑春煊来了急电，说张钊是叛逃的军官，现在藏匿在虎门，要李准迅速将他抓捕，押解到广州惩办。李准为张钊辩驳，说张钊是请假，不是叛逃，但岑春煊大怒，硬是要杀张钊，李准和几个官员多次求情力保，先留下张钊的命，再设法减张钊的刑期，最终居然瞒天过海，偷偷地将张钊调入虎门陆军速成学堂任教。岑春煊知道后，对李准成见更深，李准只得找机会赔小心，说好话，最后用向岑春煊上交600两白银作经费的方法，勉强换得岑春煊的默许。[①]

李准肯为部下担当，所以他的部下对他也都忠心耿耿。1905年，袁世凯上奏朝廷，保荐李准为江北提督，但是岑春煊一定要他回广东署理水师提督，岑春煊对慈禧太后讲的理由是，“李准带的兵，别人带不了”[②]。他的军队能征惯战，一是因为兵士素质高，二是因为对李准绝对服从。广州“三二九”起义，总督府卫兵不堪一击，要靠李准的水师救驾，就说明了这个问题。当年闰六月，李准遇刺而能够侥幸脱险，也是因为他的卫队士兵豁出性命全力死战。当时报纸文章《李提遇刺记》说，袭击李准轿子的

---

① 参见《李准年谱》，中国文史出版社，2014年，第73页。

② 参见本书中的专题文章《冤家恩公——李准与岑春煊的恩恩怨怨》及其注释。

炸弹炸开，众人倒地一片，有些卫兵被炸断腿，仍然坐地放枪，不顾生死，这“盖皆由李提平时善待士卒，而士卒咸能捐躯以报”，没有一人逃避。这一战，受伤者共22人，其中有两三人不治死亡。事后李准都给予他们赏犒、嘉奖和抚慰。

此事发生后，李准在关怀自己部下的同时，也很担心此案件的侦办伤及无辜，所以当天晚上，他在病床上发出一封手谕，共四条，前两条内容如下：

> （一）该车店未必知情，不必牵累，左右邻店铺更属无干，不必追究，若因此事牵累，余心更觉不安，如死必增罪戾。
>
> （二）余所避店铺甚好，应嘉勉之。①

因为刺杀他的革命党人林冠慈是从路边的一家车店里钻出来行刺的，他特地声明不要牵累车店主人。而在此事件中，他登上屋顶作战之前，曾一度在某药店内与刺客对攻，事后他除赠以奖金外，还亲笔手书一幅书法扇面赠给店主。这显示出他待人的真诚。

正因如此，李准的部下对他感情很深，许多人愿与之共进退。1907年他被贬为北海镇总兵，他手下的将领都心灰意冷，或托病不出，或索性住进医院。一俟张人骏请他出山，那些生病的将领，立刻病愈，随他上战场。

广东革命后，他将部队都交给胡汉民统领，自己准备去香港。原本他可以早几天动身，政权交接完毕立即就走。但是部下水陆各营将领听到消息，一起来到他的船上，大家围成一圈跪在他面

---

① 参见《李提被伤后手谕》,《申报》，1911年8月21日第10版。

前，恳请他留下，要求他哪怕再留数日也好。他反复解释，如果他们听胡汉民指挥，胡汉民一定会像他一样善待他们。但是众将不听，仍然长跪不起，有些人甚而流泪。最后他勉强同意再留下数日，各将领方才起身。[1]

由此可知，因为善待部下，李准在军中威望很高。

5. 清白做人，坚守底线，谨慎低调，居功不傲

在晚清时代，官场是异常腐败的，官员贪污受贿成风，其程度超过中国历史上任何一个时期。李准处身其中，能够守住底线，这一点颇为不易。

李准自筹资金建广州的水师行台“东园”，原建筑烧毁后于 20 世纪 80 年代重建

① 参见《李准年谱》，中国文史出版社，2014 年，第 113 页。

尽管我们没有足够的史料证明李准是“出淤泥而不染”，也无意把他抬到“举世皆浊我独清”的高度，但是查阅了朝廷上大量参劾他各种“罪行”的奏折以及朝廷对其进行核查的奏折之后，确实看不到有关他贪腐的证据。相反，现有的一些史料倒是证明了几点：

其一，他和父亲李征庸屡次在国家有需要时慷慨捐款，受朝廷嘉奖。①

其二，他竟然不动用公款，自己出资建造其在内河水师的旗舰“龙骧”号。他在广州所建三层楼房的水师行台，也是使用私款。②

其三，他不肯向庆亲王行贿以取得山东巡抚的职务。③

其四，他对于最容易引起贪腐的几笔巨款，即过去贪官们常常截留私分、争相侵吞的赌饷、花红、空饷④绝不沾手，都交由别人代管，要求账目清清楚楚。赌饷用来买军舰、办军校，花红用作剿匪专项奖励，不准任何人挪用，空饷一律归公作为军校的经费。这样不但自己与贪腐绝缘，而且还禁止了任何人

---

① 分别见《李准年谱》第 34 页、第 36 页、第 43 页、第 48 页。

② 自费建造“龙骧”号和水师行台，分别见于《李准年谱》，中国文史出版社，2014 年，第 74—75 页；李景武：《水师行台》，《清末民初官场琐记——李景武回忆录》，台湾善同文教基金会，2014 年，第 66 页。

③ 参见李景武：《我父几乎要由水师提督调山东巡抚》，《清末民初官场琐记——李景武回忆录》，台湾善同文教基金会，2014 年，第 83 页。

④ “赌饷”是广东地方对赌博抽取的税款。“花红”是为剿匪而征集的悬赏金。“空饷”是因军队缺员而形成的闲置军饷。

中饱私囊。[①]

从另一方面说，他不贪财，也因为他的确“不差钱”。这和他有一定家产相关，父亲办过企业，他算是富二代。同时他的收入也不少，从 1899 年开始就“坐领厚薪”，俸禄之外还有养廉银不算，他总是同时身兼三职（如厘金局总办、粤汉铁路工程总办、内河水师统巡等）乃至更多，本兼各职皆有薪酬。他在《任庵自编年谱》里提到，1906 年周馥在“原有炮台及五营统费照旧”的情况下，另加给他提督统费每月白银 1000 两，而后来张人骏则将此款改为每月白银 1200 两。如果说，他是因为有良好的经济条件，故能坚守底线，不去玷污自己的清名，这大体不错，但他在理念上清心寡欲，把钱看作身外之物，也是其中的重要原因。

李准能够有所作为，有赖于和历任总督关系和谐，这主要是因为他谨慎低调。李准当时只有 30 多岁，尚属年轻，而总督大多年长，属于长辈，他自然要恭敬有礼。唯一和他弄僵关系的是张鸣岐，这是因为张鸣岐比李准还小 4 岁，年轻气盛而倨傲凌人，李准内心不服。对其他总督，他总是执礼甚恭。例如去拜访岑春煊，他在门前递上的名帖只写姓名，不写头衔、职务，入门后在司道一级官员的厅堂等候接见，以表谦卑。他对每位总督，均以“帅”字相称，例如陶模字方之，他称其“方帅”，张人骏字安圃，他称为“安帅”，哪怕是对他内心鄙视的张鸣岐，也以“坚帅”（张鸣岐字坚白）称之。这就是他的谨慎之处。

---

① 有关李准与晚清的官场腐败，请参阅本书中的专题文章《浊者固浊，清者自清——腐败官场上的李准》及其中注文。

李准一家合影（约 1925 年）

李准从年轻时起，就虚心向长辈学习，在广东钱局和厘金局，他按照父亲的旨意拜了几位老师，从而获益甚多。有了一些成绩并表现出一定能力之后，李鸿章把大权交给他，让他担任厘金局总办，要求他把厘金收入翻一番。这件事，李鸿章原本是要求藩司丁方伯来做的，但丁方伯畏难而不敢承担。李准勇挑重担，但他仍然考虑需要协调好上下关系，于是对李鸿章回答说，自己“资浅望轻，力小任重，请仍留藩司总其成，愿居提调之任，遇事章承藩司办理”[①]。意思是说，他就在藩司下面跑腿，当个调度就行了。这位藩司就是丁方伯，他掌握广东地区行政和财政大权，李准需要得到他的支持才可以顺利改革厘金制度。李准不仅了解这个利害关系，而且他确实不愿贪功，这样改革成功了，厘金收入果真翻番，丁方伯也因领导有方，与有荣焉。正是因此，几年后岑春煊到广东任总督时，怀疑李准在厘金中有贪占行为，丁方伯

---

① 《李准年谱》，中国文史出版社，2014 年，第 39 页。

才极力为其辩护，说李准正是因为“清廉自持”才使厘金收入有此成效。他这些话，甚至是帮助李准逃过一劫。[①] 因为岑春煊整起人来，有时不问青红皂白，李准背地里称他为“蛮帅”。

说到不愿贪功，李准在广东光复时的表现也正是如此。胡汉民曾专门著文，称李准“有大功犹且不居”，不让对外宣扬他的功绩，而自己为了避免“自炫”之嫌，也保持沉默，以致造成社会对李准的误解，这是他的过失。胡汉民在文中详述了“粤东省城九月反正，以李直绳君之功为最”。并说此事多位同盟会同志“俱可为证”，“将来民国信史所必采也”[②]。

李准墓，现在北京八达岭

---

① 《李准年谱》，中国文史出版社，2014 年，第 51 页。

② 参见《胡汉民在南京宣布反正时情形》，《光复粤垣记》，《辛亥革命稀见文献汇编》第 44 卷，香港中和出版社，第 9—14 页。

6. 家国情怀，丹心一片，审时度势，深明大义

除了做人正派、低调为官以外，李准一生最值得后人称道的是他的爱国主义精神。作为边境地区的朝廷命官和海军将领，守土有责是他深入骨髓的信念，在抵御外侮方面，不必等谁来发布命令，他也有足够的自觉。大家可能注意到，他在主权问题上和英国人、日本人、葡萄牙人交涉，当仁不让，寸土必争，最后到西沙去巡海、立碑升旗，著作《广东水师国防要塞图说》，把西沙列入中国版图，虽然大多是奉命行事，但同时他的个人因素也在起作用。例如他前往西沙的确经过两广总督张人骏批准，理论上可以说是“奉命”，但实际上，巡视和勘察西沙群岛，把它“纳入中国海图”，是李准的创意。联系这些事件发生的背景，我们更加感到李准当时的所作所为难能可贵。在中国近代史上我国领土一步步被西方列强蚕食的同时，李准以自己的维权斗争成功地保护了中国在南海的部分权益，这可以说是鸦片战争以来绝无仅有的。所以有人称李准为“中国南海维权第一人”，这个说法并不算夸张。

海外归来的李准家族第三代和第四代在北京八达岭合影

辛亥革命中，李准选择了弃暗投明，不动枪炮，不伤一人，把广东政权直接交给了孙中山领导的同盟会。虽然，可以说他这样做是迫于形势的压力，也可以说这是他权衡利害关系的结果，但是客观上，他本来可以有多种选择。比如，他可以支持张鸣岐独立，拥立张鸣岐为广东都督；也可以在张鸣岐逃亡之后，咨议局商请他担任都督时揽过大权，这样他便可以像清末诸多旧军阀一样，利用机会摇身一变而成为新官僚。但李准走的是另一条道路。他从一开始，就设计了联合龙济光，驱逐张鸣岐，迎接革命党，而自己退出江湖的方案。对此，李准和胡汉民两人的回忆完全一致，都指出这是李准的主动选择。之所以如此，是因为他富有理智，不为个人恩怨所困。须知，革命党人曾经暗杀他，广东光复时，他被炸的伤口尚未痊愈。他在如此情况下做出如此决定，表明他是极其通达明理的人。

李准率军起义，其意义不仅仅是宣告广东独立，脱离清政府，从而加速了封建王朝的灭亡，更重要的在于它直接承认了以同盟会为首的革命党的合法性。和各省独立时的情况有极大不同的是，广东政权和平交接，是李准把成千上万的清朝水陆军队拱手交给了赤手空拳、不带一兵一卒的革命党人胡汉民。这可以算是真正意义上的投诚，其过程未受到一点胁迫。其直接的结果就是革命党人和民军很快大举进驻广州，他们的势力格外强大，民军多达十几万人，在广东打下雄厚的政权基础。后来，孙中山之所以把广州作为中国革命的大本营和捍卫辛亥革命成果的基地，与此不无关系。

辛亥革命后，李准选择功成身退，回家做寓公，但仍关心国家大事。1933 年，他在报纸上看到法国占领中国南海的 9 个小岛，中法之间发生领土纠纷，他义愤填膺，主动挺身而出，赶到天津国闻周报社，接受记者采访，讲述自己当年巡视西沙群岛的经过，并将自己的作品《李准巡海记》在该报连载，为中国拥有南海诸岛主权提供证词。此举正可谓老骥伏枥，壮心不已，表明他的家国情怀一生未变。

当然，李准也有其局限性，他终究是个旧官员，属于一个旧时代。他的爱国情怀里也包含着忠君思想。他对皇帝还是有感情的。1935 年，他曾到长春去看望清朝末代皇帝溥仪，溥仪很高兴，又是赏钱，又是多次召见，与他长谈。但溥仪想留他在日伪“满洲国”做官，他头脑清醒，坚辞不受，终能保持大节无亏。

2019 年 11 月 15 日初稿

2020 年 3 月 11 日改毕

下　编

冤家恩公

——李准与岑春煊的恩恩怨怨

岑春煊是晚清重臣，清流派的代表之一，史学家们对他的争议颇多。1903 年到 1907 年，他两度担任两广总督，署理广东水师提督李准在他手下任职，曾受他提携，也遭他排挤。他与李准之间的恩怨情仇，几乎没有人能说得清楚。

（一）

有人把岑春煊和其他封疆大吏作比较，说“张之洞有学无术，袁世凯有术无学，岑春煊不学无术”，意思是岑春煊平庸得不值一提。但事实上，岑春煊在整顿吏治方面既廉洁自律又严厉肃贪，是其他为官者远远不及的。当时民间即有这样的说法，张之洞屠财，袁世凯屠人，岑春煊屠官。[①] 说的是岑春煊在极

岑春煊

① 苏同炳:《中国近代史上的关键人物（上下）》，百花文艺出版社，2000 年，第 782 页。“屠财”是指张之洞办洋务要花钱，“屠人”是指袁世凯结党营私、排斥异己要杀人。

端腐败的清末政坛上，每到一处都要无所顾忌地参劾贪官，并以此闻名。他任四川巡抚和总督时，被他整肃的贪官污吏达几十人之多，其强悍勇猛，实令人刮目。

他是1903年署理两广总督的。此前他曾在广东有过大约半年的短暂任职。那是1898年，他担任广东的藩司（即布政使），主管全省的民政和财政事务。他接到民众控告，说总督谭钟麟的亲信幕僚王某索贿敲诈，曾致人死亡，准备严行查办。但谭钟麟不肯，堂前议论时竟然破口大骂，还把眼镜摔碎在地上。岑春煊顿时拍了桌子，说："藩司乃朝廷大员，所言乃公事，即有不可，总督不应无礼至此。既不相容，参奏可也。"然后摘掉官帽掷于谭钟麟案前，拂袖而去，从此托病不出。不久他奉调陕西布政使，到任后仍继续奏劾谭钟麟营私舞弊，最终导致清廷将谭钟麟的总督职务罢免。岑春煊自己回忆此事，曾不免沾沾自喜："此案以藩司劾罢督臣，为有清仅见之事也。"①

据说粤人好行贿，自古亦然。岑春煊明白这一点。那时商人找官员办事，贿赂之款，是公开致送，名之为"公礼"，若是官员不收，则是无诚意的表现，反令人不安。但岑春煊严拒任何贿款，曾退回一米商夹在告状禀词中的40万两银票。这件事令商民"知不收公礼而肯为民任事者，尚有人也"②。

如此为官，民望必高，所以岑春煊每次调职，临行之前，总

① 岑春煊:《乐斋漫笔崇陵传信录（外二种）》,《近代史料笔记丛刊》,中华书局，2007年，第11页。

② 章士钊:《孤桐杂记》,转引自《中国近代史上的关键人物（上下）》,百花文艺出版社，2000年，第767页。

会获得无数万民伞[1]。闻知他将由四川到广东履任新职，据说广东各界翘首以待，雀跃欢迎，以为朝廷知人善任。

这次岑春煊在广东亮相，又再刮廉政风。5 年前他任藩司时，知贪吏中有王某、裴某两人颇有恶名。王某即是上面提到的谭钟麟的亲信，早已被革职查办，而裴某乃是裴景福，至今仍在担任南海知县。所以他上任后的第一件事就是老账新账一起算，参劾裴景福。裴景福知情后畏罪潜逃至澳门。经与葡方协商，裴景福被押回治罪，发配新疆。

另一名贪吏是个芝麻绿豆官，但其贪腐之巨骇人听闻。他是广东海关的库书（相当于书记员，负责登记造册）周荣曜，竟然截留私吞公款银元百万，因长期勾结谭钟麟手下王某，故能得其庇护，近日又通过行贿庆亲王奕劻，获得任命，将出任大清国驻比利时大使。此时尚未出洋，岑春煊立刻将其撤职查办，抄家收缴大量赃款。

如此大刀阔斧、雷厉风行的举措，自然令广东官场一片惶惶，人人皆惊。

这些算是下马威，无论对谁都一样。然而李准见此，便有几分特别的恐惧和担心。倒不是因为贪腐，而是怕被牵连或遭到中伤。刚刚被贬的裴景福和他有姻亲关系，他的妹妹不久前刚嫁给了裴景福的儿子。他不知会不会受到株连。而且，他自四年前担任厘金局总办以后，为了完成税收任务，改革旧制，裁撤冗员，堵塞了诸多官员中饱私囊的渠道，难免遭人嫉恨。他觉得，若是有人借机陷害，他的处境就危险了。因为据他了解，这位总督“轻

---

① 旧时绅民为颂扬地方官的德政而赠送的伞，意思是，这个父母官像伞一样遮蔽着一方的老百姓。

听又轻发，妄杀多冤情”，他真怕此人偏听偏信，“将寻我罪名”。[1]

岑春煊上任时，严格地说，李准还不是一个军人。他的官衔只是道员（广东候补道），充任粤汉铁路工程局总办。其实他也不主管施工，担当此职，只是因为工部侍郎盛宣怀需要李准手下的兵士协助维护铁路沿线周边的治安和秩序。而李准的兵士也并非正规军，那是他担任广东厘金局总办后，为了保证顺利征收厘金（税款），防止沿岸盗匪打劫抢掠商人财产，而建立起的水警部队和陆上的防营。他建的队伍当然要由他来指挥，于是前任总督陶模便给他加个头衔，让他做内河的所谓水师统巡，兼统粤义军。因此他手下大约拥有五六十只大小兵舰，几百条舢板，在珠江的支流“四江”上拥有大约十个营的所谓“水军”。同时他又仿照新军规制，把防营建成了粤义军两营。手下有如此多兵马，他给岑春煊的第一印象，好像一个军事将领，其实他的职位，只不过相当于水警局长兼保安队长。

岑春煊给他委派的第一件差事，是押运护航。岑春煊自己到广西督办军务，要李准率队照料军行，还要筹集军饷。李准恭谨从命，一路小心翼翼，沿途日夜不息调船运送物资，亲力亲为，不辞劳苦，最后总算圆满交差。但抵达梧州后，却得知总督又一次发威。原因是此次岑春煊西行，善后局特地嘱咐不要惊扰地方，粮草自备，而梧州当地官员竟然以总督到境，办理粮草为理由，支取 3000 银元，要求善后局给付。岑春煊闻知，勃然大怒，严厉参劾广西巡抚和陆路提督以及司、道官员多人，一竿子横扫一片[2]。此事虽与李准无干，但也令他不寒而栗。

---

① 见李准:《任庵六十自述》,《李准年谱》，中国文史出版社，2014 年，第 154 页。

② 参见《电责协戎》,《申报》，1903 年 8 月 5 日，第 2 版。

真正的麻烦是广东匪患不绝，岑春煊认为这是因为李准多年来剿匪不力。当年九月，他下令要李准将西江一带活跃的区新匪帮全数荡平，并生擒匪首来献，不准一人漏网。公文上责问说："你李准身统重兵，而不能压住匪徒气焰，说你是'纵盗殃民'也不为过。因为国家'岁靡巨币'，匪徒却逍遥法外，你李准是负责人，难辞其咎。今限一个月，如果逾期不获，对你绝对不能宽宥。"这在李准看来，简直就是要找个借口把他撤职。[①]

李准觉得很委屈。因为他的水警部队只是为了给商船护航而设立，并不负责剿匪。他从未承担过缉捕之责，也从未领取过军队的兵饷。"至于国家年年花钱，所谓'岁靡巨币'，与我何干？总督不去向有缉捕之责并领取兵饷的文武官员追责，而来苛责于我，是不是别有用心？"

于是他向自己的老友庄蕴宽求教。庄蕴宽当时是广东巡抚李兴锐的幕宾。一番对话后，李准如醍醐灌顶。

庄蕴宽说："这纯粹是你自作孽，与别人无关。"

李准问："为什么？"

庄蕴宽说："你办厘金标新立异，废止旧章，这样与人结怨了。此次总督来粤，沿途送迎的人，告你、诬你的，不知有多少！岑春煊刚到任时，本来是要置你于死地的，就像对裴景福那些人一样，但这次你随军到广西，一路辛勤照料，他对你的看法有些改变。不过回到广东后，又有人告你，说你多年来从收取厘金中捞取不少钱财。这件事亏得有藩司丁方伯替你说话。丁方伯说你诚心办事，任劳任怨，厘金收取数额比以前大增。岑春煊说，厘金大增，想必其中私款不少。但丁方伯回说，若是李某人谋得私款，那么

---

① 参见《李准年谱》，中国文史出版社，2014年，第50页。

公款怎么会增加如此之多，正是他清廉自持，才会有这样的成绩。岑春煊恐怕是不信，所以他要为难你。你过去办厘金立过军令状，这次总督西征，你若是办不到军饷，必然要自行解囊才能交差。[①]这事不是你自己惹的吗？你接下厘金这差事，原本有章可循，你照办即可，谁让你今天撤这人职，明天夺那人位？本来你坐享高薪，闲事不管，不是很舒服的事情吗？你又非要干涉缉捕之事，还想肃清沿江盗匪，现在岑春煊要你剿匪，纯粹是你自找的。”

李准说：“我承包征收 400 万两白银厘金，这么大的数额，不能不订立新章程，也必须择人而用。为了商船交易兴旺，不能不肃清盗匪。不然，厘金怎么收得到？”[②]

庄蕴宽说：“你真是个傻子，包收 400 万两白银不过是一句官话，如果收不到，还能真要你自己赔付吗？再说你向李鸿章承诺此事，而李鸿章在广东能待多久，现在他已经不在了吧？今天你的对策，就是要向岑春煊说明，你并未统兵。总督下面有营务处，可以调遣防营去围剿土匪。悬赏捉拿，重赏之下必有勇夫，匪徒区新虽然狡猾，也一定逃脱不了。这事你先自己去做，我请巡抚李兴锐也帮你说句话。”[③]

我们找不到史料证明李兴锐是否曾经为李准说情。只知道岑春煊听了李准的解释，了解他未曾直接统兵以后，仍然维持原议。他从别处调两营军队交给李准，还是让李准承担剿匪之责。李准

---

① 当年李准任职广东厘金局总办时，曾经对两广总督李鸿章表示，如果一年征收不到 400 万两白银厘金，他将“任赔偿参办之责”。参见《李准年谱》，中国文史出版社，2014 年，第 39 页。

② 当时厘金中的大部分是“行厘”，是对商船转运的货物抽取的税金。

③ 参见《李准年谱》，中国文史出版社，2014 年，第 50—51 页。

说别人的兵未经训练恐不能用。岑春煊说："这两个营，人马、枪械、军饷都划归你管，如何改编、训练和使用，我都不管了。"李准只得领命而去。他内心里认为，这是总督要他好看。

于是他询问手下部将李世桂，李世桂为他推荐了傅赞开、潘斯铠二人。这两人说来有趣，都是独眼龙且都瘸一条腿。傅赞开是盗匪中的投诚者，潘斯铠则是区新的邻乡人。两人都熟悉匪情和地形，李准让他们作为侦探和线人，每人发给2000元作为线费。

这时傅赞开说，他做土匪时曾收区新为弟子，愿意先去招降，若区新与他恩断义绝，再去围剿不迟。李准让他去了，虽招降无效，却探明了区新藏匿的具体地址就在区村。李准于是率队亲征，黎明进村，不准声张，严密搜剿，将区新及其死党团团围困。匪徒负隅顽抗，双方展开激战，相持三日之久，匪徒力有不逮，试图夺路而逃，官兵奋力追捕，除当场击毙者以外，生擒匪首区新及区湛、区满、区东养等17人，大获全胜。区新等几人因为身负重伤，旋即毙命。李准将区新的尸体押送回营，向总督禀报。①

据说，因为区新已死，无法审问，岑春煊最初不信尸首是区新的，疑为替身。幸好有人告诉他，区新左手有两个拇指，于是派人核查，方验明正身。②李准也算不辱使命，如期交差。

正在这时，李兴锐调升浙闽总督，广东巡抚一职由河南巡抚张人骏接任。张人骏过去曾在广东担任藩司，对李准极为欣赏，态度友善。他见平定区匪一役打得漂亮，便对岑春煊进言，李准

---

① 参见《辛亥革命前十年间民变档案史料》下册，中华书局，1985年，第441页。

② 参见《清末民初官场琐记——李景武回忆录》，台湾善同文教基金会，2014年，第40页。

按期铲除巨匪，应予表彰。这是依例行事，岑春煊同意了，于是就与张人骏联名上奏朝廷，汇报剿匪过程，并给多位有功人员请功。李准获记首功，上谕赏赐“果勇巴图鲁”名号，其他尚有多人获得各种奖赏，其中包括傅赞开、潘斯铠这两个重要线人。李准希望奖励最初向他介绍傅赞开、潘斯铠的李世桂，因为这次他手里只有尚未成军的两个营，最终得以侥幸成功，全靠着线人密探消息，所以绝不该忘记曾对侦察情报有贡献者。而岑春煊却以为李世桂于此事无功，不予列报。更有甚者，因李世桂过去在沿江缉捕盗匪时领过经费，岑春煊怀疑他中饱私囊，此番不但不奖，反而罚他缴纳征西军费 50 万银元。李准见此，连连感叹，这个总督太可怕了。①

（二）

区新一股匪患刚定，岑春煊又下令要李准去剿灭巨匪李北海。这股匪帮活跃于两广交界地区，和广西土匪连为一体。以往官军多次围剿，屡战屡败。前期主持剿匪的是高州镇总兵莫善积，还有参将柯壬贵，他们所统领的共 7 个营的兵力，岑春煊全数调拨给李准指挥，要求务必肃清匪帮。

李准提出要求，希望不要限期，说自己“尽力往办，成不居功，败不任过”。

强调“败不任过”，显然是他心里担心将来有一天会被追责。因为过去官军对付李北海，败绩太多了。

但岑春煊说：“有失败即有责罚。好自为之，我自有权衡。”②

---

① 参见《李准年谱》，中国文史出版社，2014 年，第 53 页。

② 同上。

这话说得仍然让李准直冒冷汗。

西征之前，李准研判了形势，发现那里的地形复杂，于己不利。这群土匪飘忽无常，出没在连绵数百里的云雾山和西山之中，官军围剿时，兵多便躲藏隐没，兵少则出山迎击。过去莫善积总是穷追不舍，但是疲于奔命，土匪则每每乘其疲惫时来偷袭，所以官军总是失利。于是他人还未到，先电令莫善积分兵把守大山的关隘，匪来则击，匪去不追，以逸待劳。

同时，他了解到匪徒中有一人名李亚汉，是被“逼上梁山”的。他原本是读书人，因为李北海的父亲是他祖父的养子，这样他便成了李北海的亲戚。官军剿匪时，找不到李北海，便勒令李亚汉交出。李亚汉无奈逃跑，被抄家通缉，最后只得加入李北海一伙。李准请手下土匪出身的傅赞开写信给李亚汉，希望他悔罪投诚，如果他能生擒李北海来献，不但可以赦免其罪，并且将归还其家产。

随后他便率军出发，及至李北海的家乡新兴县天堂墟，先询问李北海踪迹。当地人说，得知大兵将至，土匪早逃进大山了。李准问：山里有没有村庄？回答说没有，只有少数山民。李准又问：山里有粮食来源吗？回答说没有，存粮应该不够这么多匪徒吃十天的。断粮时，他们肯定会下山抢粮。李准听了，心中有底了。

这时总兵莫善积来迎接，一见面就跪地不起，说是要请李准救援。他说，自己带兵多年，从没有遇到过这么难对付的土匪，几个月剿匪不但无功，反而损兵折将。总督若是追责，自己怕是死无葬身之地了。

李准扶起他问：“我电令你分兵设险据守，是否照办？”莫善积回答说已照办了。李准说：“这股土匪，非实行坚壁清野之法，不能制其死命。所以你们还是要守住关隘，以逸待劳。静等他们出动就是了。”

果然不出十日，匪徒开始设法突围。各隘口守兵只击不追，屡次将他们赶回大山里去。因为得不到粮食，他们内部开始慌乱。

这时李亚汉对李北海说："我们原本是在大山里设伏，但是今天官军不进山，我们无计可施了。与其束手就擒，不如主动率队投降。李准本来是个文人，是岑春煊逼他来做这事的。他用坚壁清野的方法围困我们，这种见识比那些行伍出身的人高多了，但是他可能不像那些行伍出身之人那样嗜血成性。我们投靠他，估计会被接纳。若李准不相容，我们再拼死一战，那时可生死不计。"

李北海和众匪同意试试，于是请了山下一位姓梁的教书先生前来与傅赞开等接洽。李准闻知后禀报岑春煊，岑春煊允准受降。李准问对方有多少人，答曰骨干七八十人，追随者上千人，不过有些已经四散而逃。李准令其开具匪徒名册，定期缴械纳降。

既是投诚，就要接受改编。李准从众匪中选出80人编入防营，作为先锋队，以李北海为队长，意思是将来再遇剿匪，要让他们打头阵，使其立功赎罪。其余人遣散回乡。[①]

至于李亚汉，李准原先想让他在先锋队里当个哨长，但李亚汉表示，他不愿再跟随李北海，而希望带10个兵士进入李准的亲兵营，随侍李准左右。李准见他不过二十来岁，相貌英武，谈吐不凡，有读书人的气质，便同意了，并将其改名为李耀汉。此人后来屡立战功，在李准手下被提拔为巡防营的管带。民国以后更是有大作为，一度担任广东省省长。他终生对李准感恩戴德，1935年前后，他仍居广东，发了些财，闻知李准在天津生活困顿，

---

① 参见李准：《李北海之役》（上）（下），《申报》，1926年4月2日，第17版和1926年4月3日，第11版。

便在广州盖一别墅，来函邀请李准前往居住，安度晚年。但李准很快去世了，未能成行。这些是后话。

民国时期的“李耀汉大屋”

李准平定两股巨匪，使岑春煊认识到了他的军事才能。岑春煊立即任命他为全省营务处总办，将中、东、西、北四路巡防营全部调归他指挥，其地位类似于今日广东地方的武警总监，目的当然还是让他继续剿匪。

那些年，广东香山东西二海以及沙田一带土匪甚多，公然向百姓勒收“行水”（保护费），商民敢怒而不敢言。还按地丁征收，明码标价，每亩每人一元至数元不等。凡抗交、迟交者，不容分说，劫而杀之。其气焰嚣张，地方官兵见之无不退避三舍，不敢与之较量。他们从未认真办过剿匪，因而使土匪愈加猖獗，毫无顾忌。

众匪中，林瓜四一伙被称为“沙匪”，尤为凶悍。枪械精良，人数众多，每年收“行水”数十万、上百万银元之多。他们平时在港澳一带藏匿，每到早稻和晚稻插秧之时，便驾船而来，按户收费，满载而归。其势力甚强，甚至敢向官军公开挑战，以往官军与之交战，多不能敌。

因为李准打击海盗、保民护农，当时的香港人在茶果岭
天后庙中供奉了李准像，此像至今犹在

这件事令岑春煊忧心忡忡，此时便与刚刚凯旋的李准商量，是否可以剿灭这股巨匪。李准表示愿意尽力，不辞辛苦，但请总督不要限期。岑春煊同意了。同时，因为林瓜四常活动在海上，实属海盗，岑春煊将外海的军舰的调遣权力也交给李准。这样李准开始介入广东水师事务。此时，他开始感到岑春煊对自己信任有加。①

于是李准率队西行，在大澳一带遭遇沙匪。因为过往官军征剿常常是虚晃一枪，做个样子，放几枪就撤退，所以众匪并没有

---

① 参见《李准年谱》，中国文史出版社，2014 年，第 54—55 页。

把李准当一回事。谁知这次李准动了真格，迎头痛击，穷追不舍，不但当场击毙匪徒无数，而且还活捉了几个匪首。但其中没有林瓜四。一问才知，林瓜四早来过，收够了“行水”，已经回到澳门去嫖赌了。

这时已经入冬，沙匪不再出没，李准只能收队回省城，等来年再找机会。他想到自己的父亲李征庸三年前去世，一直停灵于广州东门外他自建的义庄里，因为自己太忙，无暇护送灵柩回四川邻水老家安葬，一直于心不安。此时得些空闲，他便想抓紧时间回乡葬父。但岑春煊不准假，要他务必擒获林瓜四方可离开广东。但他在此情景之下，却有如坐针毡之感。他担心自己责任重大，所管辖事务众多，万一稍不留意，出一点差错，可能不只是被参撤职可以了结的。岑春煊之威不可测，令他伴君如伴虎。他觉得自己只有兢兢业业，诚心做事，或可避祸，此外别无他法。

李准和林瓜四的决战是在第二年（1904 年）。农历六月初十，还是在大澳，沙匪又来收“行水”，李准率队亲往围捕，并请水师派兵两路合围。当场擒斩数十人，余者逃散。六月十九日，又在东围与沙匪大战。当时正是晚稻种植季节，沙匪如期前来滋扰，正落入李准预先的埋伏，大败而逃。十月十一日，暗探侦知沙匪在三墩沙聚集，李准便督军进剿，歼擒匪徒一百多人，包含多名匪首，缴获枪械无数。这一年，由于李准的奋力追剿，沙匪在早晚两季稻插秧期间，都没有得到“行水”。[①] 岑春煊在给朝廷的一份奏折上这样写道：

① 参见《署两广总督岑春煊等奏遵旨整顿捕务办理搜剿情形折》，《辛亥革命前十年民变档案史料》，中华书局，1985 年，第 443—444 页。

> 计自六月至十月，营勇与匪接仗大小十余次，以大澳沙、东围、三墩沙三役战功尤为卓著。总计剿捕格毙获办著要各匪不下千余名，夺获艇只、枪械、旗帜、号衣无算，起出被掳民人百余名。[①]

但是至此，匪首林瓜四仍然在逃。六月十九日那天，有一场海上决战。当时沙匪的船队潜入临近澳门的香山县所属海面，李准“调集水路各营，合击一日夜，愈战愈厉，贼遂不支，击毙及落水死者多至百余名，生擒三十余名，林瓜四受伤落水，乘机宵遁”[②]。

事后李准回忆，那天林瓜四带伤逃跑时，大小兵舰上的官军一行追赶至澳门对面的横琴岛。此岛属香山县（今属珠海）。但刚一登岛，便有葡萄牙兵士出来阻挡，说那里是葡萄牙属地，中国兵士不能越界捉人。我方人员说：“澳门只是一小块租借地，你们何时侵入中国的横琴岛？”对方说，葡萄牙在那派警察已经数十年了，中国官方从不过问。我方人员说：“这是你们侵犯中国的警察权，应当被驱逐的是你们。”双方这样争执，相持达半日之久。而林瓜四就利用这个机会，从容逃到旁边的路环岛。而路环岛在当时确为葡萄牙人管辖，李准等人颇为无奈。

收队回营后，李准上书岑春煊，请他将此事报告外务部，由外务部向葡萄牙人提出交涉，收回横琴岛的管辖权。

领土的事有别人去办，但抓林瓜四还是他的责任。他派了李耀汉、李炎山等潜入澳门，暗中查访林瓜四行踪，发现他住在路

---

① 参见《署两广总督岑春煊等奏遵旨整顿捕务办理搜剿情形折》，《辛亥革命前十年民变档案史料》，中华书局，1985年，第452页。

② 同上书，第451页。

环岛一间杂货铺的二楼养伤。李准知道，葡萄牙警察大多被盗匪收买，如果公事公办，请澳门葡方政府协助出票缉拿，那么林瓜四一定会提前知晓，溜之大吉。所以他们只能悄悄地抓捕。他命令李耀汉、李炎山等人假扮葡萄牙士兵，深夜进入路环岛。事前找到线人，陪林瓜四抽大烟，待林瓜四熟睡，线人将其窗户虚掩，然后前来报告。李耀汉等爬树上楼自窗而入，将林瓜四捕获。押解到兵舰旁，已是黎明。此时，突然赶来一队葡萄牙士兵，他们不准将林瓜四带走，指称李耀汉等是越境抓人。李耀汉等则以“彼方私侵我国属地”（指葡萄牙警察进入横琴）反驳。双方激辩之后，葡方同意先将林瓜四押往澳门监禁，再由双方通过外交途径商谈审判方式。后来经过反复谈判，林瓜四于次年二月被押回广东。

林瓜四就擒以后，其党羽林瓜五等迅速被围剿，最终全部覆灭，无一漏网。经此一击，香山一带多年不再有匪徒勒索“行水”之事。

李准剿匪大获全胜，令岑春煊十分欣喜，他再次和巡抚张人骏一起，上奏朝廷，引见李准。奏折题为《奏为广东补用道李准为监司中不可多得之员请咨赴部引见事》，仅从题目就可以知道他们此时对李准的评价之高。奏折中有这样的话：

> 近年粤省论治军之才长于缉捕者，必于该员首屈一指。[①]

这里需要说明一下清朝的引见制度。在中国古代，一般的中下级官员面见皇帝，需要有王公大臣的介绍和引领。这种引见制度，是朝廷考核选拔官员的重要手段。经过引见，一个官吏可能

---

① 朱批奏折《奏为广东补用道李准为监司中不可多得之员请咨赴部引见事》，中国第一历史档案馆，档号 04-01-12-0642-169。

被升迁调用，也可能被降革处罚。李准是因取得显著政绩而被引见，自然是有了升职的机会。

李准能意识到这一点，他向岑春煊请求开缺（辞职），准备回乡葬父，岑春煊不准他开缺，同意给他三个月的假。

于是他带着父亲的灵柩上路了。刚刚出发，忽闻林瓜四即将被押解回省。岑春煊令他回来监斩，要凌迟处死林瓜四，并挖出他的心肝，以祭奠历年剿办沙匪阵亡的官兵。如此酷刑惨不忍睹，而岑春煊却派人取回他的心血和酒而饮。李准对此极为感叹，以为此人心肠狠毒，太恐怖了。

硃批著送部引見欽此轉行欽遵各在案查該員才
識明敏勇於任事在粵數年歷委營務統兵及
省局各要差均能剔弊程功認真整頓前年捕
獲首逆區新上年招降西江著匪李北海均係
該員之力新甯縣屬崗匪香山縣屬沙匪素稱
兇悍黨羽衆多臣等檄飭該員督隊親往剿辦
該員謀定後動設法圍攻擐甲行間不避艱險
用能首要就獲地方又安近年粵省論治軍之
才長於緝捕者必於該員首屈一指其平日取
與不苟而輸財急公獨具血誠迭次捐助學堂
經費為數甚鉅迹其材略志趣均為監司中不
易多得之員現據稟請給咨赴部引

岑春煊、张人骏引见李准奏折中的一页

（三）

护灵离开广州时，李准心情格外轻松，因为他准备一去不归，从此脱离虎口，不再重入漩涡。两年来，岑春煊的淫威和气焰，让他受不了。

灵柩回四川需走水路，他从广州上船先到上海，然后沿长江经南京、武昌到重庆。一路上，他去拜见了两位师长辈的人物。一位是两江总督周馥，另一位则是湖广总督张之洞。他们都是李准父亲李征庸的旧友，曾对他多有关照。因为关系亲近，见面时，他便直言自己近年的苦况，表示希望摆脱岑春煊的魔掌，离开广东，另行任职。

张之洞过去虽曾多次提携保荐李准，但这一次却说："你有成绩在，西林（岑春煊为广西西林人，故有此称谓）纵极强横不讲理，亦当有几分公道也。勿过虑，好自为之。"而周馥则说，正好朝廷改制，取消江苏巡抚，改设江北提督，命北洋系推荐人选。他表态说，此职适合李准，可以电商袁世凯向朝廷保荐。[①]其实李准此时还不认识袁世凯，但周馥和袁世凯都是李鸿章最为赏识的官员，而且两人是儿女亲家，所以他知道，这件事有希望了。

李准回到家乡四川邻水的第二天，还未及安排父亲灵柩下葬，忽然接到军机处急电。奉谕旨："李准着近日来京，预备召见。"他只好把安葬父亲的事托付给乡亲，自己重又慌忙上路。路过南京，周馥告诉他，袁世凯已经向朝廷保荐他出任江北提督，他听了欣喜若狂。

李准在他的自编年谱中，详细记录了慈禧太后和光绪皇帝在1905年农历四月十五日、十六日和二十一日三次召见他的过程，召见地点在颐和园。

第一次是考查。太后从"你从哪里来，在北京住在哪里，你今

---

① 参见《李准年谱》，中国文史出版社，2014年，第60页。

年多大岁数，你父亲是谁”问起，扯了一些闲话，也问岑春煊的近况。接着，她问李准对正在发生的日俄战争的看法、我国军队练兵的情况，以及在广东是怎样训练兵士的。当然，此次召见的正题是如何任用李准。太后谈到袁世凯和岑春煊都保荐他。

太后说：“我本来要叫你到江北去。岑春煊又有电奏来，说你还有经手未完事件，还是要你回去。”

李准知道他担心的事情来了。他赶快解释说：“臣并无经手未完事件。”

慈禧太后

太后说：“他说你的队伍别人统不了，非你回去不可。”

李准连忙找理由，说：“臣在广东带兵，在外多年，感受潮湿，两足已不良于行，能在北方，足疾方易痊愈。”

太后说：“你一个年轻轻的人，还怕什么病？有个好大夫医治也就好了。”

李准说：“内治外治，中医西医都治过了，总不见好。”

说到这里，太后表示体谅，问他是否跪着不舒服，让他坐下歇歇。但是李准是否回广东的话题，也便终止了。

召见结束，李准从仁寿殿出来，因为紧张出了一身大汗。见到一些朋友，讲到召见的情况，有人告诉他，一个道员被召见 45 分钟很少见，可以提前向他道喜了。但李准仍然忧虑，这次恐怕还是要回广东。

果然，上谕当天中午下达，李准“以总兵用，署理广东水师提督”。李准得知，沮丧至极，他“闻命之下，惶怵万分，以为又入虎口，岂望生还”？

无论如何要谢恩。第二次召见，他叩谢天恩之后，太后对他讲了要他去广州的道理。

太后说：“本来袁世凯、周馥保你到江北，因岑春煊电奏一定要你回广东，你就去好好地帮帮岑春煊，就当是帮我一样。岑春煊忠心报国，我跟他分属君臣，情同母子。庚子那一年，不是岑春煊，咱们母子哪里还有今天？（言时面向皇上，皇上为之颔首）[①] 就当我多养了他这么一个儿子罢了。你到广东去给他说，叫他不要那么性急，什么事要从从容容地办，不是一天能办完的。他若是把身子急坏了，那就不得了了。有什么事你帮着他办，他也可以少着点急。”

于是李准只能表示，回到广东后，一定尽心竭力帮岑春煊办事，别的不敢再说。太后要他到天津向袁世凯致谢，他遵命前往。

离京前，他按例要向太后请训，又赶往颐和园，这是第三次召见。太后没有说更多的话，只是要李准告诉岑春煊：“我跟皇上都很好，只要他不闹病我就乐了。”太后说：“你把我这一番话跟前两回所说的都对他说了，说我时刻都惦记着他呢。”然后就要李准早些出京。[②]

五月初二，李准回到广州，岑春煊率一众文武官员来迎。李准告诉岑春煊，太后有话。于是岑春煊向北跪下，恭请圣安，李准把太后几次谈及岑春煊的话背诵一遍，算是传旨。

---

① 1900 年八国联军侵华攻入北京，慈禧太后和光绪皇帝外逃西安。当时的陕西布政使岑春煊率军至北京“勤王”，并一路为太后和皇帝保驾。

② 慈禧太后和李准的三番对话，均引自《李准年谱》，中国文史出版社，2014 年，第 61—68 页。

入座后，岑春煊立刻就变了脸，问李准："你怎么运动袁世凯保你到江北去？"

李准知道惹祸了，连忙解释说，自己不认识袁世凯，这次是太后提起，才知道是他保举，还是遵照太后嘱咐他才去天津看望袁世凯，实在不曾运动。

此时岑春煊厉言正色，说："一个人要走一条路，不能走两条路。他会保你做提督，我不会保你做提督吗？以后要拿定主意才好。"

李准心里明白，他掉进官僚派系的陷阱里了。在晚清官场上，袁世凯和岑春煊分属不同派系，是政坛死敌。于是，李准连忙说："不敢另有二心。"

岑春煊又问："你见了周玉山（周馥）吗？"

李准回答："见了，我家与周家是世交。"

岑春煊说："怪不得，是他替你去运动的。"

李准回说："不敢说运动，不过玉帅（指周馥）问起，我以年来在广东过于辛苦，感受潮湿，两足酸胀，夜不成寐，能换换水土，或者可望痊愈。"

岑春煊说："你这话不是明明不愿意回广东吗？一个人以身许国，生死尚且不顾，一点潮湿病就这样小题大做？"

李准慌忙说："不敢，当时只是随便说说罢了。"①

这次对话，使李准受到不小的惊吓。他辞出时，发现自己出了一身淋淋大汗，竟比慈禧太后第一次召对时出汗还多。他隐约感觉，自己办砸了一件大事。原本岑春煊大概是准备把他培植成自己的亲信，但现在，他很可能由于袁世凯的关系被岑春煊当作了异己。

---

① 李准与岑春煊的对话，引自《李准年谱》，中国文史出版社，2014年，第68—69页。

的确出乎李准的预料，岑春煊这次是真向朝廷鼎力保举了他，他和张人骏的联名奏折中有这样的话：

> 该员任事果敢，而才力足以相副，治军尤贵纪律，平日以恩信相孚，故人乐为之用，求之近今统将，实为不可多得之才，而熟悉广东水师情形，相需尤切。……若以李准署理提纂，必于防务捕务大有裨益。惟事属创举，臣等未敢专擅，谨将水师提督一缺关系重要及该员李准历年统兵办匪卓有成效各情形，据实奏明请旨。[①]

为什么会说“惟事属创举，臣等未敢专擅”？因为李准原来只是正四品的候补道员，要保奏他提升为署理水师提督（以正二品身份代理从一品官职），连跃数级，乃是破格之举。当时的新闻报道评论此事，说李准“以道员而任（署理）广东水师提督诚为仕途中罕见”[②]。所以说岑春煊和张人骏在短短 40 天内，接连两道奏折，又是引见又是保奏，硬是要重用他，可见此时岑春煊对李准十分器

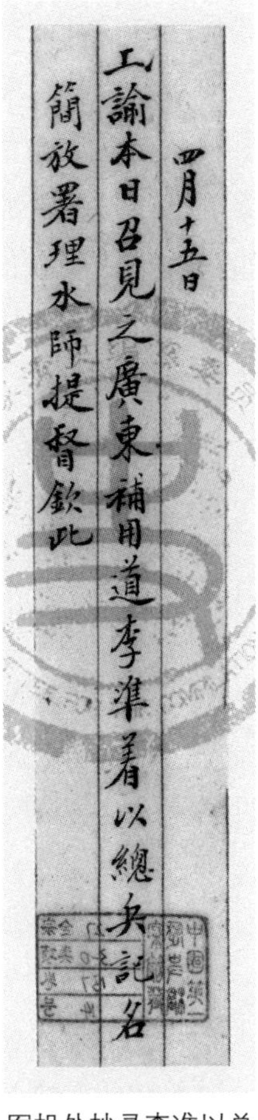
四月十五日
上諭本日召見之廣東補用道李準著以總兵記名
簡放署理水師提督欽此

军机处抄录李准以总兵记名简放署理水师提督之上谕

① 岑春煊、张人骏：《奏为前先补用道李准智勇兼裕请旨以广东水师提督简用事》（光绪三十一年三月十一日），中国第一历史档案馆·录副奏片，档号 03-5966-037。

② 《申报》，1905 年 6 月 3 日，第 9 版。

重，极为看好。而李准竟然私下“运动”企图调离，且所托之人竟然是他的冤家对头袁世凯！所以，此事令岑春煊愤怒，并不奇怪。

当然，与总督有了这样的嫌隙，李准知道，今后他更要当心了。虽然他现在的身份，已是从一品的大员，论官阶已和总督不相上下，但提督原本就受总督管辖，何况他与岑春煊之间关系又如此敏感。所以他必须慎之又慎，处处小心设防。此后，他刻意放低身段，保持谦卑，每次拜会总督，仍持司、道一级官员之礼节，到宅门入帖（递名片）时，只写姓名，不具头衔，致总督的公文则用“咨呈”，以示下级对上级的恭敬。

这样他与岑春煊之间相安无事。

1906 年，清廷裁撤广东陆路提督，将水师提督和陆路提督合并一职。李准署理水陆提督，他的权力更大了，陆上不仅巡防营，而且连新军都归他统辖。他成为广东唯一的最高军事长官。这其实是岑春煊又一次向他释放善意。两职合并的建议原本是岑春煊向朝廷提出的，而水陆提督的人选，也是他向朝廷保荐的。奏折说：

> 现署水师提督本任、南澳镇总兵李准讲求戎政，节制有方，于广东全省情形尤为熟悉，拟请即以署理广东水陆提督。如蒙圣恩，特予简授，实于粤省地方有裨。其正任陆路提督李福兴应请作裁缺提督，恭候朝廷录用。[①]

裁撤他人现职，只为将两职委于李准一人，这应该也算非常

---

① 《署两广总督岑跪奏为请将广东省水陆提督并归一员，并将虎门屯防同知改为抚民直隶同知以一事权而资治理折》，《申报》，1906 年 7 月 30 日，第 20 版。

之举。这表明岑春煊还是把李准当作“自己人”在使用，他好像仍认为李准是在走自己这“一条路”。然而当他和李准议及此事时，李准却似不情不愿。这大概是李准心里没底，不知是凶是吉，不敢承接。当时香港一家报纸曾以《李准何故告辞》为题，谈到“李竟在大吏前再三推托，大有藉故告假辞办水陆两提之意”[①]。最后只是因为岑春煊再三坚持，李准才勉强赴任。

就这样，岑春煊把李准推上了权力高峰。然而，他本人的命运却出现意外转折。大概就在一两个月后，岑春煊忽然接旨，调任云贵总督，而两广总督由周馥接任。从两广这样的富庶地区调往贫瘠的云贵，无论朝廷怎样解释此行的重要性，岑春煊都会感觉被贬，但这对李准来说却是喜讯，因为周馥作为父执辈，不仅格外信任他，甚至可以说对他宠爱有加。辞旧迎新之际，李准对周馥到来按例讲几句表示欢迎的话，却发现惹出了岑春煊的不满。他觉得岑春煊“气小量狭，口气多愤语，而意见愈深”。他意识到需要补救自己与岑春煊的关系，所以在此后几个月里，他对没有立即赴任而暂住上海离职养病的岑春煊仍然恭谨如常。“问候之，使无月不至。赠送马匹、食物、水果、火腿、蛇胆酒之属，一月至少一二次，自以为可告无罪矣。”[②]

李准原以为这样可以保自己平安，哪知紧接着朝廷发生了“丁未政潮”，使他被不明不白地卷进政治漩涡。

（四）

“丁未政潮”是指 1907 年（按干支纪年为丁未年）清朝统治集团内北洋派与清流派之间的党争，曾经引起晚清政局的一次大

---

① 《李准何故告辞》，《香港华字日报》，1906 年 7 月 15 日。

② 《李准年谱》，中国文史出版社，2014 年，第 74 页。

重组。北洋派以袁世凯为首，其后台是庆亲王奕劻，而清流派的领袖是瞿鸿禨，岑春煊则是瞿鸿禨的主要支持者。其实，这场恶斗早在 1906 年 9 月就开始了，起因还是在岑春煊身上。前面提到，1903 年岑春煊到广东，甫一上任就查处了巨贪广东海关库书周荣曜。周荣曜一向对庆亲王行贿，岑春煊的举措断了庆亲王的财路，因此他对岑春煊一直怀恨在心，便想要设法排挤他，把他弄到偏远地带去。庆亲王伙同袁世凯向慈禧太后进言说，云南有一些边界问题，非岑春煊去不能解决，于是朝廷调岑春煊为云贵总督。然后，袁世凯又设法使自己的亲家周馥补了两广总督的肥缺。所以，前面说李准听到岑春煊“口气多愤语”，其实是岑春煊已经知道自己被人暗算。

庆亲王奕劻

但岑春煊未去昆明赴任，他在上海等待时机，准备反击。几个月后，朝廷又下旨调他任四川总督，他仍不予理会。他和瞿鸿禨约定，定要直接到北京当面向慈禧太后参劾庆亲王。1907 年农历五月，慈禧太后四次召见岑春煊，他得以在廷前痛陈时局之弊端、官场之腐败，并举出周荣曜的例子指名道姓地参劾了庆亲王奕劻。慈禧信任岑春煊，感念他对朝廷的忠诚，但她仍袒护庆亲王，对其网开一面，只是说“奕

瞿鸿禨

勔太老实了，是上人的当”[①]。最后她决定，留岑春煊在北京，担任邮传部尚书。然而这样一来，庆亲王和袁世凯急了，他们认为岑春煊留在慈禧太后身边对自己威胁太大，于是又设计陷害岑春煊。他们让两广总督周馥、闽浙总督松寿接踵电奏朝廷，说广东饶平、黄冈、钦廉等地匪患难平，非岑春煊前往督剿不可。于是在邮传部上任仅仅25天的岑春煊又被调往广东，第二次被任命为两广总督。

朝廷用人如此朝令夕改，颠三倒四，岑春煊当然知道是北洋派在搞鬼。他要反击北洋派，得拿人祭刀。然而谁也不曾想，他抛出的竟是李准。这大概是因为李准和周馥、袁世凯这些北洋派关系密切吧。

六月初七日，岑春煊上奏朝廷说：

> 现署广东水陆提督，本任南澳镇总兵李准，勇于任事，人颇有才，驾驭得直，原可添以为用。自周馥到粤，派令总统全省各军，惟其言是听，文武进退，悉以咨之。李准气质未纯，复鲜学问，因周馥假以事权，由是恃宠而骄，积骄生玩，且以喜怒为进退，驯至用人失当，捕务渐就废弛，盗贼总为生心。此次钦廉惠潮之事，李准亦未尝不尸其咎。臣既有所闻，不敢以保荐在先为之掩覆。
>
> 拟请朝廷特加裁抑，将李准开去广东水陆提督署缺，调署北海镇总兵[②]。

---

① 岑春煊：《乐斋漫笔崇陵传信录（外二种）》，《近代史料笔记丛刊》，中华书局，2007年，第29页。

② 岑春煊：《奏为特参署广东水陆提督李准捕务渐就废弛请开去署缺调署北海镇总兵事》（光绪三十三年六月初七日），中国第一历史档案馆，档号03-5978-013。

他要求朝廷给予李准降职处理，从提督降为总兵。理由是李准作为提督，因为“恃宠而骄”荒废了捕务，以致于对“钦廉惠潮之事”办理不力，难辞其咎。但这实属欲加之罪。事实上，李准在不久前平定钦廉骚乱时，仍然一如既往，迅速解决问题，不是有过而是有功。至于奏折里说到李准原本有才，“驾驭得直”可以为我所用，是岑春煊在为自己曾经保荐李准升任提督做开脱，同时又攻击了北洋派周馥用人失控和失察。这一参奏起了作用，朝廷立即下旨将李准降为北海镇总兵。

李准当然看不到这个奏折，自己莫名其妙被撤去提督，十分不解。吏部侍郎于晦若是他的朋友，于是他电询于晦若，获知原委。

于晦若告诉他被参的理由，和岑春煊的奏折的说法相类似，不过参劾的时间略早。五月份太后召见岑春煊时，岑春煊已经向太后面奏，说李准“威权太重，骄蹇难制”。太后问：“你不是说他很得力吗，还保荐他？”岑春煊回复说：“本来很好，都给周馥纵坏了。必稍加裁抑，乃可玉成大器。”[①]

李准内心极度委屈，觉得自己多年来苦心孤诣，尽心竭力，为国为民，却落得这种结果，令他灰心至极。他想尽快和新任水路提督秦炳直交接，然后速速离去。

然而秦炳直需要从江西调来，办理交接恐会拖延很久。岑春煊在两天后的六月初九日为此又专门致电朝廷，请吏部催促秦炳直尽快到任[②]。岑春煊本人其实并未到广东履职，但他念念不忘要撤下李准，可见内心成见之深。

---

① 《李准年谱》，中国文史出版社，2014 年，第 77 页。

② 电报档《为请饬江西巡抚速委臬篆俾秦炳直李准分别赴任事》，中国第一历史档案馆，档号 2-04-12-033-0644。

接着，又发生了岑春煊向李准逼交罚款之事。原因是前面提到的李准部下李世桂，他和杨洪标两人曾被岑春煊怀疑截留缉匪经费中饱私囊，罚款 50 万两白银。两人因交不出巨款而逃匿到越南。现在岑春煊听说他们在自己离去后，又潜回广东，于是便来电要求李准交出二人，否则便要代李世桂、杨洪标缴纳 10 万两白银罚款。其实两人即便是回来过，也并未回李准手下当差，而是去香港做生意了。李准无法抓人，只能认罚，但他心中不平，觉得这位总督“直蛮不讲理，谓之‘蛮帅’，谁曰不宜”[1]？

被贬后，李准甘愿“弃官入山”，退居北海，不再理会剿匪、平乱、缉捕一类事务，乐得逍遥。然而，不久钦廉之乱又再次爆发，钦州和廉州两地接连发电告急，要求省里派兵弹压，广东藩台胡夔甫请李准派兵，再三恳求，而李准因心有怨气，置之不理。无论如何，现在的总督又变成了岑春煊，李准不想再给他效命了。

而李准的部下，特别是那些曾经被调往钦廉两地的军队将领，听闻李准获咎被贬，都觉不寒而栗，人人自危，一时多人请假，有些人索性住到医院养病去了。

然而，或许是天公有意，这个局面很快有了转机。七月初四日，传来上谕：岑春煊开缺养病，张人骏补授两广总督。

任职两广总督刚刚一个月，岑春煊人未到任就被免职，是因为北洋派使出了撒手锏，把清流派彻底击垮。在晚清政坛，清流派的软肋是戊戌年间支持过康有为、梁启超的维新改革，因为慈禧太后憎恨康有为、梁启超，绝不容忍朝廷大员与之有染。于是庆亲王找出当年瞿鸿禨保荐康有为的奏折，使瞿鸿禨被罢官，回老家了。袁世凯则派人伪造了岑春煊和康有为、梁启超合影的照

---

① 《李准年谱》，中国文史出版社，2014 年，第 77 页。

片送呈慈禧，使太后大怒而免其职。

从此岑春煊以养病之名在上海赋闲，历时四年之久。

而李准闻知张人骏到来，态度立刻转变，马上受命带兵出征，平定钦廉之乱。出发前，各将领纷纷来见。

李准问：“尔等不俱病入医院乎？”

众将回答：“主帅被贬，我等不知死所，不得不病了。今闻主帅出，均同时病愈而听指挥也。”①

这两次“暴乱”，实际是孙中山、黄兴等革命党人领导的“钦廉起义”。李准抵达钦州时，知起义军活动于广东、广西两省交界处，于是电邀广西提督丁名槐率军前来会师，东西夹击，很快将七八千人的起义军击溃打散。

接着，广东西江又发生了英国军舰以缉捕之名在我内河开枪扰民的事件。奉总督张人骏之命，李准与英国人交涉，成功收回西江捕权，并亲自办理西江捕务。

李准办事得力，张人骏为之欣喜，勉励有加。他想帮助李准官复原职，正好此时朝廷军机处对岑春煊将广东水陆两提督两职合二为一有所顾虑，认为水陆情形不同，各有复杂之处，恐秦炳直一人不能兼顾。于是他电奏朝廷，建议重新将广东水陆提督分置两职，由李准署理水师提督，秦炳直担任陆路提督。朝廷批准了，于是，李准贬职后仅仅半年，就在当年十二月复任提督。

远在上海的岑春煊自然知道此事，但是他已被罢官在野，即便对李准有再多的嫉恨，也无计可施了。

（五）

岑春煊的阴影散去，李准过了几年舒心的日子。他与张人骏

① 《李准年谱》，中国文史出版社，2014 年，第 78 页。

以及下一位继任总督袁树勋的合作都很顺利。因为这两人对他都比较赏识和倚重，他也便不再有挂冠而去的想法。

然而到了 1911 年，两广总督换成了岑春煊的心腹张鸣岐。对李准来说，噩梦似乎又回来了。张鸣岐上任第一件事，就是削减李准的兵权。李准在自编年谱里回忆说，这是因为张鸣岐在上海受岑春煊严嘱：到粤必先从李准下手。因为提督权重，总督必然无权。李准想不通，岑春煊总要压制他，而他本人竟然不知因何事开罪。几年来，岑春煊在上海，他也从未忘记问候，信函无月不至，赠品每年必有数次，却不能讨得岑春煊欢心，究竟何故？[1]

张鸣岐任总督后，李准一手建立的巡防营、侦缉队的兵权被收回，甚至连任命水师管带（舰长）一级军官的权力，也被张鸣岐夺走。但李准听之任之，从无计较。他其实早就萌生了几分退隐之意，乐得清闲自在，日常以演练书法自娱。但是他没想到，即使如此，岑春煊还是不肯放过他。

四月初一日，正是革命党人发动“三二九”起义之后两天，广州街上尚未完全平静之时，张鸣岐突然接到岑春煊电报，嘱咐他“乘此扰乱时机以杀李某，为斩草除根之计”[2]。

然而这时，张鸣岐并不在总督府。因为前天晚上起义军攻入并烧毁总督府，被吓得尿了裤子的张鸣岐在李准派出官兵接应下才得以逃到水师行台，李准将自己的卧房腾出，让他暂住。[3]所

① 《李准年谱》，中国文史出版社，2014 年，第 96 页。

② 同上书，第 101 页。

③ 李景武：《黄克强进攻总督府时的张鸣岐》，《清末民初官场琐记——李景武回忆录》，台湾善同文教基金会，2014 年，第 85 页。

以这封电报是由总督府密电委员田文甫接收，通过幕僚刘樵山转送给张鸣岐的。张鸣岐看了电报，想到自己寄人篱下的现状，感叹地说："我之生命亦在人之掌握中，人不杀我已属万幸，安能杀人？"于是将电报销毁。[1] 这件事，是田文甫和刘樵山两人在十几年后亲口对李准说的。

既然岑春煊对李准已动杀心，那么至少说明他对李准的嫉恨无法化解。两人算是恩断义绝。然而后来事情的发展又有了出人意料的戏剧性变化。

1911 年，四川发生"保路运动"，引发民众暴动，清廷慌忙指示四川总督赵尔丰镇压。赵尔丰令兵士对请愿的民众开枪，结果酿成了"成都血案"，引起了极大民愤，于是朝廷不得已将赵尔丰撤职。此时，朝廷迫切需要一个既有铁腕又善于斡旋且与立宪派有渊源的政治强人接任四川总督，他们便想到了几年来一直在上海赋闲的岑春煊。但此时已发生武昌起义，眼看清朝政权摇摇欲坠，岑春煊谅知自己无回天之力，坚辞不受此职。然而朝廷再三敦请，他推辞不过，于是提出了一些很难满足的条件，如增配多少军队、多少枪械、多少白银等。

他同时也感到需要熟悉情况的将才，居然想保奏四川人李准为四川陆路提督。

当时的报纸上有这样的报道：

李水提自回驻虎门后，病体尚未大痊，惟前日忽接岑春煊由沪来电，谓奉命督力辞不获，必须有熟悉情形之员会同前往，方易与川民接洽，因力请李提回籍襄办各事。李提昨

① 《李准年谱》，中国文史出版社，2014 年，第 101 页。

日返省面商，张督坚意挽留，不令去粤。[1]

意思是说，李准同意跟随岑春煊调职回川，但张鸣岐不准，于是李准不能成行。这不免有些荒谬。因为无论从什么角度分析，李准都不会重入岑春煊的“虎口”。由于以往的积怨，他定然不肯自愿前往，何况，其他大量史料证明，李准从九月初四日开始已经决意投诚革命党，准备将广东省和平交给孙中山领导的同盟会。而此文章发表于1911年10月29日，这一天已是农历九月初八。所说的“昨日”有此一议怎可相信？

当然这对岑春煊来说，也顶多只是“一议”而已。因为他迫于形势，最终未去四川就职，所以此议终止，他与李准的缘分也永远结束了。

从这以后，两人此生再未会面。李准曾回忆，1912年夏天他携家眷小住青岛之时，发现岑春煊同在青岛，便前往拜访。此时已是民国时期，时过境迁，两人身份已变，全无利害相关，李准似乎期待可以尽释前嫌，但岑春煊“羞不与见”，大概是内心有愧吧。

袁世凯

另有一事发生在1916年。那时袁世凯任命了陈光远、张怀芝、蔡锷、李准等一批有影响力的军人为高等军事顾问，并成立混成模范团，自任团长，让这些顾问们都担任副官。这是因为他预谋称帝，想

① 《不放李提赴川》，《申报》，1911年10月29日，第11版。

以此法监视老军头们的举动，实际是把大家软禁起来。这些人住在北京，须每日报到，不得外出。所以当时蔡锷欲回云南兴兵讨袁，定要借助“小凤仙”掩护。李准也想逃，苦无计策。袁世凯称帝后，各地纷纷声讨，袁世凯非常狼狈。见到广东的军阀龙济光也应梁启超的要求，宣布广东独立，他想到李准和龙济光曾在广东共事，便商请李准去广东做调解，希望其取消独立。李准本来就在等待机会逃离，于是满口答应。然而李准刚到香港，袁世凯就去世了，广东独立自然取消。李准嘱龙济光发电，主张拥护黎元洪为大总统，重建共和，事情便解决了。然而，此事却让岑春煊很敏感。岑春煊当时也加入讨袁，正住在李准的老部下李耀汉的衙门里（李耀汉当时在肇庆做镇守使），他在吃饭时听说李准奉袁世凯之命到达香港，吓得把筷子掉在地上。而李耀汉也不知李准此来何意，便秘密派他叔叔李秋华到香港请示李准：是否要杀岑春煊？李准回答：“请告诉你侄子不要轻举妄动。”他解释说：“余之来港，盖借此脱离北京，非有他意也。”他甚至期望岑春煊回上海时路过香港，可以与之会晤。谁知岑春煊径自从广州离去了。李准感叹道：“做贼人心虚，此西林（岑春煊）之谓也。”①

然而话说回来，无论如何，岑春煊在清廷覆灭前最后一刻，在自己亟须用人之时又提议让李准到四川助一臂之力，此事倒是有其他报刊文章佐证②，应并非传言。李准自己大概也一直都没弄明白，为什么岑春煊对他一时要杀，一时要用，杀则赶尽杀绝，斩草除根，用则保奏推荐，不遗余力。

---

① 《李准年谱》，中国文史出版社，2014 年，第 125—126 页。

② 岑春煊邀请李准入川事，另见《申报》，1911 年 11 月 2 日，第 11 版。

其实这正是那个时代政治家的驭人之法：恩威并施，使之唯我是从。岑春煊嘱咐张鸣岐从限制李准的兵权开始，最后到了要杀人的程度，只是唯恐李准势力做大而张鸣岐驾驭不了，这实际是对张鸣岐不放心、不信任；而他自己仍然可以保荐李准任四川提督，是因为他自信对李准“驾驭得直”，就像当年在广东时一样，对其要纵敢纵，要擒能擒，使其甘心情愿、老老实实为自己效命。这些，与其说是清流派报复洋务派的结果，不如说是岑春煊结党营私的权术和强悍霸气的个人性格所决定的。

然而李准在岑春煊这种又打压又提拔、又排挤又拉拢的谋略下，渐渐变成了一个职业军事将领。岑春煊初来时，李准年方 32 周岁，只是一个半文半武的中层官员。所谓“半武”，不过是派人在几条内河里护航，抓过一些打劫商船的盗贼而已。是岑春煊不由分说逼他走上了军事道路，让他带兵去剿悍匪，打硬仗，斗顽敌，迫使他去与敌方斗智斗勇，这无疑锻炼了他的胆识，也增长了他的军事经验和智慧。这样，李准一路走来，由四江护航到陆地巡防、平定匪患，再到应对各种民变，进而统领广东水师，巡视东沙、西沙诸岛，维护中国海疆和海权，业绩日益扩大，仕途也走向成功。他不仅为保境安民做出贡献，而且成为广东地区最有才能的军事指挥官。所以，差不多可以说李准超卓的将才，是被岑春煊的淫威硬逼出来的，如果说岑春煊像一个严师，那么他用以调教高徒的不是戒尺，而是杀威棒，甚至是屠刀。能够免于被屠宰，真是李准之福。

当然不消说，李准有良好的潜质、极强的办事能力，还有不错的运气。但这同时也与他的个人性格有关。他头脑清醒，审时度势，大事不糊涂，小事不计较，将官位和权力看作身外之物，拿得起放得下，于是在官场可进可退，进则建功立业，退则独善其身。在待人接物上，他心态平和，善于隐忍，韬光养晦。他对岑春煊永远小心周到，执礼甚恭。这些品格，使他往往能化危机于无形，变逆境为顺境。所以岑春煊的屡次打压、整治和排挤并没有给李准带来太多的伤害，而他对李准的举荐和提拔倒成了确定李准一生高度的坐标。在这个意义上，李准真要感谢岑春煊。

也许，在回顾历史的时候，我们应该理性地承认岑春煊是李准的恩公。但在现实中，在情感上，他们分明是冤家。

2020 年 2 月 10 日—14 日

李准与南疆维权

提到广东水师提督李准，人们很自然会想起他在维护我国南海诸岛主权方面的贡献。其实李准作为清末的海军将领，在海防线上需要向西方列强展开维权的事情很多，并不限于南海诸岛。因为南部沿海地区是中外关系的极端敏感地带，当时的周边环境，是日本占据着台湾，英国占据着香港，葡萄牙占据着澳门，而法国占据着越南，这些外国殖民者都试图扩大自己的势力范围，两眼觊觎中国，试图从中国攫取更多的利益。因而这一时期，在两广一带出现过几次西方国家对中国领土、领海的侵权事件，而中国方面的维权，恰恰都与李准有关。

一、西江捕权事件

西江是珠江水系的最大支流，西起梧州，东至佛山，是连接广东和广西两省的重要水上通路。它是中国的内河，原本不涉及中外关系问题。但是1885年中法战争后，清政府和法国谈判，签订了《中法新约》。这个条约的主要内容是清政府承认法国对越南的保护权，但其中也规定了一个条款，要求中国在中越边境地区开放两个通商口岸，以利于法国同中国之间的贸易往来。这个规定引起了英国的攀比心理，他们要求中国按照最惠国待遇，在西江开设通商口岸。1897年，清政府代表李鸿章同英国公使窦纳乐在北京签订《中英续议缅甸条约附款》，附有西江通商的专条，内容是中国同意开辟广西梧州府，广东三水县城、江根圩为通商口岸。于是西江被迫开放，外国商船大量涌入，很多外国货物可以由港澳经西江运往广西，进而转运到贵州和云南。

两广地带多盗匪。自西江开放以后，外国商船在西江遭盗匪劫掠的事情便时有发生。因为商船护航的责任和权力在于中方，所以英方屡屡指责中方缉捕盗匪不力，从通商之初，港督就多次要求派英国军舰协助剿匪，但被中方拒绝。

1906 年农历五月，西江又发生英国商船“西南”号被盗匪抢劫的事件，导致英国商人 2000 银元被劫掠，一名教会医生受重伤。尽管盗匪不久后被广东水师缉捕，但是英方不依不饶，表示要加强中国沿海的军事兵力，并向西江派出兵舰。在双方交涉中，中方坚持拒绝外国军舰进入中国内河，但英方态度越来越强硬。

实际上，英国商船在西江遇袭，至少英方需要承担部分责任。因为护航防盗，这本身就需要双方合作，但英方却对此缺乏诚意。李准统领的广东水师早就订立章程，规定西江通航的过江轮渡、各种客货轮船，到检查站均必须停船听候搜查，目的是稽查私带枪械、弹药的匪徒，但英国船只认为这样有碍航行，自恃张挂洋旗（英国旗），不肯停船候验，即使略为停靠，让兵丁上船搜查，尚未查毕，就急急要求盖章离港。广东水师也曾立下章程，在各码头设立驳艇，所有搭客均须先上驳艇，经逐一搜查后方许可上船，但英国人认为这样做对商轮太不方便，不肯实行。广东水师还提出招募“保商营”，派兵丁随船保护，但英国领事以华人不能随意登上英国船只而拒绝。这样英国商船被劫的问题多年无法解决。其实，不难看出英方的真正意图是谋取派舰巡缉西江的特权，其商船屡次被劫，正给他们提供了口实。

于是，1907 年农历十月，英方借口西江匪多，中方无力缉匪，强行派英舰“摩轩”号、“摩湖”号驶入西江，对沿岸开枪开炮，并对中国船只进行非法检查，一时引起当地民众极大的惊恐和愤慨。

此时李准刚刚被两广总督岑春煊参劾，卸去署理广东水师提督之职。他被降为北海镇总兵，正抱着归隐山林的态度，偏居一隅，休养生息，两耳不闻窗外事。原本沿江缉匪的事情归他负责，而今此事已经划归别人管理，不用他操心。就连当时发生的民变事件“钦廉之乱”，原本该他去派兵弹压，他因为对岑春煊的抵触，也置之不理。

然而就在这时，忽然一道谕旨将岑春煊免职，张人骏担任两广总督。张人骏过去曾任广东巡抚，与李准感情相洽，合作默契。张人骏到任后，以为西江缉捕问题，非李准出面解决不可，于是电奏朝廷明言此事。朝廷回复照准。几个月后，谕旨再下，李准恢复署理广东水师提督职务。[①]

李准受命后首先巡阅西江。他一方面了解现状，一方面考虑对策，同时和英方展开交涉，说明自己对西江缉捕承担责任，要求英国人退出中国内河，不可在此自由行动。但英国人置若罔闻，仍无所顾忌地将兵舰驻留在西江沿岸，丝毫没有退意，不时还开枪扰民，于是群众性的维权开始了。粤商联合会和 60 多所学校

① 参见《李准年谱》，中国文史出版社，2014 年，第 80 页。

组织了商人和学生的集会，向北京发电请愿，这对清朝外务部和广东地方政府都形成了较大的压力。

这时，能否顺利收回西江捕权，关键在李准。

李准觉得，要从根本上解决问题，需要从三个方面入手。

首先是武器装备。他看到这次英国派来的兵舰都是新式的铁甲浅水舰，航速快，战力强，为自己水师的陈旧兵舰所远远不及。若想让英国人退兵，先要加强自己水师的巡航能力。万一双方发生武力对抗，自己也需要有强大的实力。于是他征得总督张人骏的同意，到香港订购了四艘浅水轮。

当时香港报纸报道此事，以为轰动之举，因为这样先进的兵舰，广东一带还从未有过。每一艘“长一百二十尺，每一句钟可行十八海里”，双锅炉，双烟筒，船上有电灯、探照灯、无线电通话设备、新式克虏伯管退炮 1 尊、克虏伯边炮 4 尊、马克沁重机枪 4 尊、丹麦式鲁勒塞机关枪 6 支。报上说“此四艘浅水轮，闻是专为西江而购云”[①]。李准对此颇为看重，他以“大清巩固”为概念，将四舰命名为“江大”“江清”“江巩”“江固”。在他看来，如果最终需要武力驱逐，这些军舰对付英国人是有足够威慑力的。

其次是护航的制度。在不考虑和英国人动武的前提下，当然要做好护航。李准意识到，盗匪之所以猖獗，与护航不到位和以往这方面的规章多有漏洞相关。今后必须对西江实行分段巡缉、分段护航。

---

① 《李准整顿西江缉捕权之布置》，《香港华字日报》，1907 年 12 月 25 日。

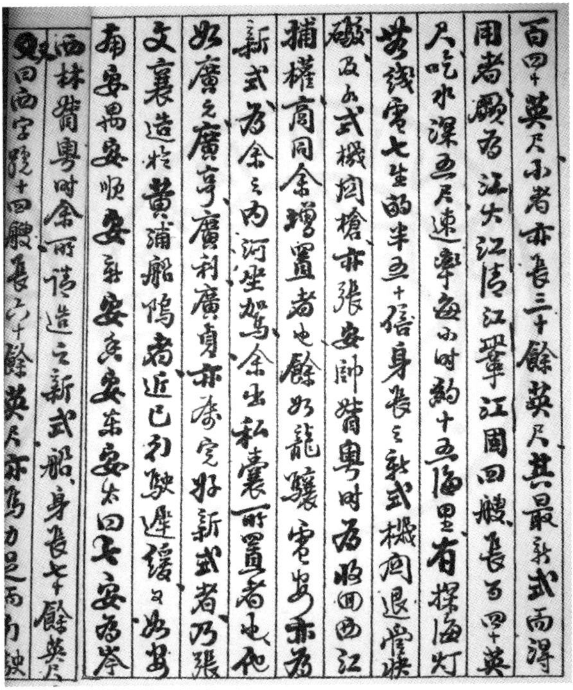
百四十英尺小者亦長三十餘英尺其最新式而得
用者厥為江大江清江鞏江固四艘長百四十英
尺吃水深五尺速率每小時約十五海里有探海灯
並設電七生的半五十倍身長之新式機關退管快
礮及五式機關槍亦張安帥督粵時為收回西江
捕權商同余增置者也餘如龍驤電安亦為
新式為余之內河巡艦余出私囊所置者也他
如廣元廣亨廣利廣貞亦為完好新式者乃張
文襄造於黃埔船塢者近已不駛遲緩如安
南安昌安順安平安東安太四七安為
西林督粵時余所請造之新式船身長七十餘英尺
又回西字號十四艘長六十餘英尺亦為力足而駛

李准谈及购买“江大”“江清”“江巩”“江固”四舰的手稿

李准把原先用以护航的小兵舰集中起来统一编队分配。先将整个西江分为十一段，每一段派四艘小兵舰，分为两组，对开巡缉，每日来往巡缉四次，合共八次。无论在何处遇见商轮需要搜查保护，必须详细报明，以备查核[①]。他还在东江和西江入海处建立了无线电台，以便巡航兵舰相互联络。李准认为，如此密度的护航，或可有效防止盗匪打劫商船。

其三是缉查匪徒的办法。这一条最复杂，关键在于如何对船只实行安检，确保无人携带武器上船。但现在难办的是英国

① 参见《粤东西江缉捕问题》,《申报》, 1908年1月11日，第4版。

人不让华人兵丁上船护航，而安检只能在几个主要码头进行。如果商船沿路停靠拉客，上来的人成分复杂，匪徒假扮搭客，极易逃过安检。于是李准和英国人商定，除了几个设有安检的主要码头，不可停船。英国人的较大的商船的确可以做到，但是仍然有许多小船不听劝阻，为贪图小利而沿江揽载。一查问，才知道这些小船原来都是华人的船只，只是挂了外国国旗而已，即所谓冒挂“洋旗”。李准了解到，西江上挂黄龙旗的船只少之又少，而挂“洋旗”的商船共达七八百艘，其中绝大多数挂英国国旗，少数挂法国或德国国旗，其实这中间，华人的船只占一半以上。

他们挂了“洋旗”之后，身份就变成了外国船只，理论上受外国保护，不受中方人员盘查，而歹徒常常隐身于船中，船行至偏僻处便开始行劫，中国兵丁无从保护。即使中方有兵舰护航，人不登船亦不知船上有劫匪，两船并行也通常仍然相安无事。

为什么华人商船要冒挂“洋旗”？李准查问得知，问题出在理船厅。该厅归税务司管辖，而税务司是英国人控制的，多年来一直如此。理船厅受英国人指挥，处理华、洋事务极不公平。对外国船只开绿灯，而对华人船只则百般刁难。例如给华人船只限速，使其航速只能达到外国船只的 60%~80%，同时收取注册登记费和厘金（税金）都高于外国船只。这样华人商船经营者觉得，即使多花点钱上个外国牌照，因为船可以开得快，多做生意，而且税率低，仍然比挂大清国的黄龙旗有更多的盈利，而且真出了事，还可以向外国领事寻求保护。

李准觉得，必须整顿这种混乱局面。他请总督张人骏照会英国人管辖的税务司，表示如要维持西江秩序，中方必须收回理船厅。英国方面被迫同意，于是李准委派林国祥、刘义宽等几位既懂得船务又懂得驾船的人去管理。

对于理船厅，他要求今后对华人商船统统豁免注册登记费，华人船只和洋人船只一律平等对待，在航速确定、厘金收取、官差收费上不准歧视华人。在此条件下，要求华人船只一律升挂黄龙旗。

他到轮船会公开宣布自己这些新政，立即受到华人船商的欢迎。“不旬日，各江之船尾遍挂黄龙旗矣。”[①]

华人商船挂了黄龙旗以后，李准就可以派兵丁随船保护了。他又在各码头派人检查搭客携带物品中的军火。检查之后，搭客方可登船。随船的兵丁监视该船不准在非指定码头停靠，这样就使劫匪无机可乘，不能登船。

为了有章可循，李准随即制定了《东西北三江整顿捕务章程十条》。他将这个新规转送英国人管辖的粤海关税务司，征求其意见。税务司表示无异议，最后由两广总督张人骏审核，张人骏以为“均属可行”[②]，于是捕务的管理事项尘埃落定。

既然如此，英国军舰便没有理由继续滞留西江了。当时的报刊是这样报道的：

> 英国商船前往西江被劫，致英国借口中国缉捕不力自行派舰一案，自外务部与英使迭次交涉，英使即允电饬驻粤领事转饬各该巡轮即行退出。即所有驻泊梧州之兵轮若干艘于年前相继撤退。其原在封州口至罗定、德庆之鱼雷艇亦已一律撤退，此外在三水河口一带游弋之鱼雷等艇各

---

① 参见《李准年谱》，中国文史出版社，2014年，第84页。

② 参见《西江捕权善后》，《东方杂志》，1908年第5卷第5期，第28页。

先后驶出西江。[①]

如此说来，似乎这只是外交谈判的成果，但如果没有李准推行的西江缉捕新政，没有他订购的四艘新式浅水兵舰，想让英国人无条件撤出是不可能的。

关于这一点，当时的报刊上有文章说，英国人对李准在西江维持航路秩序的能力是充分肯定的，就在退兵之时，英国领事电告总督张人骏："西江事轮已退出，李准能任缉捕之责，请勿易人。"[②]

由此，李准在西江缉捕维权中的作用已经很清楚了。但是学术界似乎没有注意到，这次维权，不仅维护了国家的领土之权，而且维护了中国人的经济权益。自鸦片战争后"五口通商"，我国的海关税务司就长期被外国人把持，在广东西江，税务司控制的理船厅的所作所为严重侵害了华商的经济利益，破坏了华资商业和运输业的运营。限于当时的条件，李准不可能收回全部税务大权，但是他能将理船厅收回自行经营和管理，这已经属于罕见的经济维权之举。

二、"二辰丸"事件

一波未平，一波又起。西江捕权问题尚未处理完毕，又发生了"二辰丸"事件。这个事件的核心，是日本商船"二辰丸"号向澳门非法私运军火，并在中国领海交易。

① 参见《西江捕权善后》，《东方杂志》，1908年第5卷第5期，第28页。

② 参见《申报》，1908年1月27日，第3版。

“二辰丸”号（历史图片）

军火是需要严加管理的，特别是在广东沿海一带。这里匪患丛生，匪徒都掌握先进的武器装备，与官军对抗时，他们的火力甚至比官军的更猛。李准多年来在这里承担缉捕匪徒之责，和当地的土匪、海盗交战多次，每每遭遇恶战，双方多有伤亡。1904 年他抓获的匪首林瓜四，就是终年藏匿在澳门，其匪徒团伙人数众多，自恃武器精良，竟敢和官军公开下战书，约期会战。所以，李准深感军火对社会安全的威胁。他发现香港境内没有盗匪，是因为那里有禁枪制度，于是他在 1906 年曾向两广总督提议在广东禁枪。[①] 但是禁枪的规章仍然只能限制良民而无奈于盗匪，所以他在 1907 年“会商安帅（指两广总督张人骏）严禁军火进口接济匪人，香港总督亦以西江获安

① 《李水提请仿枪照办法》,《申报》, 1906 年 7 月 16 日，第 3 版。

允为严禁”。[①]

可是法例刚刚颁布一个月后，李准就得到派驻香港的侦探报告：“九龙货舱所存之枪炮子弹，全由日本邮船‘二辰丸’运往日本。查为澳门商人谭某、尹某购买。”李准当时便觉蹊跷，因为日本是枪械生产大国，澳门商人为何要从香港买枪械运往日本？其中必然有诈。所以他令侦探跟踪这条船，得知其卸货消息后速报。

腊月二十四、二十五日该船停靠日本某海港。侦探来电报告，军火未卸，原船又开往澳门。据了解，他们准备在澳门外的九洲洋海面卸货，日期定在1908年正月初一，因为他们料想中国官兵过年不办公，可以乘机将军火偷运到澳门，然后再转往中国内地，高价销售给土匪团伙。

于是李准派部将吴敬荣、林国祥等率“宝璧”“广亨”“伏波”“安香”等四艘兵舰于除夕之夜到九洲洋附近洋面抛锚，守株待兔。

果然，大年初一那天的黎明时分，“二辰丸”号如期而至，他们也在附近抛锚。过了一会儿，澳门方向开来一艘小火轮，拖带多只小艇停在“二辰丸”旁，准备卸货。

水师的兵舰迅速赶来，此时“宝璧”号管带（舰长）吴敬荣已邀请到拱北海关税务司的裴式凯，他们一起带人登“二辰丸”盘查。吴敬荣问船主卸何种货，船主出示提货单，吴敬荣一看是军火，便告知这是违禁品，不可卸载。船主称此处是葡萄牙的领海，中国人不能干涉。但我方众人皆称，葡萄牙只是占有澳门土地，并无领海权[②]。吴敬荣重申，那里是中国的洋面，装卸货物，由拱北海关管理。

---

① 《李准年谱》，中国文史出版社，2014年，第80页。

② 1887年中葡签订的不平等条约《中葡和好通商条约》只同意葡萄牙常驻和管理澳门，未涉及领海权。

现在海关的税务司官员在此，不经他们许可，不能卸货。葡萄牙人理屈词穷，正在僵持，忽然从小火轮上来一队葡萄牙士兵，于是他们自恃人多，企图强行卸载。吴敬荣等只能举枪阻止。因为看到“二辰丸”悬挂日本国旗，以为中国兵士与葡萄牙兵士开战，不可在日本国旗之下，于是将日本国旗扯下，换成清朝的黄龙旗。葡萄牙人见自己被中国四艘兵舰包围，最终胆怯，只好退兵。

下面该怎么办？部将林国祥和拱北海关税务司的裴式凯商量，按照中国的相关法律，应将日船依法拘留，船上的军火没收充公。于是，他们要求“二辰丸”驶入虎门内的淡水河抛锚，将日本船主交给日本领事看管。然后从船上起出毛瑟步枪 6000 只，子弹 600 万发，小炮 6 门。①

管带吴敬荣

船只被扣留后，最初双方都没有引起太大的重视。两广总督张人骏向北京外务部报告，答复是按例处理，不需照会日本。的确，过去也曾有英国商船走私军火在琼州海面被缉拿最终货品充公的情况，这次应可循例办理。② 同时，有报纸披露“李提督（李准）已与日葡两领交涉，日领答以须彻查来历，未例遽允充公”，即是说，日本官方最初

① 从“二辰丸”上起出的军火数字，各种史料所载皆有不同，这里采用李准的记述。有关扣留“二辰丸”的过程，参见《李准年谱》，中国文史出版社，2014 年，第 81—82 页、第 159 页。

② 《张人骏家书日记》，中国文史出版社，1993 年，第 118 页。

的态度，只是说要彻查后再定，并无激烈反应。但是，日本商人恶人先告状，使情况急转直下。总督张人骏认为：

> 日领贪奸人之赂，大张其事，谎报该国政府，其意以为一经恫吓，我国必将船械一齐释放。[①]

于是日本公使蛮横无理地向中国提出五项条件，内容有：

1. 对撤下日本国旗，中方应派兵舰鸣炮以致歉；
2. 即时放行“二辰丸”；
3. 由中国政府购买该批军火，定价日金二万一千四百元；
4. 严惩有关官员，署理水师提督李准和“宝璧”号管带吴敬荣应撤职；
5. 赔偿日舰被扣押造成的经济损失。

对这些条件，中方的谈判代表张人骏坚决不允，毫不妥协，对日本人的强词夺理加以严词驳斥。“我之坚持，令日方颇感意外。”[②] 于是日方从台湾调遣“吾妻”号等军舰到广东沿海以示威胁，并扬言开战。清政府为了息事宁人，让外务部尚书袁世凯出面，经过草草的商谈，就按照日方的主要诉求，把协议签了下来，承诺中方将会放船、惩官、道歉、赔钱、收购军火。

道歉如何进行？因为吴敬荣扯下了日本国旗，所以日方要求日船升旗时，中国军舰鸣炮 21 响致敬。这对中国军人来说是极大的屈辱，但是李准须奉命率舰执行。

---

① 《张人骏家书日记》，中国文史出版社，1993 年，第 118 页。

② 同上。

李准如此记录这一天的情景：

执行之日，余率各员亲至淡水河，各界人士往参观者数百人。日领事及日本商人、船员则至‘二辰丸’上升日本国旗，放礼炮二十一门。日人欢声雷动，我船之人多有痛哭失声者。

可以想见他此时难过的心情，但他在这段话后又加了一句：

然从此抵制日货之风潮遍于中国矣。[1]

的确，在中国现代史上，抵制日货运动断断续续超过一个世纪，有时声势颇为浩大，对日本经济不无打击，其源头就在“二辰丸”事件上。首先是广州各界闻知日本人在此事件中的蛮横无理，群情激愤，便开始谋划抵制日货。

三月十六日，粤商自治会组织商民在总督府门前请愿，参加者达 1000 人之多。他们认为“二辰丸”案如此了结，不仅主权尽失，而且会造成盗贼持军火肆意横行，以致粤人生命财产不保。“粤商自治会遍布传单，定于十八日大集会，议定以释放“二辰丸”之日二月十七日为国耻大纪念日，并调查所有日本输入中国之商品。”[2] 从此，抵制日货便形成势头。

此后上海商界首先响应，接着广州、顺德、郁林、乐从、江门、佛山、梧州、金陵、香港、澳门、旧金山、南洋各地都举行了国

---

① 《李准年谱》，中国文史出版社，2014 年，第 82 页。

② 《大同报》，1908 年，第 9 卷第 7 期，第 30 页。

耻纪念大会，力倡抵制日货，可谓群众运动风起云涌。

日本官方对于中国这场群众运动显得有些气急败坏。他们慌忙给中国政府施压，要求中国当局出面平息事端，同时要求中国追究组织策划者的责任。当时报纸上有一文题为《日使请责李准》，内容是日本驻中国大使林权助照会中国外务部，说李准在广东暗中煽动排斥日货。[①]至于李准是否参与其事，我们找不到其他证据。其本人的回忆录并未谈及他在其中的作为。但是，他以“抵制日货起，民气益纵横”[②]这两句诗来形容这次运动，表明他对此不仅支持，而且感到振奋。他心里对日本的霸道有股恶气，这是肯定的。

迫于抵制日货运动的压力，中日有关“二辰丸”的协议事实上没有完整履行。有学者看到这份协议，就认为中方在“二辰丸”事件中是“完败”，此事是中国近代外交史上的一大败笔，其实这是不客观的。虽然中方并未能按照自订的规章将走私武器没收充公，而是将它们作价购买，但这毕竟阻止了走私的军火向中国内地输送，制止了一场非法交易，也算维护了中国海关权益。而且，李准未受责罚[③]，吴敬荣也未遭处分，因为在总督张人骏看来，“吴敬荣办理并未错误”[④]。此外，日本商船在中国扣留期间的经济

---

① 参见《日使请责李准》，《申报》，1908 年 5 月 12 日，第 5 版。

② 《李准年谱》，中国文史出版社，2014 年，第 159 页。

③ 李准的长子李景武在《清末民初官场琐记——李景武回忆录》第 43 页说李准因“二辰丸”事件被罚三个月俸禄，因李准本人回忆未曾提及，且无其他史料作为旁证，不足为据。

④ 《张人骏家书日记》，中国文史出版社，1993 年，第 118 页。

损失，也并未由中方赔偿。[①] 在这些方面，显然日本最终都做了让步。

当然这与中国抵制日货的民意有关，也与西方国家在此事上对日本多作谴责有关。日本政府是欺软怕硬的，张人骏就认为，是清朝外务部急于了结此案，匆匆签下协议，“稍失之弱，诚亦有不得已之苦衷”，“当时若能再支持数日，则结果必较此为胜也”。[②]

另一方面，我们应该看到日本政府的强硬也是其内部压力所致。甲午战争时期曾担任过日本驻中国公使的林董在自己的日记中就记录了当时日本的西园寺内阁受到国内舆情影响的情况。毕竟吴敬荣扯下日本国旗，在日本激起极端化的民族情绪并不奇怪。西园寺内阁的态度必然会表达出这种情绪。不过他们也有理性的一面，即试图“统筹全局，以和平手段处理此案”，因此，他们并没有强迫中国履行全部合约条款，而且在“日政府本已颁布了关于军火赴华之章程”的基础上，“至是并允禁止军火赴厦门（厦门应为澳门之笔误）”[③]。这也可以看作是日本对中国所做的妥协，相当于承诺今后不允许同类事件再发生，在某种意义上可以理解

① 《张人骏家书日记》，中国文史出版社，1993 年，第 124 页。张人骏写道：“外部所议，本有酌量赔偿之说，日领事前月来此试探，言接其政府来函已久，因抵制正甚，未敢轻出，意欲我择可认者酌认一二。后见我语气颇坚，遂未深说，至今亦未照会。”《李准年谱》第 82 页言及此事，有“船货亦不充公，亦不索赔偿”之语。

② 同上书，第 113 页。

③ 《林董氏之日记：“二辰丸”之交涉》，《华侨杂志》，1913 年，第 2 期，第 152—153 页。

为日方纠错的态度。但这一条，似乎被以往的学术界忽略了。

至于如何看待中日在“二辰丸”事件上的得失，抵制日货运动兴起以后，张人骏有如下评价：

> 粤东民气团结，环球公论，皆我是而彼非，日本商务大受其累，全国皆有悔心。我虽表面吃亏，而名誉获益甚大，则亦未尝不值也。①

除了“全国皆有悔心”一句以外，说得不无道理。

三、澳门疏浚事件

疏浚，简单说就是挖掘河底或海底淤泥，以疏通航道。清末澳门的疏浚，关系到葡萄牙在澳门水域的管辖权问题。中葡在这个问题上的争议，是由“二辰丸”事件引发的，事情可谓一环连着一环。

前文讲到，1908 年日本商船“二辰丸”号偷运军火驶向澳门，在九洲洋海面卸货，被李准派广东水师扣留。当时日本船主就声称那里是葡萄牙的领海，被吴敬荣等我方官兵严词驳斥，告知对方葡萄牙在此水域无领海权。后来在中日有关“二辰丸”事件的交涉中，日本和葡萄牙公使又串通一气，坚称九洲洋海面属葡萄牙管辖，试图以此逃避中国制裁。此事使清政府感到关于澳门的边界问题，需要和葡萄牙人谈清楚。

---

① 《张人骏家书日记》，中国文史出版社，1993 年，第 116 页。

澳门莲峰庙是 1839 年林则徐巡阅澳门接见澳门官员的地方

其实吴敬荣等人所讲的话，代表中国政府历来的立场和观点。

澳门原属广东香山县。16 世纪以来，葡萄牙人进入澳门，最初只是“租客”的身份，在澳门半岛上租用一小块地方，用围墙圈起来。他们每年向明朝政府（后来是清朝政府）缴纳 500 两白银作为地租，持续缴纳了 270 年，直到鸦片战争爆发。1839 年，钦差大臣林则徐和两广总督邓廷桢还按惯例巡阅澳门，表明中国对澳门实际拥有主权。

由于清政府与英国签订《南京条约》割让了香港，葡萄牙便开始动了占领澳门的念头。他们向清政府要求豁免地租银，且由葡萄牙军队驻防澳门半岛。1845 年，葡萄牙女王玛丽亚二世索性单方面宣布澳门为自由港，大模大样地反客为主，并开始拆毁围墙，占领许多村庄，修建炮台，特别是在 1849 年到 1864 年间陆续侵占了氹仔和路环两岛。

对此，清政府交涉无效，便听之任之。直到 1887 年，才开始设法以外交手段对葡萄牙人管辖澳门加以规范和限制。这一年，两广总督张之洞代表清政府与葡萄牙商议签订《中葡和好通商条约》，同意葡萄牙永居管理澳门。不过，张之洞试图对他们的管辖地界做一个清晰的规定。他把澳门地界分为陆界和水界两个部分。陆界方面以明代修建的围墙为界，不可超越；水界方面，所有水道准其船只往来，不得援引国际公法主张水域的权利。但是这些内容，因为谈判中争议较大，最后只能搁置起来，双方约定暂时保持现状，留待将来勘定之后再确定边界问题。[①]

这样可以说，中国方面从来没有同意葡萄牙在澳门拥有领海权。

但葡萄牙人不甘心保持现状，他们在陆地上、海面上总是明里暗里扩张，侵犯中国的领土、领海主权。

早期的澳门围墙

1904 年，李准的水师兵士在澳门对面的香山县横琴岛上搜捕

① 参见黄鸿钊：《清末民初中葡关于澳门的交涉和新约的签订》，《中国边疆史地研究》，1999 年第 2 期。

逃窜的海盗匪首林瓜四，却受到葡萄牙警察的阻拦，他们竟然声称我方人员越境抓人，自称已经管辖此地数十年，中国当局从未过问。李准曾将此事报告两广总督，请清政府外务部照会葡萄牙政府，使其退出横琴岛。

事实上，葡萄牙人在澳门的扩张行为一天都没有停止过。香山一带民众对此深恶痛绝。“二辰丸”事件的发生，使民众的反葡情绪进一步高涨。乡绅们组织成立勘界维持会，敦请清政府尽早派人到澳门勘界，收回被葡萄牙私占的土地。

清政府回应民众的请愿，决定派外务部侍郎高而谦与葡萄牙代表马沙铎于1909年农历五月开始勘界谈判。但是，一开场，马沙铎就提出咄咄逼人的条件，要求扩张的陆地面积，大约相当于葡萄牙人登陆之初所建围墙内面积的30倍，而且还要求控制相邻的全部水域。

消息传出，舆论哗然。谈判进行中，香山勘界维持会便给朝廷军机处发来急电：

> 澳界议案，葡索五款[①]，香山南境，水路尽失，旧占不还，复增新占，居民愤恨，誓将死争，乞电粤督、高使峻拒勿让。[②]

此事不仅在国内造成极大震动，而且波及海外。当时报刊也有如下报道：

---

① 指葡方代表提出的五项要求。

② 《香山勘界维持会上军机处及外部电》，《华商联合报》，1909年第17期，第64页。

> 自澳东勘界之事出现，旅美华侨甚为注意，常与香港勘界维持会通信。近知高大臣已在粤与葡开议，于是一般华侨均恐当局一念之疏损失疆土，爰联合团体，由各埠商团或会馆出名电告粤省大吏及高使与外务部，络绎不绝。据《旧金山华字日报》所登不下数十电。华侨爱国之心可云胜矣。[①]

这样的民意舆论，使清政府无法再妥协。高而谦在答复马沙铎时便说“此处土地诚不足宝重”，只是民众不允，“若葡国过占便宜，中国吃亏太多，便恐永无相安之日”，“惟民情实不能不愿，如有后患，岂为两国之福？”他终究是惮于民怨沸腾，没敢同意割让更多土地。至于水域的管理，他表示：“至于贵使要挟附近海岛为水界一节，尤难允让。”[②]

这样，两国勘界未达成任何成果。

葡澳当局就是在这样的背景下开始了从内河到外海的疏浚工程，实际目的当然是企图“由海及陆”，通过“以海定陆”的方法取得澳门对面九洲洋的控制权。这项工程始于1908年。他们采取的办法是，在已经疏浚的海面设置浮标，表示该段水域为葡萄牙所占有。因为香山一带民众强力反对这种明修栈道、暗度陈仓地侵占中国领海的行为，所以工程曾几度停滞。

1911年农历三月，澳葡当局再次大张旗鼓地开始疏浚，为阻

---

① 《澳门勘界之风潮涌起华侨血性》,《华商联合报》，1909年第16期，第23—24页。

② 《澳门勘界案末次会议情形》(附中葡两使演说词),《东方杂志》1909年第6卷第12期，第439—443页。

止民众反对，他们派出两艘军舰进行掩护，强行开工。六月初，葡萄牙又同香港一家英国商号订立合同，请英国公司承包疏浚工程。这样扯进了英国，使问题更加复杂化。民众眼睁睁地看着葡萄牙对澳门附近中国领海的蚕食就要成为事实，心急如焚。

香山勘界维持会得知英国人主持的疏浚工程将于农历六月初六日（公历7月1日）动工，他们上书李准，希望李准能促请清政府出面照会葡萄牙，阻止这一工程的展开。

早期澳门海滨

此时，李准正与四年前被免署理水师提督时一样，又一次处在极度消极的思想状态中。同盟会发动“三二九”起义之后，两广总督张鸣岐担心他串通革命党人，对他疑心更重，嫉恨更深，进一步剥夺他的兵权，迫使他被日益边缘化，坐上冷板凳。他因对张鸣岐不满，正在思考如何退出江湖。一段时间以来，他对清乡、缉匪之事能推就推，能躲就躲，不想再过问政情。但是这一次，接到香山乡民的禀文，他感到此系涉及国家主权的大事，不能等闲视之。

李准在六月初五日致电函给张鸣岐，附带香山勘界维持会的原禀文，向张鸣岐告急。他希望张鸣岐以中葡原有的旧约为凭，火速阻止葡澳当局的行动。

信中说：“澳界未定，之前彼此两国一切皆暂仍其旧，不得有所增加，此系我国与葡国约定之说，自应彼此遵守。”但葡萄牙人强行疏浚必然造成严重后果。

> 此事与界务极有关系，海为所浚，则地必为其所有，将来划界难再争。香山民心因划界事已极骚动，若竟浚海，恐生意外之事。且来禀言，浚海之后，二十余里之海面断无收回之望，其说亦极中肯，似不能置之不问。[①]

张鸣岐作为朝臣虽是奸佞之徒，但在国家主权问题上，他也懂得封疆大吏不可丢失寸土。所以他一面派员到澳门交涉，一面开始调兵遣将，做好了软硬两手的准备。

起初，葡澳当局自恃有兵舰掩护，对中方的交涉并不理会。于是李准令广东水师派出四艘军舰，在九洲洋海面与葡萄牙兵舰对峙。张鸣岐又调集新军1000多名官兵驻扎在澳门边界附近，严阵以待。大约一个月后，葡澳当局感到无力与中方武力对抗，遂停止疏浚。

这个事件不大，但是它发生在1911年清朝覆灭前的几个月，成为那个黑暗时代里难得的亮点。它也可以算作屡战屡败的中国

① 《葡人强浚河道至紧急交涉》,《申报》, 1911年7月10日，第10版。

近代外交史上少有的胜利之一。

自鸦片战争以来，由于国力羸弱，清政府面对西方列强的步步紧逼，只是一再妥协退让，导致丧权辱国之事接连发生，领土被蚕食，资财被掠夺，民众饱受欺凌。在这样的历史环境里，李准能够坚持以有理有利为原则，当仁不让，寸土必争，在西江捕权事件、“二辰丸”事件、澳门疏浚事件中尽力为中国维权，不仅顺应了中国民众的意愿，维护了中国的主权尊严，而且显示出了一种勇于担当、敢于亮剑的精神，这是十分难能可贵的。

2020 年 2 月 22 日—25 日

浊者固浊，清者自清

——腐败官场上的李准

李准作为末任广东水师提督，他为官的时代，正是官场极度腐败的清朝末年。古人云，近朱者赤，近墨者黑。置身于这样的大环境，犹如常在河边走，难免会湿鞋。官员要想“举世皆浊我独清”，肯定绝难做到。但是做人要有底线，雷池万不可越，正派的官员也会有自己的原则。

官场腐败，在中国封建时代可谓自古皆然，但尤以清代为甚。“三年清知府，十万雪花银”这句话，一点也没错。乾隆年间最著名的贪官和珅的家产达 8 亿两白银，大约相当于国家 15 年财政收入的总和。1901 年八国联军侵华后，和清政府订立《辛丑条约》，要求中国赔偿白银 4 亿 5000 万两，是为“庚子赔款”，这笔钱压得清政府透不过气，需要分 39 年才能还清，然而和珅一人的财产，竟然将近可以偿还两次。

和珅这样的贪官是个例，但官员贪污是极普遍的情况。至于李准任职的广东，贪腐之风盛行，可以说是全国最烈。1903 年岑春煊初任两广总督，就发现“粤省为多宝之乡，官吏有求，俯拾即是，以故贿赂公行，毫不为异”[①]。章士钊在《孤桐杂记》里也说：

---

① 岑春煊：《乐斋漫笔崇陵传信录（外二种）》，《近代史料笔记丛刊》，中华书局，2007 年，第 24 页。

"粤人好赂，自古亦然。西林（按：指岑春煊）言，粤人之赂，均明白致之，号曰'公礼'①。与人计事，以不收公礼为无诚意。"② 这意思是说，不送礼就办不成事。官场腐败到这种程度，的确触目惊心。

晚清官场何以至此，恐怕是与卖官鬻爵的制度相关。中国古代，要做官，通过科举自然是正途，但捐班也是另外一条路。有钱人的子弟可以通过向朝廷纳捐而得到官职，从九品一直到四品均可，视捐纳数额而定，不过捐来的只是官衔，并非实职，要任实职，通常要有人保举。这本是自古皆然的惯例，但清代从太平天国之乱以后，特别风行。原因是此时国库空虚，只有大肆卖官，方可解财政收入之危机。当然，朝廷赈灾募捐，款项用于救灾济民或兴办实业，似也无可厚非，然而此风一长，私相授受不可避免，各级官员通过保官荐官从中渔利，收受贿赂者甚多。极端的例子如广东海关的库书（记账员）周荣曜以贪污的公款向庆亲王奕劻行贿后，竟被直接提拔为大清国驻比利时大使，可谓有钱能使鬼推磨。

其实李准最初进入仕途，也是通过捐班。1895 年，他父亲李征庸见他三次乡试都未能中举，便为他捐了个同知（正五品）。不过，他后来做到从一品的广东水师提督，全靠自己创造的政绩。他的确是一步一个脚印，扎扎实实地走上来的，不仅没有私下买官鬻爵，而且和捐纳也是无关的。

他的第一个恩师，可以说是张之洞。而他做的第一件差事，

---

① "公礼"是当时广东的商绅托请官员办事时赠送的礼物。

② 章士钊：《孤桐杂记》，《中国近代史上的关键人物（上下）》，百花文艺出版社，2000 年，第 767 页。

便是募集捐款。当时张之洞任湖广总督，先后开办人称“汉冶萍”工业的汉阳铁厂、大冶铁矿和萍乡煤矿，以致手里资金不足。正好李征庸介绍李准给张之洞当差，张之洞就让他通过募捐筹集两湖的建设经费。

李准分析了当时的情况，觉得过去人们劝捐，总是收入无多，那是因为民众不知捐纳对于自己其实是有好处的，诸如可以当官或得到各种封赏。所以他将朝廷的“捐例”加以公开并作解释，甚至印成小册子发给人看，使大家了解自己的捐款与官府回报的对应关系，明码标价多少数额的白银能够换取何种官职或何种奖励，于是响应者便多了起来。尤其是在他父亲曾担任过知县的广东沿海几个县募捐时，还有不少人怀着对其父的感戴之心踊跃认捐。这样第一个月他就筹到 10 万两白银，以后接着每月都是 10 万两白银，使张之洞大为惊奇和赞叹，也十分欣喜。第二年，张之洞就因为他能接济巨款，向朝廷专折保奏他，还在折子中对他加了这样的十六字考语，“才具优良，志趣坚定，实心任事，历久不渝”，并请以知府补用。知府为从四品，比起他捐的同知高了一级，朝廷照准。

此后一两年，李准又先后到四川、直隶、安徽、江苏等地筹募捐款，均满载而归。1899 年，张之洞、安徽巡抚王之春和两江总督刘坤一分别上奏，以李准劝捐劳绩显著，又保荐他升为正四品的道员，李准再次获得朝廷认可。

作为李准的世伯，张之洞不仅诚心诚意地向朝廷推举和保荐李准，而且也以自己的官场经验对他耳提面命，悉心指导，甚至是密授机宜。更多的不说，有一件小事很有意思。

1905 年，李准被两广总督岑春煊和巡抚张人骏引荐，要到北京接受慈禧太后的召见，路过武汉时拜访张之洞。

一见面，张之洞就问李准：“你随身带去多少银两？”

李准说：“有 5 万两吧。”

张之洞说：“不够不够，至少得加一倍，如果你带得不足，先从我这里拿 5 万两去用吧。现在朝里小人当政，太后左右都是贪财之辈，特别是大太监李莲英。这些人你不打点，他们就找你麻烦。”

李准解释说，自己历年办理捐务，在北京有一家名叫“源来丰润”的银行，经常有业务往来，钱不够了，他们可以接济，不必请老伯费心了。

张之洞便说：“那我教教你为官之道。一个人要会用钱，钱要用在刀刃上才有力量。小人莫不贪财，连太后也不免贪财，她手下的人要钱也难怪了。贤侄到京，身上要携带各种不同数目的庄票[①]，由一千两到一万两不等，用的时候，出手要大方。他们会开口向你说出数目，你不可以还价，照给就是，也不必多于他们开口的要价，记住了。”

张之洞说，开始自己也不懂规矩，但有一次亲身经历让他长见识了。

他说自己曾经进贡给太后一面丈二长、六尺宽的“红毛”穿衣镜[②]，送进宫门时，李莲英说：“张大人，您进贡的镜子真不错呀。可是有一样，镜面裂开一道大缝，怎么往宫里抬呢？”

张之洞顿时大吃一惊。刚刚看着还好好的，谁给它弄裂了呢？

李莲英这时笑说：“张大人，您是清官，咱们知道。但是贡

① 庄票即今日之旅行支票，空白的，可以临时填入收款者姓名。

② 穿衣镜就是玻璃镜子，“红毛”是当时中国人对西洋人的称呼。

品如果是破损的，拿进来，那可是大不敬呀。这样吧，您赏给孩子们[①]一点儿点心钱，我让他们给您拾掇拾掇[②]，也就没事了。让他们马上修理，别让太后看出来，不就过去了吗？您给一万两银子吧。”

上来就狮子大开口。但张之洞无奈，只好从衣袋里取了两张5000两的银票交给李莲英。张之洞一脸的不高兴，李莲英大概也看得出，但是他仍然和颜悦色，还说：“如果张大人带的庄票不够，咱们是自己人，我替您垫上就是了。”

张之洞又对李准说：“他居然还对我露出关心的神色，这种小人有多可怕，你一定要当心。贤侄的地位不及我，可要谨慎应付。”

张之洞继续讲道：“银票刚过手，李莲英便说：‘张大人，您回头瞧。’嘿，他真会变戏法，‘红毛’穿衣镜转眼之间又天衣无缝了。”

原来，是他们搞鬼，用口水把一股细细的白马尾粘在镜子表面，看起来就像一道裂缝。收到银票后，李莲英示意，那小太监把马尾一揭，镜子自然恢复原状。

毕竟，“红毛”国家进口的镜子还是稀罕物。慈禧太后出来时，看到这面巨大明亮的穿衣镜，十分开心，并大为赞赏。然后就大加赏赐，所赏的远远不止一万两。张之洞笑说：“看来我还得感激那小人呢。”

张之洞的经历，算是给李准上了一课。他懂得了某些官场的游戏规则，知道有些小人不能得罪，因为自己和他们消耗不起，万一受他们陷害，更是不值。所以他后来在官场上，总能明哲保身，避免给自己招灾惹祸。

---

① 指李莲英手下的小太监。

② 北京话修理的意思。

就拿每每在堂前显示淫威的两广总督岑春煊来说，尽管这是一位有“屠官”声名的酷吏，常常对李准心怀恶意，使李准“畏岑如虎狼，如蛇蝎也”[①]，但他对岑春煊永远谦恭礼让，甚至是关心备至。岑春煊在晚清政坛上是以廉政闻名的，曾公开表示拒收“公礼”，但是李准联络感情的“私礼”照常馈赠，哪怕是在岑春煊离任以后。1906年岑春煊调任云贵总督不久，曾到香港暂住，当时报纸文章说李准“着人回省探购大蛇数十尾以饷岑督。盖相传蛇之电力甚猛，可以祛风寒，起痼病。水提[②]以岑督积劳成病，正欲赴沪就医，故以此相饷，可冀勿药有喜也”[③]。及至岑春煊到了上海，李准更是礼品“无月不至。赠送马匹、食物、水果、火腿、蛇胆酒之属，一月至少一二次”[④]。虽然此时岑春煊已赋闲养病，但李准对他的“孝敬”一如既往。这可以看作李准有意示好以便化解矛盾，目的是防止岑春煊将来东山再起时加害于他，显示出他在官场上的圆通和老到。

李准为官之难，也由此可见一斑。他一方面要防官场上的对手和小人陷害，另一方面自己又渴望建功立业、报效国家。如何协调这种复杂的人际关系？是不是要遵守一些潜规则？这方面的史料不多，有些判断要靠推理。我们不能设想李准“出淤泥而不染”，因为在那个具体的历史环境中，这是不现实的。但凡事有个分寸，值得我们关注的是他的分寸在哪里。

李准的人生价值观深受其父影响。父亲李征庸是晚清光绪

---

① 《李准年谱》，中国文史出版社，2014年，第157页。

② 指署理水师提督李准。

③ 《李水提以蛇饷岑督》，《香港华字日报》，1906年11月19日。

④ 《李准年谱》，中国文史出版社，2014年，第74页。

三年（1877年）进士，自己办过实业，也做过官，人生阅历丰富，李准对他非常尊敬。他去世得早，但他留下了两句话，令李准铭记终生。

第一句话是“要差可当，优差不可当”。意思是说，要勤奋做事，可做艰巨而重要的工作，而不可养尊处优。这里所谓“优差”，是出力不多而拿钱不少的差事。如此说，当然包含了“不义之财君莫取”的意思。

第二句话是“宁为红人，勿为私人”。“红人”是被朝廷重用的人，意味着要做对国家有意义的事。“私人”则是为某个人（包括为自己）谋求利益的人。

这两句话成为李准的座右铭。他懂得，“要差”“红人”和“优差”“私人”的身份并不是一成不变的，所以后来当他经过努力而成为前者的时候，就一直设法避免变成后者。当然，也不需讳言，在那个腐败的时代，李准作为旧军人，难免也会沾染某些不良习气，例如有人说他“拥兵自重”“恃宠而骄”“用人失当”“治军不严”等，这些恐怕都在所难免，甚至他还嗜赌成瘾，晚年竟然因赌致贫。但无论如何，他毕竟有“不当优差”和“勿为私人”的操守，至少行贿的事他不肯做，贪污与他不沾边。

他的长子李景武在回忆录中有这样一文，题目是《我父几乎要由水师提督调山东巡抚》。文中说1906年，庆亲王奕劻赏识李准的才能，想保举他担任山东巡抚。对李准来说，这是个好消息。中国自古以来重文轻武，巡抚为一省之长，下统藩、臬二司（即布政使和按察使），可以管理经济建设，兴办实业，这些李准是有兴趣的。何况他本是文人，做文职官员对他吸引力更大。他有意前往，但是庆亲王是晚清最大的贪官，真像张之洞所说，他勒索贿银，是公开要价的。他告诉李准，交 5 万两白银，此事可成。这钱数目虽大，但对李准来说完全可以负担，因为他父亲早年在家乡开矿建厂，有家产以为后援。过去父亲和他至少三次以家产捐款救灾救难，或者兴学办教育，皆受到朝廷传旨嘉奖，赏给顶戴花翎之类。但是这一次面对庆亲王，他拒绝了。他表示自己从来不花钱买官。据说如此一来，还把庆亲王得罪了。①

再说李准不贪污。这听起来似乎不算什么优点，其实不然。因为李准多年来一直处在极为便于私吞公款的岗位上，在普遍贪污的环境下，他未随波逐流，已属不易。

1899 年他承包广东省厘金局（相当于税务局），约定一年包缴 400 万两白银的厘金，并立下军令状，完不成便自行赔付。在此之前，该局一年收缴的厘金只有 100 多万两白银。此乃是因为过去厘金局除了冗员当差、人浮于事以外，更严重的问题是大小官员截留税款，中饱私囊。所以他到任后厉行改革，裁撤更换人员，堵塞了诸多造成贪腐的漏洞，于是当年收取厘金就达到 430 多万两白银。后来岑春煊任两广总督时，严办贪官，他曾怀疑李准在厘金局总办这个“肥缺”上一定贪污不少，但当时的藩司为李准辩护，说如果他贪污，厘金怎么会增长这么多。② 其实，李准在厘金局的业绩，正是反贪的结果。

李准经手的公款，还有两笔特殊的银钱，一是赌饷，二是花红。

---

① 参见李景武：《我父几乎要由水师提督调山东巡抚》，《清末民初官场琐记——李景武回忆录》，台湾善同文教基金会，2014 年，第 83—84 页。

② 参见《李准年谱》，中国文史出版社，2014 年，第 50—51 页。

赌饷是对聚众赌博征收的税金。晚清时期，广东地区赌风盛行，弥漫一时。当时的报刊有这样的报道：

> 今自城郭、市镇以至荒村僻壤，无不有赌具。赌不择地，神祠、社庙皆赌场也；赌不择人，兄弟、亲戚皆赌友也；赌不择物，凡可以较胜负者，皆赌具也。由小以至大，由富以至贫，由晨以至夕，无老无幼，无贵无贱，无男无女，无智无愚，大都以赌为生，以赌为乐。①

赌博成了人们的基本生活方式之一，全民皆赌，景象实在可怕。

广东的赌博，玩法有多种，其中影响较大的是名叫“围姓”的一种赌局。一开始它只是一种文人的游戏，内容是竞猜科举考试中名列榜首的考生姓氏，或院试中的头名，或乡试中的头名。竞猜时还会设定赔率，凡押中某个在两广地区罕有姓氏的，赔率就高，押中张、王、李、赵、刘、陈等流行姓氏的，赔率就低，两者间可以相差上万倍。

另一种极流行的赌博玩法叫“番摊”。这实际是一种猜豆子数量的游戏。每局有 4 人参与。有一个庄家抓一把豆子放在桌上，然后用一个碗随机盖上部分；参与者竞猜这堆豆子的数量用 4 除后余数为多少，并且下赌注。下注后，庄家即翻开碗，4 颗一组计算豆子的颗数，直到少于或等于 4 颗为止。最后剩下的，可能是 1、2、3、4 中的任一数字，押中的就是赢家。庄家在每个赢注中抽取 2.5%，算是他的回报。

---

① 《〈申报〉广东资料选辑》第 1 辑第 251 页，转引自周国平《广东赌饷探析》，《广东文史志》，2001 年第 3 期。

清末广东的“番摊”赌坊

这些游戏类似于今日的赌球，极易普及，所以不仅吸引大众，就连李准的父亲李征庸这种做官的文人，也都参与进去了。据说李征庸为了“围姓”，一年都要花去数万两白花花的银子。好在他在家乡有实业，不差钱。

因为太平天国之乱造成了各省财政困顿，广东亦然，所以为弥补资金之不足，广东便着手寻找新的的生财之道，而找到的就是开征赌饷。最初数量不多，1860 年的赌饷收入仅为白银 6 万~7 万两，但到 1893 年就达到了 68 万两，占到广东年度财政收入的 17.1%，而 1910 年更是达到了 440 多万两[①]。

这笔钱做什么用呢？除了用于地方财政，也用于军事。1900 年，当时的两广总督李鸿章以筹措“海防经费”为名，对原本不征税的“番摊”加征赌饷。用于海防的钱来了，作为署理水师提

---

① 参见广东省地方志编委会编《广东省志·税务志》等，转引自周国平《广东赌饷探析》，《广东文史志》，2001 年第 3 期。

督的李准当然要经手。但钱又归海防善后局管理，因而十分混乱。征收事务是委托商办的，然而官商勾结，共同庇赌，官吏从中收取赌博规费已成定例，就连兵丁、差役亦有好处，一片乌烟瘴气。当然这些事李准不会参与，也不归他处理，他只管花钱，这里且看他花钱的选择和分寸。

1907 年，因为广东西江出现盗匪袭击了英国货船，英国政府借口护航，将军舰开进西江，不仅开枪开炮扰民，而且还肆意盘查中国货船，引起民众公愤。李准为了收回西江捕权，需要派船承担护航责任，于是在香港订造了四艘内河兵舰，分别名曰“江大”“江清”“江巩”“江固”。这些浅水快艇时速可达 18 海里，双锅炉、双烟囱，具有探海灯、无线电等设备，配有各种新式枪炮，其先进性甚至超过英国闯入西江的舰艇。就是在这些兵舰到来后，英国人再找不到借口，只得撤离西江，中国成功收回西江捕权。而这四艘军舰，就是用赌饷购买的。

然而，差不多与此同时，李准作为海军统领，要亲自到西江等内河巡视，也需要一艘“座驾”，但他不肯使用善后局拨来的赌饷，而自解私囊，建造了一艘船身长 120 余尺，吃水 4 尺，速度可达每小时 12 海里的军舰，并命名为“龙骧”号。这事显示出了他的一种精神“洁癖”，想要尽可能与不洁的银钱划清界限。

1909 年底，袁树勋接任两广总督。他到任前曾被告知，广东水师军费过高，应大力压缩。所以初来乍到，他就要求李准裁撤绿营和防营[①]，以节省 500 万两白银军费。防营是李准亲手所建，总数有百营之多，他不但不同意裁撤，还要增加。袁树勋不解，说：“朝

① 绿营是清代由汉人编成的分驻在地方的武装力量。防营是维持地方秩序的军队，类似今日之武警。

廷裁绿营，是为了节省资金扩建新军，你裁了绿营而增加防营，岂不和朝廷旨意相悖？”李准解释说：“我的防营在不久的将来都可以变成新军，因为我在虎门建立了陆军学校，还有随营讲武堂，从防营、绿营挑选学生，每班500人，每两年为一期，现在已经毕业三期。这些毕业生都会回到各营任职，使其再训练兵士，效果显著。”

袁树勋问：“你建军校资金何来？”

李准说：“开办费十余万两白银，日常费用每年六七万两白银，这笔钱非取之于公，也非取之于民。我做提督，每年都有善后局拨来作为行政手续费的赌饷和妓饷，大约几万两白银。”他说：

> 余虽不才，禀先君[①]之教，不肯以此肮脏钱污我清白之身也。故令由中军收存，拨作学堂经费，不足者由各营旷饷[②]提足之，有余仍解善后局库。[③]

他甚至不愿将此款用于日常办公，其心态应该与他自费造“龙骧”号类似。

因为在这里他提到了旷饷，于是袁树勋又发来一件咨文，请李准自行裁减兵员。背后的意思，是要李准把吃进去的旷饷吐出来。袁树勋按照当时一般情况理解，即各省的军队总会有四至五成的空额，但统帅会按满员领取军饷，然后将旷饷自揣腰包。但李准立即回复咨文说：

---

① 指其父李征庸。

② 即空饷，空额的军饷。

③ 李准：《袁海观制军遗事》，见手稿本《清末遗闻》，南开大学图书馆藏。

余之统兵，向不管饷，全由各统带自赴善后局请领。余不时派员分赴各营点验。余亦常自往点查。有缺额及不报旷饷者，无不正以军法。人无不畏死，孰敢犯者？敢言我所辖军队，绝无此弊。

这意思是说，各营有旷饷必须上报，是公开的，这些钱都用作军校经费了。

袁树勋对李准介绍的情况半信半疑，暂时按下不表，不再谈裁撤防营和裁减兵员之事。过了很长时间，他才对李准表示，自己派人调查半年之久，“乃知公之所言及咨文云之概非虚语”[①]，证明李准说的都是事实。

李准经手的另一种特殊的银钱是花红。

“花红”是广东话奖金的意思。但是李准所说的“花红”特指剿匪的赏格。他多年来负责清乡剿匪，手里有一大笔历年积累的赏格，也就是悬赏捉拿各路土匪的赏金。这些钱通常是在通缉匪徒时，官军迫使该匪徒的族人交出，之后族人再向匪徒讨回，所以多数花红其实是匪徒自交的。一旦将匪徒拿获，花红理应用来奖励有功人员。但实际上，以往剿匪，有功者很少有人可以领赏，因为花红大多被官吏们层层私分了。

例如曾任广东水师提督的方耀，以办理清乡剿匪而闻名。他在东莞剿匪，手里掌控的花红达100多万两白银。方耀从中提取一半私存，另一半交给本县管理，结果又再次被不良官绅染指，以至于最后匪徒被捕获，已经没有赏格可以兑现。张之洞当时为两广总督，

---

① 李准：《袁海观制军遗事》，见手稿本《清末遗闻》，南开大学图书馆藏。

闻知此事，令方耀交出30万两白银花红充作广雅书院的建设资金。东莞一个县如此，整个广东地区的情况便可以想见。[①]

但李准不能容忍这种情况，他从承担剿匪之责时开始，就严追各县官绅，将尚未被私分的、被私分后尚存的以及新近收缴的花红全数存入省城银钱局（省银行），使之升息。一旦捕获匪徒，便请银钱局按照赏格奖励有功者，李准和他手下的人都不直接参与。此款久存生息，便将利息另存，用于奖励抓获不曾悬赏的土匪的人。多年来，这笔钱的提取只有三次意外：一是两广总督岑春煊为办新政，强提15万两白银；二是南海知县以改造监狱为理由，奏请借拨2万两；三是海防善后局借款15万两白银。这三笔钱的提取，都是岑春煊许可的，且都未曾归还。起初李准一律不准提借此款，认为自己当初冒天下之大不韪，方从各县官绅处追回的这笔巨款，若被人任意挪用，将无法服人。但是岑春煊大怒，说他是总督，就没有权力提取花红作为公用吗？李准无法与之争论，但对此始终耿耿于怀。他这样做，其目的只有一个，就是取信于民，承诺的悬赏必须兑现，只有这样，才能确保剿匪获得成效，道理在此。

后来，有人向朝廷参劾他，说他“强提花红以肥己”，但是“及奉旨查办，乃知除西林（指岑春煊）强借外，余丝毫未动分文”，[②]诬告之词不攻自破。

说到被人参奏，李准的确经历过多次。这大概是因为他的职务和权力容易被人质疑。在一个几乎无官不贪的官场上，贪污是常规，不贪反而成了例外。例外是不正常的，怎不令人生疑？何况中国自古就有“风闻奏事”的传统，御史言官举报官员，不必

① 参见《李准年谱》，中国文史出版社，2014年，第92页。

② 《李准年谱》，中国文史出版社，2014年，第93页。

拿出真凭实据，根据道听途说即可上折揭发，且不必承担诬陷的责任。虽然在清代，朝廷曾经试图严肃其事，煞住此风，但事实上这种随意参奏的现象还是一直持续，仍然是“谁人名下无人参，谁人背后不参人”的局面。

当然，朝廷接到参奏之后，也不会径直处理，通常会委托本省官员调查复核，这也便给了被告官员洗清自己的机会。

其实李准年轻时就曾有一次被指控，那是他父亲被参牵连到他。1896年李征庸在南海知县任上，得罪了地方乡绅势力，于是有人上折指控他有多项罪名，其中涉及贪污、受贿、滥用权力等等。奏折中提到李征庸任揭阳知县时，其子李准有“虎李大少”之恶名，曾强奸一位林姓女子，并将其夫枷号重责，引起众怒。朝廷将此折发回广东，由两广总督谭钟麟查处，谭钟麟委托藩、臬二司核查。就李准这一项，调查结果是：

> 查李征庸到揭阳署任，旋即丧妻，其子李准回籍葬母，返署已值卸事。访之县绅林伯处等，咸称林姓妇女并无被李准强奸枷责本夫情事。[①]

查无此事。原因用今天的法律术语来说，是李准根本没有作案时间。如此参劾，连捕风捉影都谈不上，纯系造谣诬陷。

至于李征庸涉案各项，谭钟麟在奏折中做出的结论是：

> 臣等详阅藩、臬两司暨惠潮嘉道府复查原奏各节，或事

① 《谭文勤公奏稿》卷十八，《清代官员履历档案全编》第28卷，第325—327页。

出有因而情节支离，或并无其事而牵强附会，多系传闻之讹，与臣等所察访相同，无可置议。[①]

不过谭钟麟对李征庸原有不满，他仍想借机撤掉李征庸的职务，于是他另外找了一个理由，说前年南海县有白日抢劫案，知县李征庸在三次电谕催促下仍然“稳阁不办，亦不复禀”，意思是说李征庸因消极怠工而渎职，最后给他降职为候补通判。

对此李征庸颇多怨词，但他不再有辩白的机会。然而无论怎么说，他被贬官不是因为贪腐，风闻不可信。

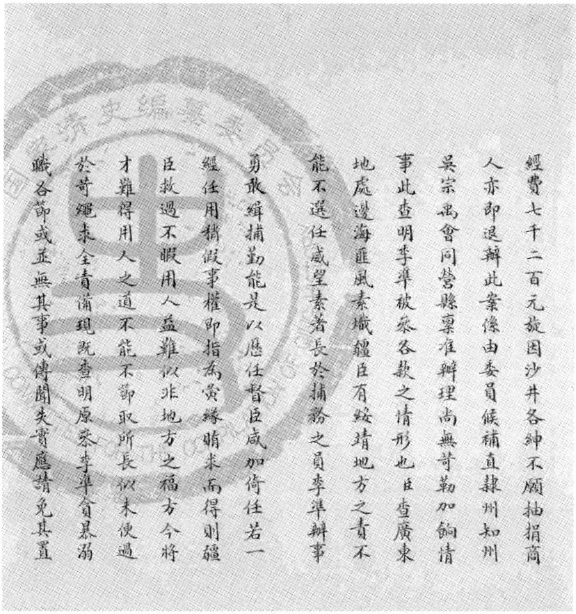

經費七千二百元旋因沙井各紳不願抽捐商
人亦即退辦此案係由委員候補直隸州知州
吳宗禹會同營縣稟准辦理尚無苛勒加餉情
事此查明李準被參各款之情形也臣查廣東
地處邊海匪風素熾疆臣有綏靖地方之責不
能不選任威望素著長於捕務之員李準辦事
勇敢緝捕勤能是以歷任督臣咸加倚任若一
經任用稍假事權即指為貪緣賄求而得則疆
臣救過不暇用人益難似非地方之福方今將
才難得用人之道不能不節取所長似未便過
於苛繩求全責備現既查明原參李準貪暴溺
職各節或並無其事或傳聞失實應請免其置

张人骏为李准辩诬奏折之一页

① 《谭文勤公奏稿》卷十八，《清代官员履历档案全编》第 28 卷，第 325—327 页。

至于李准，到了署理广东水师提督任上，碰到了极爱惩治手下官员的两广总督岑春煊。岑春煊有“屠官”之名，就是因为被他参劾的人多得不计其数。他憎恶腐败，所以被他控告的官员，大多因贪占的劣迹而被查处。李准第一次被参，也是出自岑春煊之手，但却并非出于这方面的理由，而是说他“威权太重，骄蹇难制”[①]，于是免去他的署理广东水师提督一职，降职为北海镇总兵。不过这似乎也可以间接说明，李准在廉政方面没有大的问题。

然而李准被降职以后，在短短的一年里，又接连被御史言官们参劾了几次。这可能就是墙倒众人推的状况。想必是他任内所为，多有堵人财路、官路之事，此时便有人寻机报复。几次被控的内容涉及方方面面，其中以给事中李灼华的奏折最为严厉。他列举了李准贪污、受贿、勒索花红、霸占民宅等事项，总之是指斥他滥用职权和以权谋私。因为当时岑春煊已被调离广东，继而又被罢官，所以此折肆无忌惮地公然污蔑李准当年为了升任署理水师提督，曾向以廉洁闻名的岑春煊行贿 10 万两白银，并且拜其为师。其中的荒谬，明眼人一望而知。

此时两广总督是张人骏，他将李灼华奏折中明列的各项详细核查，逐一批驳。结论是：

> 现既查明原参李准贪暴溺职各节，或查无其事，或传闻失实，应请免其置议。

接着慈禧太后在奏折的末尾加了三个字的朱批：“知道了。”

① 《李准年谱》，中国文史出版社，2014 年，第 77 页。

此案就此了结[①]。

議所有查明總兵被參各款緣由理合恭摺具
陳伏乞
皇太后
皇上聖鑒訓示謹
奏
知道了
光緒三十四年三月廿日

张人骏奏折末尾处的朱批“知道了”

张人骏复核的细节不必详说，这里仅举一例。

李灼华原参奏折中说，李准为了扩大自己的广州天平街寓所，需要征地，一家商户不愿搬迁，于是李准派人将其关押起来，威逼以夺其房产。张人骏经复核，得知李准并非扩大私宅，而是改建水师行台。因面积不够，“议将附近各铺屋价买扩充，各业主已情愿缴契领价”，唯有南隆烟膏店租户梁信不肯迁让，李准请人出面协调，最后双方同意“优给迁费，现已一律领费迁徙”。

---

① 朱批奏折:《奏为遵旨查明广东北海镇总兵李准被参各款据实复陈事》，中国第一历史档案馆藏，档号 04-01-16-0298-003。

所以这项参奏根本是无事生非，令李准觉得十分冤枉。对这件事，他自己是如此记录的：

> 又于省城内天平街添购民房，……其允当改建水师行台于省城，以为驻省办公之用，共费八万余元，皆自筹款，未取之于公款者也。[①]

请注意，这是“添购”民房，而不是强占。建房作为“办公之用”，使用的却是私款而非公款。特别需要说明的是，此房并非新建，而是在李准个人的天平街寓所的基础上改建，这样一来，他把自己的寓所也无偿充公了。

李准的长子李景武曾经抱怨说：“我父下野后此私产竟成为公产，自古无此化私为公之事。”[②]

李准之所以能这样做，首先是因为他把钱财当成身外之物，并不看重，从不为花钱心疼。这可能也和他作为富家子弟，从小家境优渥有关。其次是他不想给人留下“利用公帑以肥己”的话柄，既然是自己使用的水师行台，就要自己出资，他有这个志气。李准为人，最讲公私分明。

从根本上说，李准的做法源于他自幼养成的一种文人的清高。他看不起那些假公济私、损公肥私的人，对于满身铜臭的官绅，他羞于与之为伍，更不必说同流合污。无论别人怎样，他都主动选择洁身自好，严守道德底线。显然，这条自律的底线比起社会

---

① 《李准年谱》，中国文史出版社，2014年，第75页。

② 李景武：《水师行台》，《清末民初官场琐记——李景武回忆录》，台湾善同文教基金会，2014年，第66页。

对一般官绅的要求高出许多，这便是他的与众不同之处，在那个时代，也算是一种特立独行。但是，如果由此便说他有多么崇高的精神境界，说他如何高风亮节等等，未免也是过誉。不必给他戴那些金色的光环，读者只需要了解一点，即在污吏遍地的晚清官场上，李准肯定不是贪官，这就足够了。

2020年2月18日—20日

站在历史的十字路口

——辛亥年的李准与张鸣岐

1911年1月6日（农历庚戌年腊月初六），广东水师提督李准迎来了新到任的两广总督张鸣岐。

张鸣岐时年36岁，是清廷中的少壮派，作为封疆大吏，在当时全国的九大总督中，他最年轻。他早年中过举人，戊戌年间成为岑春煊的幕僚，因善于谋划，深得岑春煊的赏识，追随岑春煊到过陕西、四川、广东等地任职，31岁时就担任广西巡抚。他思想开明，力倡改革，在广西推行“新政”，在开矿、垦荒、建学堂、练新军等方面多有建树，一时在朝野中颇有几分薄名。

此时，李准已在广东军界经营多年，对清廷，他是有功之臣。从1903年起，他治理了多起匪患，平息了各种民变（包括革命党人起义），为此他先是组建了广东几条内河的水警部队，继而建立各路防营，训练新军，特别是1905年统领广东水师以后，他在水路各军中位高权重，成为广东地方最重要的实力派人物。

这两人都是能臣。辛亥年，正值清廷大厦将倾，在历史的转折点上，他们都不乏审时度势的能力，但两人的性格和价值取向不同，这决定了广东在辛亥革命中的结果。

他们原本是旧交。1903年岑春煊署理两广总督时，张鸣岐是岑春煊的智囊，任职“总文案”。那时李准总揽广东的剿匪，免不了要和张鸣岐打交道。1908年李准为了和英国人争夺西江捕权，也曾与时任广西巡抚的张鸣岐会商此事，两人意见颇为一致。[①]直到这次张鸣岐来广州之前三个月，他到北京去谋划自己的官职升迁，路过广州时还住在李准的水师行台，受到热情接待。

开始李准以为，他们两人有如此交情，今后合作必将相得益彰。谁知张鸣岐甫一上任，所推行的改革，就是从削弱李准兵权下手。此前李准经历过多任总督，他们大多不理军务，放手让李准独掌大权。但张鸣岐不同，他要揽权。

先做试探，张鸣岐知道广东政法学堂校监（今中山大学前身，校监即校长）夏同龢是李准的儿女亲家，便请夏同龢来询问："今后将总督、提督权限划清，可否？"

李准明白其意，便说："总督欲收回何权，明示后无不照办。"

于是李准亲自创建的水警部队和省城侦缉队统统被调拨给他人指挥，李准的亲兵营和新军营被赶出广州到城外驻扎。从此，军队将领任命之权归总督所有，连一艘小轮的管带（舰长），水师提督也不能过问。

这些举措，视作军政分开的改革也无可厚非，本来一个海军将领，不该对地方上，特别是省城的事务干涉太多。但明眼人可以看出，张鸣岐的做法分明已然透露出对李准的猜疑和提防。

李准似不甚介意。他索性搬离广州，到虎门衙署办公和居住。正所谓"得消闲时且消闲"，他开始练习书法，临碑帖，"每日必作小篆数百字，临石鼓及大篆又若干字，日以为常"[②]，颇感心安理得。

---

① 《李准电约桂抚会议西江缉捕》，《香港华字日报》，1907年12月30日。

② 《李准年谱》，中国文史出版社，2014年，第96—97页。

然而辛亥年是个多事之年。革命党人谋划暴动、起义和暗杀的活动可谓紧锣密鼓。因为此前的几次暴动和起义都被镇压，所以革命党人决定先杀罪魁，而后举义。当时广东的当权者除张鸣岐和李准之外，还有广州将军孚琦。革命党人分析，张鸣岐狡诈而无实力，孚琦庸碌无能，最为凶险顽固的是李准，所以要行刺，必先杀李准。

1911 年 4 月 8 日（农历辛亥年三月初十），机会来了。革命党人温生才闻知外国人要在燕塘举行航空表演，他认为广州城内的达官贵人定然往观，于是决定表演结束后在官人们的归途上设伏。日暮时分，温生才见众多军士前呼后拥护卫着一顶轿子喝道而来，气焰极盛，便认定轿中人是李准。待轿子行至眼前，温生才猛然杀出，从正面对轿子连开数枪。旋即温生才被逮捕，而轿中人孚琦当场毙命。李准躲过一劫，原因是他被告知有盗犯要审，便乘船于前一晚先行离开。

孚琦死后，张鸣岐暂兼广州将军，更为志得意满。此事尚未让他意识到面临的风险。但李准却警觉起来，他觉得革命党人还会有新动作，便提醒张鸣岐戒备，但张鸣岐不以为意。

然而革命党举行起义的风声越来越紧。李准在新军中派有密探，已确切获知革命党人将在农历四月一日（该日期不准确，但与实际起义日期接近）起义。在李准向张鸣岐出示证据后，张鸣岐才决定从广州附近的观音山、天子码头、龙王庙等处调兵回防。

起义在农历三月二十九日（公历 4 月 27 日）举行。因为黄兴等革命党人仓促修改起事计划，原定兵分三路攻打总督府、水师行台和督练公所，变为合并一路猛攻总督府。这是一个致命的错误，使得李准的兵士可以轻松驰援总督府。

战斗中，因卫队不敌，总督府很快被攻破，革命党人逐室搜捕张鸣岐。张鸣岐慌忙从二楼抛出绳索，沿绳索滑下，落荒而逃。路上遇到李准派去救驾的水师将领吴宗禹，便被接到水师行台与李准会合。此时他被吓得魂不附体，连连央求李准救救他的家眷。李准随即派人杀入总督府救出张鸣岐的老父、夫人和其他眷属。张鸣岐担心仍有危险，一再要求搬到李准的军舰上居住。但李准不以为然，认为“如我辈弃城上船，则城必不保，我在则城存，与城共存亡，必不可弃城而上船”。张鸣岐仍忧心眷属，李准便差人将其眷属送到黄埔保护起来，而留张鸣岐住在水师行台，他还腾出自己的卧室给张鸣岐使用。①

两天以后，革命党人的起义被彻底平定，100 多位革命党人被杀害。这些烈士后来有 72 人被埋葬在黄花岗，所以这次起义史称“黄花岗起义”。其实，有相当多的烈士并非死于两军交战中，而是被俘后被枪决，下令人自然是张鸣岐。张鸣岐对被俘的革命党人绝不手软，而李准则怀悲悯之心。许多史料都证实，李准和张鸣岐会审被俘的林觉民时，林觉民慷慨陈词，毫无惧色，大义凛然地写下《与妻书》，李准见此，主张“为国留才”，而张鸣岐执意要杀，此时他并没有想到要给自己留后路。

但他和李准的关系又有变化。这一次，李准对他有救命之恩，他奏请朝廷褒奖有功人员。李准被赏穿“黄马褂”，吴宗禹获得“振勇巴图鲁”名号，其他尚有多人获封赏。这样看来，他对李准似乎感恩戴德，李准也以为，从此两人可以消除歧见，同心合力，以谋国事。然而李准没想到，张鸣岐在内心里对他的疑惧更甚一层。原因主要是黄花岗起义那天发生的一切，使张鸣岐不仅痛感自己手下无人，而且更觉李准不能为己所用。因为“张鸣岐

① 《李准年谱》，中国文史出版社，2014 年，第 101 页。

只身走匿李准处，李颇挟功凌之，张不能堪”[①]，所以想到要把身边的将领换成自己的心腹。

他立即奏请朝廷，令广西提督龙济光率新军2000人到广州做他的卫队。又电请海军部调司长刘冠雄到广州，任广东水师营务处总办。然后知会李准，往后凡调遣、指挥水师兵舰，都需要李准、刘冠雄和张鸣岐三人同时发令，“本部堂和贵提督均无直接指挥之权”。于此心机用尽，夺权意图明显，摆明要把李准变成傀儡。

李准也不争执，一切听之任之。他甚至觉得这样对他也有好处。总督夺军权，正好让他回避了“清乡”的责任，从此有关革命党人暴动之类的事，他一概不问。他显然不想与革命党人进一步结怨。

广州双门底（约20世纪30年代）

① 《胡汉民自传》，传记文学出版社，1987年，第47页。

但是革命党人在黄花岗起义之后，进一步将暗杀目标锁定为李准。农历闰六月十九日（公历 8 月 13 日），李准外出公干，回程路经广州双门底一条繁华街道，忽有炸弹爆炸于轿前，气浪将李准推出几米之外。他迅速起身，掏枪还击，冲到街边，登上屋顶，和卫队一起拼死抵抗，将行刺的革命党人击退。之后定神查看，发现自己的腰部被严重炸伤，虽立即用士兵的绑腿布缠绕，但仍流血不止。此外，手腕也中了一枪。

回到寓所，美国医生达保罗为其手术疗伤，张鸣岐带领一众官员赶来探视，见此情景，张鸣岐眉头紧蹙，几欲落泪。

这次事件，李准和张鸣岐都受到惊吓。不过两人的反应截然不同。李准自知与革命党人为敌，迟早要遭报复，便萌生退出江湖之意。而张鸣岐在李准养伤期间，顺理成章地接管了李准的一切军务，正巧利用这个机会排挤李准。李准此时本应是请病假，但他决然奏请开缺（离职休养），朝廷不准开缺，只赏假。期满后他再次奏请开缺，朝廷再次赏假。如是者四次，长则一月，短则十天。说明李准是真的不想干了，但朝廷执意挽留他。

此时，张鸣岐显然有更多盘算。镇压了黄花岗起义之后，他和李准曾经收到北美洪门总会的讨伐檄文，告诉他们“一旦革命功成，必诛灭尔二人之九族，以为今日之报复”，但檄文中也谈到革命党“不忍不教而诛，特开尔等自新之路，限于接到此檄之日三阅月内，率尔部下反正，为国民军之先驱，扫除胡虏，光复中华，以为抵罪”[①]。于是张鸣岐开始积极和革命党人接触。他请来几位革命党人做幕宾，其中包括深得孙中山信任的陈景华。这

① 黄彦、李伯新选编《孙中山藏档选编（辛亥革命前后）》，中华书局，1986 年，第 43—44 页。

些革命党人一方面劝说张鸣岐起义反正，另一方面又利用他的身份，向清廷争取释放因刺杀摄政王载沣而被捕的汪精卫。张鸣岐果真派人送给狱中的汪精卫数千银元。

张鸣岐与革命党人暗通款曲，最初李准全不知情。及至听说“张督不准再打革命党，各乡民军[①]四起，亦不许打，违者以军法从事”，他才有所察觉。后来他手下的水路将领纷纷来告，说革命党人要张鸣岐反正，以杀李准和吴宗禹为条件，提醒他要当心。但他自认为有恩于张鸣岐，张鸣岐必不至于绝情，仍不以为意。

武昌起义之后，全国有多个省份相继响应，宣告独立。广东何去何从，张鸣岐颇费考量。此时李准伤病未愈，还在疗养。九月初二（公历10月23日）张鸣岐突然电召李准到广州，说是有要事相商。众部下极力劝阻，认为李准此去凶多吉少，但李准想到张鸣岐在他受伤后探视时的悲痛之态，觉得张鸣岐不会下毒手。部将吴宗禹决定亲自带人前往护卫，于是李准手握双枪，卫队20人皆荷枪实弹同往。在总督府见到张鸣岐后，李准问有何事，原来是与各司、道官员一起吃饭。席间，见张鸣岐“无一语言及正事”，却“每每彷徨，左右环顾”，李准颇为警惕。从当时的情景、气氛来看，他确信张鸣岐“实有不利于余之预备”[②]（事后多年，李准从张鸣岐一亲信处得到确证，当天就是一场鸿门宴，只是张鸣岐的刀斧手们见李准的卫队在大堂严阵以待，未敢下手）。

这件事使李准猛醒。他意识到如果张鸣岐投向革命党，便可

---

① 民军是辛亥革命时期反抗清政府的起义军队的通称。

② 《李准年谱》，中国文史出版社，2014年，第108页。

取得革命党人的谅解，而之前镇压革命党人起义的罪责定会由他一人承担，甚至张鸣岐会杀他以向革命党人邀功。他原先只想洁身隐退，而现在看来，已没有退路可走。紧接着，就在两天以后的九月初四（公历 10 月 25 日），朝廷新任命的广州将军凤山刚刚抵达天子码头，就被革命党人李沛基用炸弹炸死，尸首不全。张鸣岐在惊惧之中急忙谋划接受革命党人的要求，宣布广东独立。也就是在同一天，李准开始主动与革命党人联系。

其实李准是深明大义的。他早已看清形势："武汉起义，准默察天心，俯窥人事，知民心思汉，大势所趋……于是应乎天而顺乎人，立意反正广东，藉消兵祸。"前一阶段他只是"因囿于职守，莫由与党人通诚"[①]而已。现在形势越加紧迫，他不能再有什么顾忌了。

当时革命党的领导人在香港，而同盟会南方支部则由胡汉民负责。李准有一个幕僚名叫谢质我，与革命党人谢良牧是本家，前些时候，谢良牧曾通过谢质我请示李准，广州举义"冀（李）准内援"。于是，此时李准请谢质我带口信向革命党人沟通投诚意向。不过，革命党人正在与张鸣岐密切商谈广东独立之事，并没有及时回应李准的诉求。但李准第一时间将自己也要"输诚革命"的意向告知张鸣岐，以示对张鸣岐仁至义尽。然而"张竟不谅，忌准（李准）益甚"[②]，原因大概是张鸣岐还想独立后继续掌权，所以在如何迎接革命党的问题上与李准想法不一。

---

① 李准：《光复广东始末记》，见《辛亥革命稀见文献汇编》第 44 卷，香港中和出版社，第 5 页。

② 同上书，第 6 页。

虎门炮台

九月初八（公历 10 月 29 日），应革命党人和咨议局[①]的要求，张鸣岐宣布广东独立。当天，省府各机关通悬白旗，爆竹之声彻夜不止。但第二天一早，民众欢庆的热潮未过，张鸣岐又下令拔掉白旗，取消独立，原来是他接到汉口的电报，得知清军对革命军进行猛烈反扑，已经夺回了汉口大智门一带，胜利在望，同时清廷来电要求他维持广东的社会秩序。张鸣岐又慌忙把宝押在清军一边，想继续做清廷的忠臣。

这种骑墙观望、首鼠两端的态度，使革命党对张鸣岐深感失望，将他出尔反尔的"独立"称之为假独立。于是从九月十三日（公历 11 月 3 日）开始，以胡汉民为首的革命党人转而与李准商谈起义。

① 咨议局是清末改革中建立的地方审议机构，类似于省级议会，是晚清政府"预备立宪"的产物。

这一天，革命党人谢良牧和陈炯明致信谢质我，通过他向李准晓以利害。信中讲到武昌新军起义的内情，说原本大家拥戴新军统领、湖北提督张彪为起义军领袖，但张彪愚顽，不肯接受，反而拼死与起义军对抗，后来是他手下的协统黎元洪响应革命，建立不朽功勋，而张彪因此身败名裂。他们告诉李准，如果率军反正起义，“某提（指提督李准）之名位，当不在黎元洪之下，前兹与党人之恶感，亦涣然冰释。其道至正，其势至顺，某提何惑而不出此耶？”[①]信中的比附非常贴切，彼时张彪与黎元洪的关系，正是现时张鸣岐与李准关系的写照。这无疑坚定了李准反正的决心，他当即决定派出自己的弟弟李涛作为代表直接到香港与革命党人谈判。

此时李准尚有一些疑虑：一是谢良牧和陈炯明的信中要求他“以兵据省城，杀张鸣岐、龙济光、江孔殷、李世桂等以谢粤人”[②]，作为投诚条件，但他不想动刀戈，弄得血雨腥风。何况张鸣岐在“鸿门宴”上并没有伤害他，他也不愿对张鸣岐不义。二是他需要革命党人承诺，一旦起义反正，则革命党人需保证起义军官兵及其家属的人身和财产安全。三是他不知革命军将以什么方式进入广州，他强调自己是“欲为保全粤省地方人民生命财产起见，愿率部下水陆各军全行反正以救国民，如国民军定期以文明举动来省，当率部欢迎”[③]。这里强调“文明举动”的意思，就是要和平光复，不动枪炮。凡此诸项，都需要和革命党人沟通议定，为

---

① 《谢良牧和陈炯明致谢质我书》,《辛亥革命稀见文献汇编》第 44 卷，香港中和出版社，第 18 页。

② 同上。

③ 《“约书”第二次交谢质我赉交港机关部》,《辛亥革命稀见文献汇编》第 44 卷，香港中和出版社，第 25 页。

此李涛作为他的代表，半月内在省港之间往返三次。

与此同时，李准做了两件事：一是派人劝说张鸣岐的亲信、广东陆路提督龙济光与他共同反正，为的是避免“一起兵祸，殃及生灵”，因为说辞“动以至诚”而获得龙济光的首肯；二是请营务处总办刘冠雄对张鸣岐陈明利害，说自己已决意反正，请张鸣岐不要患得患失，贪恋虚荣。但“张仍犹豫，欲窥各省成败，不肯早决”。[①]

九月十七日（公历 11 月 7 日）是关键的一天。早上，龙子诚会同各司、道官员来电邀请李准从虎门到广州共商大计。当时有传言“京陷帝崩”，人心惶惶，一时众人不知所措。几位司、道官员问计于李准。李准请大家向张鸣岐进言，以“及早定局”为宜。接着张鸣岐来电话与他商谈，他仍以“或战或和，即刻定局，以免地方糜烂”作答。当然这只是他得到革命党人答复之前的一个说辞，事实上，他已经不可能与革命党人开战了。

同一天，胡汉民来函，确认接受李准率军起义的条件，即李准只要交出军队和武器，“即为国民军之友”。他解释说，过去对李准不能完全信任，所以要求他“必取某都某某为断”（指杀张鸣岐等人），但现在既然李准肯交出军队和武器，这就是决意革命的实证，革命党人又“何必深求”？[②]

于是双方约定，九月十九日（公历 11 月 9 日）广东水路各军一同反正。李准立即差人订制国民军军旗 70 面。

然而张鸣岐那边也有新动作。他听了“帝崩”的传言便坐不

---

① 李准：《光复广东始末记》，《辛亥革命稀见文献汇编》第 44 卷，香港中和出版社，第 7 页。

② 《胡汉民来书》，《辛亥革命稀见文献汇编》第 44 卷，香港中和出版社，第 20 页。

住了。十八日，咨议局要求广东独立，他再一次接受，表示将择期宣布。于是咨议局里一群绅士推举他担任独立后的广东都督，龙子诚为副都督，并派人连夜为他们赶制关防大印。

可是当晚，张鸣岐收到了一封香港革命党人发来的恫吓电报，告诉他革命党人将会扣留他进行审判。他自然惧怕至极。不过，他认为自己仍然手握重兵，尚可抵抗，所以还在做得失的权衡。但这时李准打电话来，对他做最后通牒，令他绝望。李准告诉他自己已经投诚，四江的军舰都已经集中到省城附近，炮口直指广州，是否归降革命党，请好自为之。他连忙电召龙济光，急问："你能否扑灭李准的水师？"龙济光答："不能。"他没有想到自己的心腹爱将，已被李准争取到革命党人一方。①

张鸣岐无奈之下，只有逃跑。他连夜随英国领事潜逃至沙面，然后乘英国兵舰前往香港。夜半时分，一群司、道官员闻讯，前来请求李准派船，李准则满足要求，也将他们送往香港。

当晚，李准拟一电文，请李涛转告胡汉民，"张及各司道均逃匿"，"已嘱龙（济光）维持城内秩序"，"军民均极悦服安谧"，"所部已剪发，请机关部迅派人来省接洽"。②

十九日一早，咨议局派人送大都督印到总督府，才发现人去楼空。再送副都督印给龙济光，龙济光不敢收，只是暗自落泪。

同时，李准令虎门到广州沿海各炮台和水师的军舰一律升起国民军军旗，欢迎革命党人和民军入城。咨议局又要开会推选都督。有人冀望李准出山主持大计，但他以伤病未愈为理由婉辞。

---

① 《胡汉民自传》，传记文学出版社，1987 年，第 49 页。

② 《来往电报》，《辛亥革命稀见文献汇编》第 44 卷，香港中和出版社，第 28 页。"机关部"指同盟会在香港的办事机构。

而后他建议重新推举，被推举人以革命党人为限。[①]于是胡汉民被选为大都督，陈景华当选警察局长。胡汉民当夜到广州就职，以李准的水师行台作为都督住所。

从此，广东宣告脱离清廷，由革命党人接管，孙中山的同盟会建立政权。且不说都督胡汉民是同盟会南方支部长，就是各部、司长官以及后来成立的临时省议会，其成员也大多是同盟会会员。而旧官僚在新政权中较少任职，他们的残留势力较弱，难以产生影响。这是广东在辛亥革命后的一大特点，与其他各省明显不同。

这当然与李准和张鸣岐在辛亥年的作为以及他们的个人选择有关。

先说李准。他原本有机会像黎元洪一样摇身一变成为民国重臣——光复的当天，广东咨议局就有人举荐过他，但他无此兴趣。光复之初，他在省城维持社会秩序，其才干也极受胡汉民的欣赏，胡汉民一再要求他留下担任助理都督，但他仍然挂冠而去，主动告别官场。史学界研究者大多认为，这是因为李准担心革命党人要找他报黄花岗的一箭之仇而退隐避祸，这当然不无道理，但其实也是他性格使然。他有一种清高，一身傲骨，早在张鸣岐跟他夺权时，他便想甩手不干，“已视此官为敝屣，决不与此辈为伍”[②]。及至革命后，他眼见革命党人依靠的民军乃是一群乌合之众，进城后烧杀抢掠无恶不作，弄得百姓怨声载道，于是深感如此“革命”与自己想象的相去太远，甚至发出早知今日何必当初的感叹[③]。在

---

① 《胡汉民自传》，传记文学出版社，1987 年，第 49 页。另见《李准年谱》第 111 页。

② 《李准年谱》，中国文史出版社，2014 年，第 108 页。

③ 同上书，第 113 页。

宣布率军起义半个月后（十月初三），李准不顾胡汉民等再三挽留劝阻，毅然乘船到香港，决意退出江湖。须知此时他刚刚 40 岁，正值年富力强之时。后来虽然袁世凯请他出来做过一些闲职，但他因厌倦军界和政坛，无意再战江湖，索性躲到天津去做寓公。他别无所求，只求“自谓无负国民矣”[①]，可以算是比较典型的功成身退。

说到他在辛亥时期于广东革命中的作用，革命党领袖黄兴曾说：“粤省光复，公（李准）树伟功。从前公仇，一概消释。”意思是李准此举将功补过，且功大于过。而胡汉民曾专门撰文表彰李准功绩，开篇第一句话即是：“粤东省城九月反正，以李（准）直绳君之功为最，粤中同志多知之。”[②] 这些评价表明李准在历史的十字路口，也是人生的紧要关头，选择了正确的道路。之所以有这样的选择，可以说他头脑清醒，能够认清形势，懂得顺应潮流，但从根本上说，恐怕还要归因于他淡泊名利的人生态度。

再说张鸣岐。和李准相反，张鸣岐被历史潮流无情抛弃，原因在于名利之心太重。他一向善于钻营，全无底线。1911 年他获得两广总督之职，便是向庆亲王奕劻行贿的结果。如果说在当时腐败的官场上，行贿并不算出格之举，但此事对张鸣岐来说，却是不可宽恕的劣迹。因为十几年来一路提拔、举荐他的恩公岑春煊此时已被撤职，在上海赋闲，对他无用了，他便去北京投靠庆亲王，须知庆亲王正是岑春煊的死敌，岑春煊遭免职，原是庆亲王设计陷害。张鸣岐对岑春煊的背叛令人齿冷。

历史其实对每个人都是公平的。革命来临，站在十字路口的

---

① 《致次武书》，《辛亥革命稀见文献汇编》第 44 卷，香港中和出版社，第 23 页。

② 《胡汉民在南京宣布反正时情形》，同上书第 44 卷，第 9 页。

人面临同样的选择，作为总督，他甚至比李准有优先选择权。然而他机关算尽，聪明反被聪明误，不仅丢掉了自己立功的机会，而且几乎是用赶尽杀绝的方式逼迫李准走出正确的一步，又是何其愚钝！乍看起来，张鸣岐是以一念之差，错失良机，可谓一失足成千古恨，但实际上，这是一个利欲熏心的人在当时情景下的必然选择，他注定会在历史上充当这样的角色。

张鸣岐出逃香港以后，仍担心自身安全，一度远避日本。但他不甘寂寞，袁世凯当政时，他回国追随袁世凯，曾上表劝进，鼓吹复辟帝制。当然，作为前清旧官僚，留恋旧制度，也不奇怪，清末九大总督里，也有其他人拥护袁世凯称帝或支持张勋复辟。但张鸣岐后来又沦为汉奸，却是九大总督中唯一一人，可谓无耻之尤。1931 年“九一八”事变爆发后，他便开始与日本特务暗中勾结。卢沟桥事变后，他又加入汉奸组织伪华北政务委员会。直到 1945 年日军濒于战败之际，他还参与发起所谓“乙酉法会”，祈祷“大东亚战争必胜”，不仅可鄙，而且为人耻笑。日本投降后，他在国人的一片骂声中死去。

张鸣岐辛亥以来的诸多表现，显示出一种投机型人格。对他来说，“性格决定命运”，信然。

2020 年 2 月 5 日写毕

李准与汪精卫

上小学的时候，就曾听家父说，汪精卫做过我祖父的家庭教师。

当然，那是我祖父的大哥李准把他请回家的。

汪精卫后来是汉奸。在成为汉奸之前，他是国民政府的高官，再早，他曾到日本追随孙中山，加入同盟会。在去日本以前，他打过的唯一一份工，就是在李准家里做私塾老师。

这些，我过去知之不详。对伯祖父李准，也只知道他担任广东水师提督时，曾经巡视西沙群岛，代表中国宣示南海主权。后来在辛亥革命中，他率领广东水路军队向以同盟会为代表的革命党投诚，使广东省和平光复，进入共和。直到最近读到一些史料，特别是读到李准的长子（我的堂伯父）李景武的《清末民初官场琐记——李景武回忆录》，才知道原来李准和汪精卫多年前的这一点“缘分”，竟然和后来他在广东革命时选择弃暗投明、率队起义不无关系。

汪精卫，本名汪兆铭，字季新，精卫是他投身革命后写文章用的笔名。他 1883 年出生在广东三水县，是家中幼子。他祖籍浙江绍兴，作为广东人，他不过是新移民。人人皆知绍兴是几百年来盛产“师爷”的地方，汪精卫的父亲汪省斋未曾取得功名，便和自己的兄弟一起带着全家移民到广东番禺。从此，不仅汪省斋本人，而且汪家两代人里还有多人曾为当官的人家做幕僚、当师爷。汪精卫少年有才，1901 年他 18 岁时考中广州府的“案首”

（秀才的第一名），但是他在自己家庭中的地位却十分难堪。一来是因为父母双亡，汪精卫 13 岁丧母，14 岁丧父，此时只能寄人篱下，跟着比自己大 22 岁的同父异母的大哥汪兆镛一起生活。汪兆镛曾经中举，研究经史、金石皆有成就，但是思想守旧，甘当前清遗老，直至辛亥革命后多年还舍不得剪掉辫子。他对思想活跃的汪精卫的管教自然是古板严苛。而大嫂对汪精卫也不厚道，竟然常以“饭后钟”伺候，故意提早开饭。有时汪精卫 12 点回家，就发现家里 11 点半已经开过饭；第二天他提前到 11 点半回家，又发现家人们 11 点已经吃过了。受这样的委屈，汪精卫实在过不下去，于是希望自己能谋一份职业。本来，他要备考举人，是不必急于找事做的。①

此时，李准这边正好到了需要用人的时候。不久前，李准的父亲李征庸去世，一家之责都落在他一人身上。那时他担任广东省厘金局总办，在广州天平街盖了房子，一大家十来口人都住了进来。这其中有 6 个孩子，3 男 3 女，都到了该上学的年龄。3 个男孩中最大的是李准的远房堂弟李澂（由李准母亲收养，15 岁），然后是弟弟李涛（就是我祖父,8 岁），最小的是儿子李景武（6 岁）。女孩子中一个是李准的妹妹淑贞（9 岁），另外两个是女儿菊荪（13 岁）和梅荪（11 岁）。这些孩子需要有人看管，有人教育。

这时李准家里的师爷（官称总文案）名叫汪兆莘，李准把他待为上宾。李准喜食西餐，每天早晨，必要汪兆莘陪他吃牛奶、面包。有一天吃早餐时，汪兆莘对李准说，他那个刚刚得了秀才的堂弟，学问过得去，考的虽是八股文，但对策论也有相当的研

---

① 参见《汪精卫》，《清末民初官场琐记——李景武回忆录》，台湾善同文教基金会，2014 年，第 227 页。

究，时文作得不错，诗词也拿得起（汪精卫后来的确出版过《双照楼诗词稿》，颇为人称道），他准备等朝廷开恩科[1]时去考举人，现在闲着无事，请他来给李家孩子们教教书，不知是否可以。

李准从来对汪兆莘言听计从，何况他推荐的是自己的堂弟。于是二话不说，事情就决定了。

谈到“束修”，就是教师的报酬，李准说按照一个月20两银子。汪兆莘说，万万不可。举人教书一个月酬金最多也不超过16两，他堂弟只是个秀才，怎么可以拿这么多，这岂不是要坏了规矩？他建议，最多给12两，不要把初出茅庐的年轻人惯坏了。

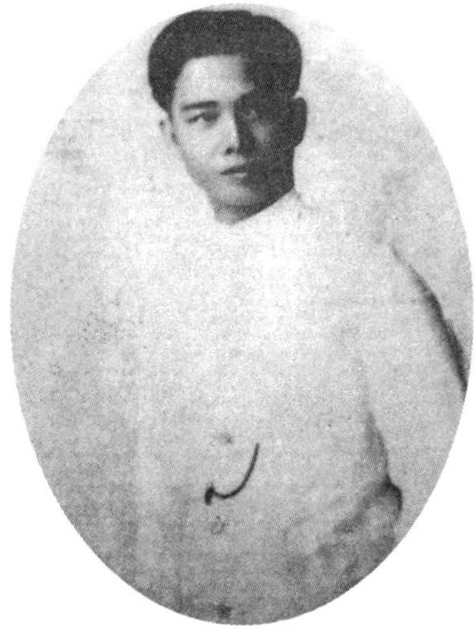

青年时代的汪精卫

但是李准执意要厚待教师，于是定下每月付给汪精卫白银16两。而且，每逢过年过节，还会另有馈赠。汪精卫对此非常感恩戴德，后来他谈到此事时曾对人说，以秀才出身任私塾教师，而能享受举人待遇的，除他而外，没有听说过第二个。

汪精卫那时也不过是个大孩子，他教6个小孩子背书、作文、对对子。李景武最小，不过是和先生学了一些简单的对子，如“云对雨”“月对风”“来鸿对去雁”“晚照对晴空”之类。汪精

[1] 即在三年一次的科举考试之外，因遇有重大吉庆活动，朝廷增设的科举考试。

卫的态度友善，从不打孩子。顶多在孩子出错的时候，罚打两下“手心板”。他面貌清秀，举止腼腆，像个大姑娘，有时李准的夫人会叫丫鬟送点心到书房，请他享用，他的脸竟然羞得“似一块红布”。

李准家里是给汪精卫另外提供早餐费用的。这些费用都有预算。当时一两白银可以兑换几毛钱（价格随市），孩子们每人每顿早餐费只给 5 分钱，而汪精卫的早餐费是一毛钱。这一毛钱在当时很值钱，可以买不少东西，那时好一点的鸭腿面也不过 5 分钱，一毛钱可以买两碗。叉烧云吞面更便宜。面碗很大，汪精卫连一碗都吃不完，所以常常用剩下的 5 分钱买了 10 块蛋糕放在书柜上。开始，孩子们发现了，有时会偷吃，后来才知道，汪先生是要把这些蛋糕带回去孝敬家人，就没有人再偷吃了。

如此的生活大约持续了一年多，到了 1903 年，汪精卫没有等来朝廷“开恩科”，却等到了留学日本的机会。长兄汪兆镛让他继续等待，而他本人想出国见见世面，开开眼界，征求李准的意见，李准也赞成他出洋，并主动资助路费。汪精卫如愿考取了官费日本留学生，赴日入读东京政法大学。临走时，李准请他把自己的堂弟李澂也带到日本去读中学。

汪精卫到日本后变了个人，开始接触启蒙思想，倡言革命。1905 年谒见孙中山，恰逢同盟会在东京成立，汪精卫成为同盟会第一批会员，并出任评议部部长。此后他参与《民报》编辑，以“精卫”的笔名在该报发表《民族的国民》《论革命的趋势》等一系列文章，宣传三民主义，驳斥康有为、梁启超的改良派理论，受到孙中山的好评。

此后几年，汪精卫一直在东南亚和日本跟随孙中山宣传革命，筹措革命经费，力图借助各地会党[①]的力量组织武装革命，推翻清朝统治。

而这一时期，李准担任署理广东水师提督，并统领广东各地巡防营实施剿匪，其中也包括扑灭革命党人利用会党组织的武装起义。

这样，汪精卫和李准在客观上成为水火不容的敌人。

但是汪精卫念及当年李准厚待他的知遇之恩，从日本给李准发来一信，信中谈到今日双方之对立形势，担心将来有一日双方遭遇。于是汪精卫仿照两千年前晋公子对楚成王说话的口气，写下“辟君三舍，与君周旋”八个字。[②]

这里的典故，是春秋时期，晋国发生内乱，晋公子重耳逃亡到楚国避难。楚成王收留并款待他，宴会上，楚成王问重耳将来回到晋国当了国君，怎样报答他。重耳说，将来如果两国在中原交战，晋国的士兵当退避三舍。

古人以三十里为一舍。这里的意思，是退避九十里，以表礼让。

如此说来，汪精卫似乎不仅豪侠仗义，而且不乏人情味。

但是对于其他革命党人来说，就没有什么避让之说了。

汪精卫走后不久，李准家里又请来一位私塾老师，名叫章云

---

① 会党是清朝统治时期清廷对以反清复明为宗旨的民间结社的秘密团体的总称。会党的人员组成极其复杂，可以称得上龙蛇并存，孙中山、蒋介石、朱德都曾经加入会党，比较著名的会党组织有洪门、青帮、哥老会等。其中既有革命者，也有流氓地痞。

② 参见《汪精卫》,《清末民初官场琐记——李景武回忆录》，台湾善同文教基金会，2014年，第230页。

和。年龄不过30岁，风度翩翩，老成持重。他教几个孩子读唐诗，还有李后主的词等等。此人半年后不辞而别，留下一张纸条，令大家大吃一惊。纸条上说，他来李家，原本是奉组织之命，监视李准行踪，随时可以找机会下手。后来他在虎门陆军学堂听了一场李准的训话，见李准对学生们说："你们青年学子必须要有耐心，我炎黄子孙，要好自为之。"于是感到李准和那些走狗不同，遂决心离去。原来，是李准无意中使用了"炎黄子孙"四个字，救了自己的命。①

当然，随着后来几年李准在广东军界的势力越来越大，随着他镇压和平定各种骚乱和起义的次数越来越多，革命党人注定要把他作为暗杀目标了。

然而到了这时，人们才发现汪精卫的"辟君三舍"也只是一个空头承诺而已，他本人并没有打算兑现。1909年底，汪精卫回到香港，继而到北京，变成了一个热衷于暗杀活动的革命党人。而他确定的暗杀清朝官员的第一个目标，竟然就是李准。

对于汪精卫的暗杀活动，当时在香港担任同盟会南方支部长的胡汉民从来就不赞成。汪精卫还在日本时，胡汉民便致长函，对他进行规劝，告诉他，革命成功要靠武装起义，暗杀活动无济无益。汪精卫也回长函说："兄主张军事行动，无大款何以能举？海外奔走，为效甚微，不有剧烈举动，何以振起人心？弟又不长于军事，既决志牺牲，只有唯所自择。"② 胡汉民此后又再三致书，告诉汪在今天"杀一虏首，失一精卫"，不值得。但汪精卫说他

---

① 《继汪精卫的几位老师》，《清末民初官场琐记——李景武回忆录》，台湾善同文教基金会，2014年，第160页。

② 《胡汉民自传》，传记文学出版社，1987年，第34页。

的决心已下，不再置辩。

汪精卫回到香港后，并不与胡汉民商量，就秘密找人研制炸弹。忽一日他宣布，他准备潜入广州，刺杀李准。大家都劝他说，此行太危险，汪精卫表示不怕。大家告诉他，胡汉民等已经安排了针对广州的武装起义，此时行刺李准无异于打草惊蛇，汪精卫才放弃了这个计划，转而和陈璧君、喻培伦等人，准备下长江刺杀两江总督端方，因为端方也是晚清时期为革命党所憎恨的官吏之一。谁知伏击行刺方案已设计好，端方临时变更路线，汪精卫等人扑了一个空，于是他们再次变更计划，才有了刺杀摄政王的一幕。①

赴京前，汪精卫转给胡汉民一封手书，上面只有八个大字，以鲜血写就："我今为薪，兄当为釜。"究竟何意，外人不懂，但胡汉民一望而知。这是汪精卫自创的一个典故。他在《民报》上曾经发表过一篇题为《革命之道德》的文章，其中谈道：

> 革命党人只有二途，或为薪，或为釜。薪投于灶火，光熊燃，俄顷灰烬；而釜则尽受煎熬，其苦愈甚。二者作用不同，其成饭以供众生之饱则一。

意思是无论"为薪"（即做柴）或"为釜"（即做锅），目的一致（烧饭），只是分工不同而已。

汪精卫以"我今为薪"自许，意思是说他此行便是去为革命燃烧自己，决意献身。

这份血书，可谓重要革命文物，胡汉民说他一直珍藏，然而却意外地在辛亥年的广东革命中丢失了。起因是胡汉民应起义投

① 《胡汉民自传》，传记文学出版社，1987年，第34页。

诚的李准的要求，把家搬到广东水师行台，谁知他自己手下以会党为骨干的民军[①]，竟然趁乱抢劫了他的家，由此汪精卫的血书也不翼而飞。后来他曾悬赏重金，希望取回这封血书，然而全无结果，令他感到极度遗憾。

汪精卫写血书以后的事情大家都知道。他和黄复生、喻培伦到达北京后，以开设照相馆掩护身份。他们探知摄政王载沣每日上下朝必经后海的银锭桥，便在桥下安装了炸弹。结果不幸被人发现，密报清廷。清廷顺藤摸瓜，找到了制作炸弹的照相馆，当场抓住了汪精卫和黄复生。

汪精卫在监狱里的表现是为人称道的，大义凛然，宁死不屈。他留下了一首著名的五言诗：

慷慨歌燕市，从容做楚囚。
引刀成一快，不负少年头。

他真的是显示了“我今为薪”的决绝。

这种视死如归的气势，甚至震撼和感动了审讯他的肃亲王善耆。有道是民不畏死，奈何以死惧之？善耆见汪精卫如此，以为杀他无益，只能激发民众对清廷的憎恶和反感。同时，他见汪精卫才华横溢，也动了怜才之心，于是力劝摄政王不杀汪精卫，由斩立决改判为无期徒刑。

汪精卫的运气不错，辛亥年武昌起义以后，1911 年 11 月 6 日，清廷在最后时刻为了向革命党释放善意，将他从监狱释放。

然而汪精卫可能没有想到，李准在这时也选择弃暗投明。就

① 民军是对辛亥革命期间民间起义军的称呼。

在两天之后的 11 月 8 日，他率领水路各军向革命党人投诚，拥立胡汉民为广东都督，同时在水师各炮台和军舰上挂起革命军的旗帜，两人殊途同归了。

李准之所以做出这样的决定，一般认为有这样三个理由：

首先，他头脑清醒，在武昌起义之后，认识到大清朝气数已尽，中国走向共和乃是人心所向。

其次，两广总督张鸣岐对他起了疑心，多方设法裁撤他的兵马，限制他的兵权，甚至寻找机会置他于死地，已然露出杀机。

最后，他参与镇压广东“三二九”起义之后，革命党人对他恨之入骨，几次以他为暗杀目标，其中一次把他炸成重伤，直至辛亥革命时仍未痊愈。这令他终日惶恐不安，担心自己再遭不测。

所有这些，毫无疑问都是李准最后决心反正的重要原因。但是，李准的长子李景武认为，还有几个原因被人们忽略了[①]。

一是大家可能没有想到，汪精卫在狱中慷慨陈词的同时，也向清廷供认了他和李准的关系，即曾受雇于李准并接受李准资助去日本留学。

二是汪精卫同时承认李准的堂弟李澂是他带到日本去的，而此时日本华人圈里正在风传李澂在和梁启超的女儿谈恋爱。

三是当时年仅 15 岁的李景武在德国留学期间接受革命思想，曾给父亲李准打电报说：“大厦之将倾，一木之难支，望大人当机立断，毅然反正，还我汉室山河。”此明码电报被两广总督张鸣岐看到，他也据以向朝廷奏报，说李准的儿子是革命党。

在晚清最后那些年，官员结交革命党和康梁一党都是大罪。

---

① 《汪精卫》，《清末民初官场琐记——李景武回忆录》，台湾善同文教基金会，2014 年，第 229 页。

汪精卫交代后，刑部曾经行文广东查询，李准无从辩解，只得老实承认。而张鸣岐的奏报，据说因李准朝内有人被“留中”，未能上达[①]。幸好并没有御史抓住此事大做文章，否则参上一本，李准便下场难料。须知，慈禧太后和前任两广总督岑春煊“分属君臣，情同母子”[②]，但不久前就因为袁世凯参奏他勾结康有为、梁启超，而被慈禧一怒之下撤职。

上面说的三条，其实都与汪精卫有牵连，连李景武也是汪精卫的得意门生，受汪精卫的影响而倾向革命。所以由此来看，李准投诚革命，不能说与他和汪精卫的那一段前缘无关。

从另一方面来说，李准于1911年农历九月初四（公历10月25日）派出自己的弟弟李涛（即我祖父）作为全权代表去香港与革命党人接触，商定起义大事。之所以如此，一是为了表达诚意，有以亲属为人质之意，二是因为李涛本是汪精卫的学生，以此身份见胡汉民等革命党人，应当比较容易拉近关系，建立信用，达成沟通。事实上，在双方取得互信之前的最后一刻，胡汉民让李涛带口信给李准说：“李（准）固识精卫，犹不能信革命党之行动耶？”[③]一句话，还是拿汪精卫的诚信来向李准作保，以获得李准对革命党的信任。由此看来，李准和汪精卫的缘分最终还是派上了用场。

然而李准自己是否了解汪精卫对他态度的改变，我们无从考证。根据情理判断，李准对此应是知情的，因为他在广东革命后和胡汉民成为密友，两人无话不谈，“胡都督每夕皆到水师提督

---

① 此事无其他史料证实，故从李景武所说。

② 此语系慈禧太后召见李准时亲口所言，见《李准年谱》，中国文史出版社，2014年，第65页。

③《胡汉民自传》，传记文学出版社，1987年，第48页。

的坐舰上留宿，晨间由水师护送至公廨”[1]。在这种情况下，我们有理由相信胡汉民会将汪精卫的事和盘托出。何况，就在这几天，汪精卫为了表达从事暗杀的决心而交给胡汉民的血书在李准的广东水师行台里被盗，胡汉民怎会不向李准提起？不论李准得知后怎样想，认为这是大义灭亲也好，忘恩负义也罢，总之他会相信，汪精卫已和他恩断义绝，所谓“辟君三舍”的谦恭早就没有了。但是李准并没有禁止自己的儿子李景武追随汪精卫（当然，抗战时期，汪精卫成了汉奸，李景武也跟着附逆，在伪政府任职，这事李准不知，此时他已经去世几年了），大概是因为他没有把自己与汪精卫的恩怨情仇看得很重，甚至没有把它当作自己的重要人生经历。

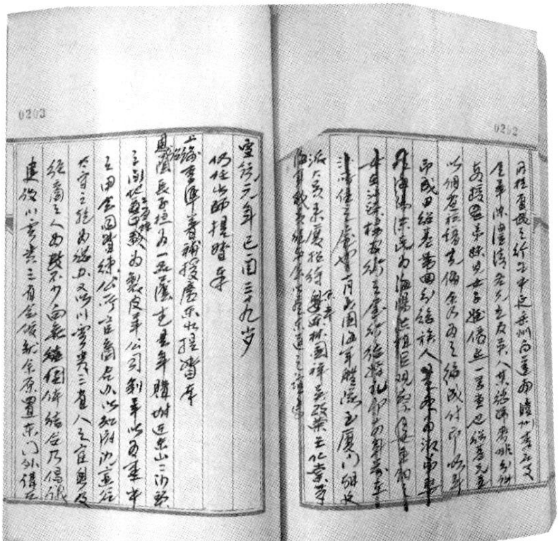

李准《任庵自编年谱》

① 《李准与革命党人》，香港《亚洲周刊》，1968 年 6 月 2 日。

1926年，李准着手写《任庵自编年谱》。当时汪精卫已做了国民政府常务委员会主席，位势显赫。但李准在这本比较详细的编年体自传中，提到汪精卫时没有一句多言，只在光绪二十八年（1902年）记事的末尾平淡地写下：

是年，延番禺汪季新茂才兆铭授弟妹女儿读。[1]

2019年12月24日改定

---

① 即延请汪精卫做教师之意，季新和兆铭分别是汪精卫的字和本名，茂才即秀才。

附　录

李准巡海记[①]

前　序

近因法占南海九岛，引起国际纠纷，据日前南京电讯，粤省电中央，认九岛为我最南领土，前清时曾派广东水师提督李准至该岛调查，并鸣炮升旗云。李直绳先生亲来本社（国闻周报社），与记者谈此事。谓彼于清光绪三十三年[②]四月间（西历一九〇七年五月间），奉两广总督张人骏之命，巡阅南海，发现十四个岛，各为勒石命名，悬旗纪念。缘是年春，李氏先巡海至东沙岛，见悬有日旗，经交涉收回，因思中国领海中恐尚有荒弃之地，乃更有南巡之举。有《巡海纪事》一册。此外并有测绘之图，在辛亥革命时遗失。惟海陆军部及军机处尚有存案可稽也。据李氏之《巡海纪事》，是年四月初四日（西历五月十五日）乘伏波、琛航两舰自琼州启椗。因避风，十一日（西历五月二十二日）始自榆林港放洋，翌午抵珊瑚岛，命名为伏波岛。继续巡行，共发现十四岛，各为勒石命名。二十三日回航。李氏自谓其地或即法国所占者。

---

① 本文为《李准日记》之节选，原载民国《国闻周报》。

② “清光绪三十三年”为“清宣统元年”之误，具体考证见《南海雄杰》一文相关论述。

然以海程计之，大抵为西沙群岛。李氏笔记明言其地“西人名之曰怕拉洗尔挨伦”，自系 Paracel Island 之译音。笔记且有“林肯岛”之名，经李氏易为“丰润岛”，林肯岛固西沙群岛之一。李氏此记虽不能证法所占者即我领土，然西沙群岛固我之疆域无疑也。今当海疆多事，此记之价值乃显。《大公报》近曾刊露李氏笔记之一部分，兹并关于东沙岛者一并刊露之，洵珍贵史料也。

一、东沙岛

中国向不以领海为重，故于海面之岛屿，数千年来并无海图，任外人之侵占而不知也。粤之东有东沙岛焉，距香港一百二十海里，距汕头八十海里，在澎湖、南澳之间，向无居人。闽粤之渔户常有至其地者，航海之船，往往遭风漂没于此，渔人多有得其资财者，故粤谚有曰“要发财，往东沙”。光绪三十三年春，余乘伏波舰巡洋至其地，远望有旭日之旗高飘，不胜惊讶，以为此吾国之领海，何来日本之国旗，即下令定椗，乘舢板登岸。是有木牌竖于岸曰“西泽岛”，乃进而执西泽，询以何时侵占此岛。西泽曰：已二年余矣。余曰：此乃我国之领海，何得私占？西泽曰：此乃无主之岛，以其距台湾不远，以为属之台湾，不知为广东属地也。问其经营何种事业。曰：取岛上之鸟粪，以为磷质及肥料，并采取海带、玳瑁等物。余巡阅一周，长约十余里，宽约三四里，有工厂三座，办公室一座，并有制淡水机器，轻便铁道十余里，海面有小汽船一艘。据云共已费二十余万元。余一面派人监视，不许再行采取各物，存货亦不许运去，乃回省商之张安帅（按：即两广总督张人骏，字安圃），与日人交涉，交还此岛。外部索海图为证，而航海所用海图为外人测绘，名此岛曰布那打士（按：即Pratas），不足为证。遍查中国旧有舆图各书及粤省通志，皆无此岛名。王雪岑观察，博览群书，谓余曰：乾隆间有高凉总兵陈伦炯著《海国闻见录》，有此岛之名。即据此图与日人交涉，乃交还此岛。日公使以西泽经营此岛费去在数十万，其工厂、房屋、机器、铁道、汽船索补偿其二十余万元，我以彼盗取此岛之磷质肥料、海带、玳瑁等物为抵偿品而交还焉。其岛桑树极多，其铁道枕木多以本岛之桑木为之。交还后由劝业道经营，仍留管事及工人在彼，采取各项出产品。每月余派广海舰送火食至岛，运各物回省。改革后，党人只知占地盘，谋权利，遂不以此岛为意。留岛之人绝粮而死，可哀也。我虽不杀岛人，岛人由我而死，余滋愧内疚于心矣。后由国民政府于此岛建无线电台，以报风讯，上海包工人亦以久无运粮食，接济工人食料，亦绝粮而死。涉讼经年，索抚恤其家属。今已设无线电，可通信息，不致再绝粮也。

二、西沙岛

东沙岛之案交涉既终，因思粤中海岛之类于东沙者必不少。左翼分统林君国祥，老于航海者也，言于余曰：距琼州榆林港迤西约二百海里，有群岛焉，西人名之曰怕拉洗尔挨伦，距香港约四百海里，凡从新加坡东行来港者，必经此线。但该处暗礁极多，行船者多远避之。余极欲探其究竟，收入海图，作为中国之领土，因请于安帅（按：即张人骏），而探此绝岛。安帅极然余说。同寅中之好事者，亦欲同往一观焉。乃以航海探险之事属之林君国祥，乘伏波、琛航两舰。林君曰：此二船太老，行驶迟缓，倘天色好，可保无虞，如遇大风，殊多危险。余以急欲一行，故亦所不计。因偕林君下船，考验船上之锅炉机器，应修理者修理之。凡桅帆缆索，无不检查。其铁链之在舱底者，概行拉出船面，林君节节以锤敲之，其声有坏者，立以白粉条画之为记，概用极粗之铅线扎之，防其断也。备食米数百担，其他牛、羊、猪、鸡等牲畜，罐头、食器、汽水称是。各色稻、粱、麦、豆种子各若干。淡水舱满储淡水，炭舱满储烟煤。除船员外，雇小工百名，木石缝工油漆匠若干，备木材、桅杆、国旗之属又若干。盖将觅此群岛为殖民地也。

余带卫队一排，以排长范连仲领之。吴君敬荣为伏波管带，刘君义宽为琛航管带。余乘伏波，以林君为航海之主，悉听其指挥。王君仁棠随行参赞。同行者有李子川观察（哲濬），王叔武太守（文泰），丁少荪太守（乃澄），裴岱云太守（祖泽），汪道元大令（宗珠），邵水香太尹（思源），刘子仪大令，德人无线电工程师布郎士，礼和洋行二主布斯域士。

三十三年四月初二日启行，初三日抵琼州之海口，采买鱼菜，添盛淡水。道府来迎，应酬一日夜，初四日下午启椗，沿琼岛南行，初五日入崖州属之榆林港。清风徐来，余于甲板上观之，见此港山环水绕，形势极佳，而水深至二三十尺。入口不三里，下锚，四围皆山，不是水口，诚避风良港也。惜局面太小，不能多容军舰，有七八艘已不足以回旋。港内水波不兴，上下天光，一碧万顷，以为正可直驶西沙矣。国祥曰：天气不可恃。须看天文，有三五天之西南风，乃可放洋，且亦须于此添盛淡水。少顷，偕各员登岸，每人各持木棍一根，备倚之行，且可以御禽兽。此国祥之言也。余以为御兽可也，禽岂能为人害乎？国祥曰：西沙岛多大鸟，不惧人，且与人斗，非此不足御之。

上岸后，沿平原而入山凹，一路遍地皆椰子树，结实累累，大可逾抱，高约百数十尺，其直如棕，叶长大似蕉，但分裂而不连属。其时天正炎热，行人苦渴，以枪向椰树击之，其实纷纷下坠，人拾一枚。其有为弹穿者，汁流出，即以口承之，味甘而滑，解渴圣品也。步行约六七里，有居人焉，披发赤足，无衣，以布围盖下身，其黑如漆，前后心及两肘、两腿，毛茸茸然，两耳贯以铁环，大如饭碗之口。老少可辨，男女殊难认也。其所住室，以椰子树为之，高不及丈，宽约一二丈，横梁门柱，皆椰树也。上盖及壁，都以椰叶编作人字形之厚箔为之。有门无窗，屋内之地，亦铺以椰席，厚可数寸。无桌几、床帐，饭食起居，咸于此焉。余以手镜为之照像，各嘻嘻笑不已。又与同人行至一处，有男女多人，于野外草地上跳舞。有老者、壮者于旁，敲锣吹笛及击瓦器，跳舞者女子居多，间亦有男子与偕，皆青年也。其齿白，而口吐红色之沫。询之，乃含槟榔使之然也。此男女跳舞者，如两情相合，即携手相归而为夫妇矣。其语不可辨，国祥能懂一二，盖黎山之生黎也。旋亦觅得一能谙汉语之熟黎作舌人。据云山中马鹿极多，以其大如马，可以代步，故以马鹿呼之。余极欲猎，苦无猎犬，熟黎曰：可以黎人代之。余即令此熟黎觅数人来带路，并驱马鹿。生黎手持一棍，举动如飞，其山中之木桩，坚如刀锥，履之过，如履平地。余率卫兵多人追随于后，乏极傍石而坐，稍事休息。正打火吸雪茄烟，群鹿自林奔出，大若牛马，余持枪击之，僵其一，倒地而起者再，卫兵捉之，其角大如碗，长约三尺，余开三四叉。倒地时跌损一角，血淋淋出，一卫兵以口承而吮之。嗣以五六人用大木杠抬之回船，权之重四百斤。去皮分食其肉，茸则悬之船面，以风吹之，以为可以保存也，三两日后，生蛆腐烂，臭不可近，弃之大海中矣。

一日雨后，余正在船面高处坐而纳凉，忽见一黑色之物自海面向余船而来，昂首水面，嘴锐而长。余问曰：此何物也？国祥曰：此鳄鱼也，韩文公在潮作文驱之者，即此是也。语时鳄鱼已及船边，攀梯而上，余命梯口卫兵击之以枪，而卫兵反退后数武，不敢击。余速下夺枪击之，鳄鱼下坠，白腹朝天，距船已四五丈矣。即令水手放舢板往捞，水手以挠挑之，长约丈余，重不可起，恐其未死，不敢下手。再击二枪，反沉水底而不见踪迹矣。

连日风色不佳，夜间月光四围起晕，必主有风，不能放洋。国祥于此购买柴薪无数，船面堆如山积，备缺煤时之用也。又购黎人椰席数百张，为建屋作墙壁上盖铺地之用也。第四日约集同人往三丫港观盐田，去此约二十里，以藤椅贯以竹作杆代步，雇黎人抬之。议定每人小洋二毛，黎人力极大，行甚速，惟不善抬，一路殊多危险，不一时而至其地矣。其盐田界两山中，绵亘十余里，皆盐田也。其水咸头极重，一日即可成盐，两三日成者亦有之。然较之他处盐田则不可多见矣。其价极贱，每石不过二三百钱，故香港、澳门一带之私盐，皆由此运往焉。沿途树林内多红绿色之鹦鹉，大小不等，白色者较大而少，又多小猴，飞行绝迹，擒之不易。回榆林港后，抬轿之黎人，每人给以银二毛，不肯受，以其求益也。增之至四毛，不受如故。询之，乃知其议价时以为每一乘轿两人共二毛，今多与二毛，故不受。其朴野如此，真上古之民哉。有黎人以大竹笼抬大蚺蛇一条来卖，给以银二元，令抬去，又抬薏米酒若干坛来，每坛给以银一元，其色黑而味甜。又有此间之回民，操北方语者，将石蟹、飞蛇来卖。其石蟹鲜有完好者，磨醋可治疮毒，飞蛇可以催生。人争购之。又有一种椰珠，如鱼目，闻系数百年之椰壳内实结成，岱云购得之。其回民相传为马伏波征交趾时遗留于此者，至今人不多，然仍操北方之音，与粤人异。国祥云：天色已好，可放洋矣。

四月十一日下午四钟启椗，出口，风平浪静。七钟，忽见前面似一山形，若隐若见，国祥曰：此处向无山，必鲸鱼也，当绕道避之。余以千里镜窥之，见一黑影，横亘于水面，不甚高，同人争欲一观为快，无何渐渐沉下矣。船仍按经纬度直行，国祥、敬荣经夜不睡，行于甲板上，监视舵工，其桅杆顶尚有一人持望远镜观察前面之岛，不敢一毫懈也。国祥曰：以船之速率及海程计之，此时应可见最近之岛，今不见，必有误。以天文测之，差一度几秒，危险万分，此为本船马力不足，为大流冲下之过，宜仔细，此处暗礁极多，稍不慎，则全船齑粉矣。

少顷，桅顶人报告，已见黑影，然在上游。国祥、敬荣乃心定而直驶向该岛。十一点二十分下碇，锚链几为之尽。其处水清，日光之下，可见海底，多红白珊瑚，大如松柏之树。有一种白色带鱼，长约丈余，穿插围绕于珊瑚树内，旋转不已。饭后，余率诸人乘舢板登岸。国祥请余勿坐舢板，宜乘大号扒艇平底者，乃可登岸。余从之，果至最近岸之浅滩内，乘舢板者果不得入。此项扒艇，国祥于海口购七八只之多，余初以为无用，今乃知为得用也。

余仍持木棍，离扒艇，践石堆超越以过。此石跳彼石，相距有远有近，有高有低，扒艇不能前，非此不能登彼岸也。余正站圆形之大石上，欲再跳，而相距稍远，恐坠水中，迟回者再，而所立之石动矣。余以为力重为之也，而此石已起行而前，余惊惧欲仆者屡矣，石行较近彼石，乃跳过焉。余惊问：石何能行？国祥、敬荣同曰：此石乃海内大蛤也。其壳已生绿苔，不知若干年矣。又见一鱼，其色黑而杂以红黄。国祥曰：“此小鲸鱼也，亦长七八尺。潮水退不能出，困于此浅水滩耳。”余以棍拨之，头上一孔，喷出之水，高可一丈。余急登岸。见沙地上红色蟹极多，与他蟹异，爪长而多，其行甚速。以棍击之，即逃入一螺壳中而不见。拾壳起，见其爪拳屈于壳内，了无痕迹。每蟹必有一壳，大不逾二寸。有一蟹之壳，先为人拾起，致无所归，即拳伏于沙上，如死者然。余以竹筐拾归者数百枚，分赠亲友，名之曰寄生蟹。工人持铲锄上岸，在各处掘地及泉，而求淡水。掘十余处，至二三丈，均不可得，其实非岛，乃一沙洲耳。西人亦谓之“挨伦”。

此岛长不过六七里，行不数钟，即环游一周矣。岛上无大树，有一种似草非草似木非木之植物，高约丈余，大可合抱，枝叶横张。避此林中，真清凉世界也。其地上沙土作深黑色，数千百年之雀粪积成之也。岛中无猛兽虫蛇，而禽鸟极多，多作灰黑色。大者昂头高与人齐，长嘴，见人不惧。以棍击之，有飞有不飞，其大者恒与人斗，不自卫，将啄人目。遥见大群之鸟，约千余百只，集沙滩上。余击以鸟枪者三，均不见飞，以为未中。遣兵往视之，已击倒三十余鸟。卫兵逐之，始群飞去。盖不知枪之利害，人为何物也。

其椰树及石上，多德人刻画之字，皆西历一千八百余年所书。德人布朗士以笔抄其文记之。其石亦非沙石，乃无数珊瑚虫结成者，因名之曰珊瑚石。又至一处，有石室一所，宽广八九尺，四围以珊瑚石砌成，上盖以极大蛤壳两片为之。余于此而休息焉。石上亦有刀刻之德文，盖千八百五十年所书也。均有照片，改革后不知失于何处矣。余督工刻字珊瑚石上曰：“大清光绪三十三年广东水师提督李某巡阅至此。”勒石命名伏波岛。以余乘伏波先至此地，故以名之。又命木匠制成木架，建木屋于岛，以椰席盖之为壁，铺地，皆椰席也。竖高五丈余之白色桅杆于屋侧，挂黄龙之国旗焉。此地从此即为中国之领土矣。

夜宿岛中，黄昏后听水中晳晳有声，国祥曰：此海中大龟将上岸下蛋也，从此不忧乏食矣。率众各将牛眼打灯，反光怀内，候于河上，月下见大龟鱼贯而上，为数不可胜计。群以灯照之，龟即缩颈不动，水手以木棍插入龟腹之下，力掀之，即仰卧沙上，约二十只。国祥曰：可矣，足敷吾辈数百人三日之粮矣。国祥又引水手，持竹箩，在树下拨开积沙，有龟蛋无数，其色浅红，而圆大如拳，壳软而不硬，拾两大箩筐。归后，烫以开水，撕开一口，吸而食之，其味厥美。国祥曰：雀蛋更多，但不能如龟蛋之可口。黎明率同人于树下拾各种雀蛋，大小不等，有如鸡鸭卵，有大如饭碗长六七寸者，均作淡绿色。其极大者，有黑点无数，剖之多腥，而此极大之卵，如鸵鸟之蛋，壳坚如石，了不可破，后携至省垣，在大新街嘱刻象牙之匠人，开天窗，镌山水人物形，作陈列品。其仰卧之大龟，长约一丈，宽亦六七尺，各水手、工人，以刀斧从事去壳，宰割其肉，各分一脔，色红如牛肉，其裙边厚二寸，每龟得二三十斤，其全数重量盖四五百斤也。尚留八只，不许宰割，即以生者抬于舢板或扒艇上，运之上船，以起重架起之，始得上。八龟已将官舱前面隙地占满，致水手、工人无休息食饭处，众即于龟腹上围坐而食，且于此斗牌焉。夜间余怜其仰卧，令人返仆之，夜深人静，群龟鸣如鸭，乒乓之声极厉，致同人不得睡，仍令水手反之仰卧，始无声焉。午后率同人回船，留牲畜之种山羊、水牛雌雄各数头于岛。布朗士对之泣曰：可怜此牛羊将渴而死，以其无淡水也。

正午开行，约三十里，又至一处。两面皆岛，海底有沙，可以寄椗，非如伏波岛之尽珊瑚石，难于寄椗也。且岸边有沙，舢板、扒艇皆可登岸。又率同人偕上。其林木、雀鸟，一切与前岛同。工人之掘井者，少顷来报曰："已得淡水，食之甚甘。掘地不过丈余耳。"余尝之，果甚甘美，即以此名曰甘泉岛。勒石竖桅，挂旗为纪念焉。此岛约十余里，宽约六七里，余行两三小时，尚未能一周也。在沙滩上拾得一物，其状如金瓜，大如蜜橘，其色为青莲，其分瓣处，间以珍珠白点，似石非石，质轻而中空，上面有蒂，如罂粟壳之状，下空一孔，甚为美观，不知为何物也。敬荣曰：此动物而兼植物，有生者当寻与军门一看，其他尚有种种色色千奇百怪之物，为内地所未见者。有一石杯，盛之凉水，不漏而易干，盛热水，则发腥臭之味。手摩之直如石制，然其质软，物本圆者，可以为方，可以为椭圆形。其红白珊瑚，遍地皆是。其红者大逾一寸，然质粗而少纹，白者更多。余曾拾得一大者，百数十枚结于一块，如一山形，以玻璃匣盛之，后于石瓜、石杯同陈列于江南劝业会中。阅此岛毕，亦放牲畜于上。又过对岸之岛，较小于甘泉岛，纵横不过八里耳。其珊瑚比前更多，因名之曰珊瑚岛，亦勒石悬旗为纪念。

下午回船开行，约二十海里，又至一岛，定椗后，乘舢板上岸，海内带草极多，长不知若干丈，开小白花。舢板之浆桡，亦为之阻滞，不得进行。见一石，上有物，圆如金瓜，其蒂上开紫色之花，如蝴蝶状。余曰：此必昨日海岸拾得石瓜之生者，即泊船近之，余亲手抚其根，长约四五寸，似为石质而长于石上者，力拔之始下，而根断矣。有白浆自根下流出，其腥异常，如蟹爪之肉，其花甚硬，亦似石质，然鲜艳无比，究不知其为动物植物也。拾回数日，其花自凋落，壳内之浆亦流尽，而为空壳，并与前拾之瓜，并呈于安帅，送江南劝业会矣。上岸阅视一周，情形与各岛相同，名之曰琛航岛，勒石竖旗。回航。是夜即下椗于此。

第三日黎明又开行，约十余海里，而至一岛。登岸后见有渔船一艘于此，取玳瑁、大龟，蓄养于海边浅水处，以小树枝插水内围之，而不能去。余询其渔人为何处人。据言为文昌、陵水之人，年年均到此处，趁天清气朗，乘好风，即来此取玳瑁、海参、海带以归。余询以尔船能盛淡水、粮食若干，敢冒此险乎。渔人曰：我等四五人，食物有限，水亦不能多带，食则龟肉、龟蛋、雀蛋、雀肉、鱼、虾之属，饮则此岛多椰子树，不致渴死。余告以前方有甘泉之岛，如往彼处，不忧无淡水也。余视其船内，以石灰腌大乌参及刺参一舱，皆甚小者。余问以海边之大乌参，有大逾一丈几尺者，何不腌之。渔人曰：内地不消此大者，因引余视海边之浅水内有一大乌参，长丈余，色黑如死猪然。余以棍挑之，其肉如腐者，脱去一块，皮虽甚黑，而肉极白，但无血耳。不少动，以为其死也。一工人以十字锹锄之，又脱一大块，而此参乃稍行而前，真凉血动物也。岛上情形与各岛相同，游览既周，名之曰邻水岛。勒石竖旗，而往他岛，均皆命名勒石。有名曰霍丘岛者，以余妹倩裴岱云太守为霍丘人也；有名归安岛者，以丁少荪太守为归安人也；有名乌程岛者，以沈季文大令为乌程人也；有名曰宁波岛者，以李子川观察为宁波人也；有名为新会岛者，以林瑞嘉分统国祥为新会人也；有名为华阳岛者，以王叔武为华阳人也；有名曰阳湖岛者，以刘子仪大令为阳湖人也；有名为休宁岛者，以吴荩臣游戎敬荣为休宁人也；有名为番禺岛者，以汪道元大令为番禺人也。尚有一岛距离较远，约六十余海里，其岛长二三十里，向名曰林肯，改名为丰润岛，以安帅主持大事也。

以天色骤变，不敢再为流连，恐煤完水尽，风起不得归也。四月二十三日[①]鼓浪而行，历四十八小时而抵香港，次日即回省。盖出门已将一月矣。将经过情形一一为安帅述之。安帅惊喜欲狂，以为从此我之海图，又增入此西沙十四岛也。所拾得之奇异各物，陈列于厅肆中。同寅中及士绅争来面询，余口讲指划，疲于奔命。所历各岛，皆令海军测绘生绘之成图，呈于海陆军部及军机处存案。此次之探险，以极旧行不过十海里之船，数百人之生命，付与林瑞嘉之手，实乃天幸，非尽人力可致也。

---

① 官方史料记载此行“于宣统元年四月初一由省起行，是月二十二日回省”，因而此处返航时间应为四月十九日。

广东水师国防要塞图说①

序

中原大势，尽于岭南。历代战争，被兵独后，粤虽海国，盖形势犹重于陆矣。东晋之末，刘裕命孙处、沈田子自海道袭番禺，此为粤海用兵之始。有明中叶，倭患孔棘，缘海驿骚然，重在浙闽，而粤防犹缓。我朝道光季年，以烟禁与英龃龉，适西人火轮有成，兵事不竞，划界香港。而葡人亦以前明租借濠镜之后，窟穴澳门。粤防之险遂与西人共之，其形势乃重在海。古今变迁之故，虽圣哲有不能前知者欤。余菲材弱植，忝绾军符，素昧宋人洴澼之方，谬膺横海伏波之选，春冰虎尾，夙用兢兢。

去年军咨处檄行来粤，调查海防要塞。余乃命材武之士分道探测，幕下之宾分门编纂，逾时累月，始底于成。复取粤省旧图与西人新图互相参校，经今实测详备为多，为图二十有七，用以上闻，藉资考镜。凡险隘之远近、港湾之大小、沙线之浅深、营垒之废置、阴阳潮汐之变、江海内外之别，畛分鳞列，烂然异观。术以用新而益精事，以后起而易胜，抑亦其势然也。今者天吴肆虐，洞我门庭，云变飙驰，衡颤难测。朝庭建设海军，专署习流

① 本图说为李准主编，图已亡佚。——编者

尤亟。余既以详图贡部，芟繁汰琐，别为是书，筹海图编，敢追昔作，朝夕循省，如履波涛。岂曰老马识途之能，庶免井蛙语海之诮云尔。

宣统二年季冬月广东水师提督李准

广东沿海总图说

广东带海为疆，西起钦州防城县，东讫南澳厅属地界，袤延二千三百余里。而琼州一府悬在海外，回环几及二千里。各国自南洋入中华者，粤省首当其冲。内为沿海各省之门户，外接香港英人、澳门葡人、越南法人三国之邻境，兵轮商舶，往来如线。故论中华御侮之全局，尤以粤省海防为先务。

按广东全势，以四路总挈为大纲，以各口分列为细目。中路曰广州省防。东出香港，西连澳门，界乎其中，则九龙寨、汲水门、大屿山在焉，是为省防以外之海路；外起虎门，内达牛山、长洲，一由南支之沙路，以抵南石头、白鹅潭；一由北支之鱼珠，以抵中流沙、大沙头，均会于省河，是为省防前路；西自蕉门、横门，以达观音沙、潭州等处，又西自磨刀、虎跳、崖门，以达西海、甘竹滩、五斗等处，均会于南石头，以入省河，是为省防旁路；由鱼珠登岸，西上至省城小北门，又折而西，以达泥城制造局，入东门之陆路则有燕塘，达北门之水路则有增步，是为省防后路；皆中路最要之各口也。

东路曰潮防。其口门为汕头，东北曰南澳，接壤福建，西为碣石，又西为神泉、甲子、三洲、范和港，此东路之要口也。

西路曰廉防。其海岸为北海市，又钦州口曰龙门，又西抵越南极边之岛曰白龙尾，其陆路为东兴，北海以东，雷州之海岸曰海安，在水中者曰东山墟，高州之海岸曰水东，阳江之海岛曰海陵，此西路之要口也。

南过海曰琼防。其海岸为海口所，东至文昌口曰青蓝港，南至陵水曰桐栖港，至崖州曰榆林港、大蛋港，西至儋州曰洋浦港，四面际海，皆属琼郡，此海南一路之要口也。

论设守之难易，广州之虎门最为宽深，其旁又有横门可以绕出八塘尾，有磨刀门可以旁突西江，非有炮台、水雷、兵轮三者不足言固。琼岛孤悬，地利未开，久为强邻所觊觎。榆林港内宽口狭，置台较易，我之战舰可资停泊。廉之北海，沙面平衍，不能仅恃炮台，尤须以较大车炮驰骤截击。潮州、汕头口门紧狭，外有涞角之险，若于放鸡山量增炮台，更足自守。

故广州省防最急，琼次之，廉次之，潮又次之。广府安，则腹心强。琼州完，则门庭固。廉潮密，则肘腋纾。无事则开门而通商，有事则设险以却敌。粤防大端，略具于此。

南澳至香港图说（详见分图）[①]

香港至海陵山图说（详见分图）

海陵山至白龙尾图说

海陵山至阳江州五十余里，西至高州之水东、雷州之海安、廉州之北海市、钦州之龙门，又西极边之岛曰白龙尾，皆西路海

① 原文如此，图文今已亡佚，下同。——编者

防之要口。惟白龙山麓斗入海中，形势辽阔，当中越分界之地，最关紧要。该处设有白龙、银坑、龙珍、龙骧四炮台。分配洋炮五尊，足以自固。

广东六门水道图说

广东中路水道有六门，曰虎门、蕉门、横门、磨刀门、虎跳门、崖门。极冲要曰虎门，余则次冲，设防皆不容缓。特形势有险易，水道有广狭，潮汐有深浅，与轮船大小入口难易之不同，而设防配备因之有等差。虎门、蕉门、横门为东三门，系广东省城第一重门户。蕉门属广州府香山县，归水师提标右营管辖。近今淤塞水浅，其西北有深水沥，河道宽深，由此入口可绕出大虎山后，历八塘尾入狮子洋，通行中小轮船，以达省城，为虎门外间道，宜加防守。蕉门旧设炮台四处，沙淤港塞。并废无用。驻防有缉捕兵轮东海、雷震二号，及广州协营兼带中路巡防队一营。横门距省城水道一百五十里，属广州府香山县，归香山协左营管辖。口门洋面宽约六里，河道至窄处二百八十丈，水深十二尺至十五尺，大潮高约六尺余，内通西北两江顺德、香山等处。河道在东三门中最偏西南，洋面平衍，无险可扼。惟口门水浅，非过潮涨，大船难入，设防较易。当横洲海内驶之路旧有两炮台，通顺德内河之路旧有五炮台，并废。驻防有缉捕兵轮广贞、雷兑二号，暨香山协营兼带中路巡防队一营。虎门属广州东莞县，归水师提标中营管辖。西北距省城水道一百一十余里，西距蕉门十五里，西南距横门四十里。内通西北东三江，洋面一千余丈，深四丈至十丈不等，航路最为宽深，头等大轮船可到，最关紧要。沙角大角各炮台设防于前，威远上下横档各炮台扼要于后，虎门寨驻水师提督一员，中军参将守備各一员，沙角驻新军一营，虎门寨驻工程队一营，水提亲军一营。盖东三门为广州第一重门户，虎门又为东三门最要关键也。磨刀门北距省城一百六十余里，属广州府香山县，归香山协左营管辖。西距虎跳门、南距澳门各五十余里。洋面宽一千零五十丈，水深七尺余，大潮高约六尺，海口宽深，为西三门之最。内通西北两江，中等轮船入口、循西江正流可行至肇庆以达梧州。又可由仰船冈甘竹滩等处支河以达省城，且密迩澳门。河道纷歧，尤宜防范。口门两山狭剌，尚易设守。旧炮台设门外磨刀角大托山，卑小无用，今已废。驻防有缉捕兵轮克虏安香二号，暨香山协兼带中路巡防队一营。虎跳门北偏东距省一百九十里，东岸属广州府香山县，西岸属广州府新会县，归香山协右营管辖。口门洋面宽二里有奇，西近炮台处水深丈余，大潮高六尺，通西北两江，惟沙浅礁多，大轮难行，中小轮船可以进口。炮台旧设门内东西山麓，形制卑小无用，今已废。驻防有缉捕兵轮广元一号，新会营兼带中路巡防队一营。崖门北偏东距省城一百九十里，距虎跳门二十里，属广州府新会县。归新会参右营管辖。口门洋面宽三里有奇，深约九尺，大潮高六尺。内为熊海，上承江门支河，可达西北两江，河道通行甚远，为省河渡船出海之间道，中等轮船可以进口。门内东西山麓两旧炮台，均卑小无用，今已废。驻防有缉捕兵轮东彝安新二号，暨新会营兼带中路巡防队一营。此六门险要配备情形也。

南澳图说

南澳孤悬海中。周回三百余里。为闽粤两省分界。西略偏南距省城一千零七十里，西偏南距汕头海道九十余里。内分四澳：曰青澳，曰云澳，隶福建，海面极浅，潮退时见沙，礁石极多；曰隆澳，曰深澳，隶广东，水深一丈左右，礁石横亘数里。西南一带沙屿错列，屏蔽汕头，亦潮防门户。现驻防南澳镇总兵一员、守备一员、千总二员、把总二员、外委千总一员。

汕头埠图说

汕头西距省城海道九百余里，北偏西距潮州府城九十里。潮退时水深二丈至四丈不等，内通东港，可达潮州府城，为闽粤两省界中一大市埠，商贾辐辏。口门两山对峙，险隘天成。其外尤多礁沙，船路极窄，大轮船可到。北岸设有崎碌炮台，配洋炮三尊。南岸设有苏安炮台，配洋炮四尊，足以自固。另驻防澄海营千总一员。

神泉甲子图说

神泉口西偏北距省城八百五十里，北距潮州府属惠来县十余里，南距甲子港海道六十里。附近东岸有神泉所城，港口潮退时水深二尺左右。口门浅狭，群礁林立，大轮可到，只能泊在港外七八里，中小轮船均不进口。防务可缓，现驻防有巡防队三队。甲子口西略偏北距省城八百余里，西偏北距惠州府属陆丰县城七十里，东北距神泉港海道六十里。附城西岸有甲子所城，港口潮退时水深六七尺左右。口门深而狭，礁石浮沈海中，凡五十余处，易于设守。大轮船可到，泊港外数里，中小轮船均不能进口。现驻防有巡防队三队。

碣石湾图说

碣石湾西略偏北距省城七百余里，北距陆丰县城十余里，东距甲子所城五十余里。附近东面有碣石卫城，湾内潮退时仅深二尺左右。西南面沙礁极多，湾外船路浅狭，非遇潮长中小轮船亦难驶入。其西遮浪淁、汕尾口等处，群山环拱，海湾均可避风，形势较为吃重，大小轮船均不能到。可泊湾外三十余里。现驻防碣石镇总兵一员，游击一员。

三洲水道图说

三洲湾西略偏北距省城六百余里，北偏西距海丰县城五十里，西距平海海道五十里。该湾南面无所屏蔽，北段多浅湾，西北通归善县属大洲。港口有东虎西虎二岛，水深一丈一尺至三丈余尺不等。沿海盐田甚多。轮船由西虎入港内可避风，惟船路极窄，防务可缓。

三门至范和港图说

三门西略偏北距省城六百余里，东偏北距平海五十余里，西偏北距大鹏所四十余里，北偏东距范和港九十余里。当东北风时，沱泞之北有水深六七丈者。在尖峰之东可以停泊。范和港口门自蹊跻角至碧甲角计海道宽二十余里。其湾澳在碧甲角东北二十余里则有巽寮港。蹊跻角在西偏北十余里则有大鹏港。四十余里则有墩头港。距范和港之西十余里则有霞涌港。中小轮船均可驶入。

其余岛屿虽多，不成为湾澳。现范和港口之稔山驻防有左路巡防队一哨。

广东虎门至龙穴图说

虎门属广州府东莞县。归水师提标中营管辖。西北距省城水道一百一十里。东北距虎门寨城及太平城陆路十余里。大虎山北海面一千八百五十丈。至深处六丈。其南海面宽约一千零四十丈。水深处五丈有奇。小潮高二尺余。大潮高五尺余。海面辽阔。船行经东西两道沙线。迂回沙角外。正南有舢板洲龙穴各岛。且海心有暗礁。轮船过此须驶近岸。东北岸设有沙角威远等炮台。西南岸设有大角蒲洲等炮台。海心设有上下横档等炮台。各炮台联络扼守。最关紧要。为粤省头重门户。附近虎门寨城驻防有缉捕兵轮安平、雷兑二号。又沙角驻新军一营。虎门寨驻工程队一营。

广东莲花山至虎门图说

莲花山在狮子洋之西。下游以虎门为捍卫。洋面宽深，兵轮可行，为入省河必由之道。由蕉门深水沥入口，绕出大虎山后，历八塘尾以入省河，悉汇于此，宜加防守。驻防有缉捕兵轮雷坎、安济二号，暨中路巡防队一营。

广东黄埔至莲花山属说

黄埔至莲花山，其中至冲要曰长洲。在黄埔之尾，介珠江南北二支合流之中，与沙路、鱼珠隔岸相望。由狮子洋入省河者，必取道于此。是为粤省二重门户。河面宽二百七十余丈，水深三十尺至四十尺不等。大潮高六尺有奇。极大轮船可到。炮台林立。船坞、水雷各局悉在其间。属广州府番禺县，归水师提标中营管辖。两岸有沙路、鱼珠、牛山等炮台，均扼险要。牛山在下游北岸。为长洲、鱼珠、沙路等台前面屏蔽。牛山下曰乌涌。道路四达。昔英人入粤，由乌涌登岸。南循猎德河滨，北抵燕塘山麓，直至省城东门，尤为水陆通衢，宜加防守。驻防有缉捕兵轮广亨、西山、同济三号，暨广安水军后营中路巡防队一营。

广东省河至黄埔图说

广东省河曰珠江，分为二流，下游合流于黄埔之长洲，距省城四十里。南流险要曰南石头，北流险要曰中流沙。沙在北流江心，东距长洲等炮台二十余里，沙面宽二百四十尺，至深处十八尺有奇，大潮高六尺，中等轮船可到，属广州府番禺县，归水师提标右营管辖，驻防有缉捕兵轮安禺、广乾二号，暨广安水军后营中路巡防队一营。南石头在南流江心，属广州府南海县，东岸归水师提标右营管辖，西岸归顺德协营管辖，距省城十里。河面宽一百六十丈，深十六尺，大潮高约六尺余，大轮船可到，又南通顺德、香山等处，为虎门、横门、崖门、磨刀门、虎跳门、蕉门诸河入省之总汇地。驻防有缉捕兵轮西兴、报捷二号，暨广安水军前营中路巡防队一营。

广东西江古劳至鸡冠石图说

广东三水之间，北江、西江并汇，分为二派。北派流入珠江与东江，合由虎门曲转入海。南派经古劳汇诸支流，东南由横门、崖门等处入海。古劳上溯西江，中小轮船可至肇庆，以达梧州。肇庆两岸峰峦叠起，高低不一，石质皆粗涩云母，其形逼肖鸡冠。沿河宽一百三十余丈。古劳至鸡冠石驻防有缉捕兵轮江清、江固、雷巽、雷乾等共十余号，分段巡查。以清河面西路巡防队七八九十等营分防陆路、水路，声息相通，互资策应。光绪三十二年，因廉钦乱事，西江一带劫案迭出。英人借口保护商务，径遣兵轮驶入内河，侵夺西江捕权。嗣因添设快轮分段，派员督率巡缉，英人始允将兵轮退出，取回西江捕权，此近事也。

广东西江鸡冠石至梧州图说

西江由鸡冠石以上，江心最多礁石，驾驶尤难。至德庆州城，商务兴盛，帆樯如林，水之宽深不等，与肇庆一带同由德庆至梧州入广西界，为华洋通商巨埠，轮船可至，诚两粤之要隘。设防有缉捕兵轮江巩、广利、雷艮、雷中等共八号，并西江巡防队七八九十等营分段巡缉。

榆林港图说

榆林港东北距省城海道一千三百余里，西偏北距崖州城八十余里。口门外海面宽二百余丈，中泓深水处约宽五十余丈，深二丈七八尺至三丈一二尺不等，两旁有沙，水深止数尺，东南海中有暗礁。琼南水土毒恶，此地独佳，往来轮船多于此取水。海岸曰榆林角，群山曲抱，口门甚窄，口内极宽深，可泊大兵轮十余号，中小轮船二十余号，应于两旁筑炮台扼守，其内可为船澳，以备有事时为兵轮停泊之用。

琅琊湾图说

琅琊湾东北距省城海道一千二百余里，北距陵水县城六十里，西偏南距崖州榆林港一百里。湾内水深二十余尺不等，内外均有暗礁。沙线纵横，潜隐难辨，非得土人带水，轮船不能深入三亚港。

三亚港图说

三亚港又名临川港，距省城海道一千三百余里，西偏北距崖州城一百六十里，北偏东距榆林港六十里。港口水深一丈余至二丈八尺不等，原设有炮台，今圮。

琼州、海口图说

海口东北距省城海道一千里有奇，南距琼州府城十二里，西南距盐灶港四里，东北距牛始港三里，东北距白沙头八里。港口十里外水深四十余尺，六里外水深十余尺，近港口处尤浅，潮退时露出泥滩数里，有礁石。琼郡孤悬海外，当南洋各岛之冲，有事应援不接，防守为难，幸海口浅滩甚阔，大船均止于十里之外，中小轮船均难入口。距海口五里之秀英山设有炮台，配大洋炮五尊，现驻防有海口参将一员，守备一员，千总一员，把总一员。

东沙岛图说

东沙岛孤悬海外，经东一百一十六度四十三分十四秒，纬西二十度四十二分三秒。东西长约七里，南北宽约三里。岛面出水高逾三丈，潮水涨落约五尺。居香港之东南，相距约六百里。岛产磷质极富，遍地皆是，掘土一二尺即见。其质厚约三尺至六尺不等，十余年当采取不尽。此外尚有龟壳、螺壳、海草、鸟毛等甚多。日本人西泽自光绪三十三年，曾带工人四百名，专事采取玳瑁、鸟毛、螺壳、海草、磷质等物，获利甚厚。宣统元年，我国将此岛设法收回。现拟招徕华商承办岛务，官为保护维持，以重海权。

西沙岛图说

西沙岛在琼州陵水县榆林港之东南，星罗棋布，延袤直自纬北一十五度四十六分至纬北一十七度一十七分五秒，横自经东一百一十一度一十四分至经东一百一十二度四十五分。共岛十五处，分为西七岛、东八岛。水深一十三拓至二十拓不等。岛产磷质雀粪极多。宣统元年，张前部堂派员查勘，现拟招徕华商承办岛务，官为保护维持，以重领土而保利权。

广东中路沙角各炮形势险要详细图说

沙角、大角、蒲洲为前路，威远为中路，由水平面测量各台距离及台位与山之高度暨各台所居地位纵横一百九十二方里。凡外海轮船由香港、澳门入内河者，皆取道于此。是为粤省头重门户。威远有上、下横档，二沙东西相向，建设台垒，正当轮船来路，并资扼守。溯查昔年省城有警，英法各国均由虎门入，此路最关紧要。

广东中路威远各炮台形势险要详细图说

广州口海岸前路要塞分为上三台、下三台。下三台，沙角、大角、蒲洲是也；上三台，即威远，上、下横档是也，踞沙角等台之上游，故称上三台。其形势实相联络，自香港入口后，由沙角、蒲洲而威远而下横档而上横档，星罗棋布，层层设防。航路愈狭，炮台愈近天然，山势控制要隘。今就上三台形势言之，威远在北岸，山高约一百五十密达①，全部面积约十方里，俯瞰海洋陆点各处，目所能见，即炮力所能及，足以控守上下横档，保固无失。上横档在威远对海之西北，相距约三里余，山形长圆，高约四十密达。面积约一方里半。下横档在威远对海之正西，相距约三里，北距上横档里余。山形圆耸，高约五十密达。面积约一方里半。两台位置为海中砥柱，甚合要击炮台之用。虽地势较低，对于敌弹不免有掩护不周之处，而东面有威远台临其上，相距不远，足以实行保护。西面海中沙线、浅滩、暗礁为之障碍，航路不便，其南沙方面，之后虽有大川通航，而两横档西台炮力足以及之，且下游蒲洲炮台扼吭而守，则上下横档虽处海心，绝无四面受敌之患。此威远三台形势险要之大概也。

---

① 法语 mètre 音译，即“米”。下同。

广东中路长洲各炮台形势险要详细图说

黄埔之尾曰长洲，面积约十二方里。大小山约十余座，高由十余密达至四十余密达不等。内海至此中分为二。长洲介南北两支之中，与沙路、鱼珠隔岸相望。由狮子洋入省河者，必取道于此，是为粤省第二重门户。临水筑台，于轮船来路可以迎头截击，三方夹攻，最扼冲要。沙路当珠江南支之尾，距长洲约三里余。面积约二方里，山高五十密达。水道宽深，较鱼珠河行驶尤便。鱼珠当珠江北支之尾，距长洲约五里，面积约二方里，高约四十密达，为从前洋人登陆之熟路。牛山在珠江下流，北岸正接四沙尾，距长洲约九里。面积约二方里。山高约四十密达。当狮子洋内驶之路为长洲鱼珠前面屏蔽，形势扼要，道路四达，可以屯军，兼顾水陆，由水平面测量各台相距及台位与山之高度暨四台所居地位纵横五十七方里。海道形如井字。四台之中，惟长洲居中央，四面环水；鱼珠则通西北两江并近接九广铁路，扼陆路之要冲，屏蔽全粤；牛山距九广铁路亦仅七里。如遇浅水兵舰由横门越大虎门之背，则牛山、沙路为前敌，而长洲、鱼珠为助援。粤省中路险要全恃乎此。

广东东路崎碌苏安各炮台形势险要详细图说

崎碌苏安两台，在汕头马屿海口，外接重洋，内蔽潮郡。两山对峙，险隘天成。其外尤多礁沙，船路极窄，倍觉险要，为闽粤两界中一大市埠。商贾辐辏南北洋，入粤道必经此。该台炮位实扼其要，实为广东东路之门户也。

广东西路白龙尾炮台形势险要详细图说

白龙尾在粤东边境东北距钦州水道二百三十余里。东北距防城县八十余里，西距东兴五十余里，与越南交界。对岸即越南老鼠山青梅岭大镇诸岛，海盗出没无常，内则毗连粤西十万大山，实为钦州门户。炮台四座，以银坑为首冲，白龙为次冲，龙珍、龙骧又次之，皆控扼越南，环顾外洋内港，四台联属，互为应援。

广东南路秀英各炮台形势险要详细图说

秀英炮台设在海口水英村地方，该处地高滨海，四围港汊虽多，均系浪巨沙浅。惟琼郡孤悬理外，相隔省城海道一千里有奇，当南洋各岛之冲，西至越南海防及新加坡，南至新旧金山等埠。其对海口之北岸约八十里，系高廉雷各府属之广州湾，为法人租界，有事应援不接，防守为难。幸海口浅滩甚阔，中式轮船均不能入，而大船则止于十里之外。查咸丰八年天津立约，琼州始增通商口岸。光绪元年于海口设立市埠，故凡轮船往来，尤以海口为必由之要津。凭险设守，极关紧要。该台就山凿垒，分设炮位五处，由水平面测量各炮位与山之高度约三十六密达，均属明台，能四面射击，而炮台之背面为耕牛山，随时添驻重兵以顾后路而资扼守，亦防御所不可少者也。

任庵六十自述①

忽忽六十春，百事无一成。全恃祖德厚，侥幸博微名。高祖懋德公，清望世所衿。刘氏曾祖母，孀居目失明。苦节六十年，绕膝有孙曾。吾祖舒锦公，终身孝于亲。先德阁学公，早岁步青云。自从通籍后，实业多经营。作令来岭表，遗爱今在民。自顾我生初，辛未岁仲春。我父在金台，公车正留京。吾母王夫人，无乳育米羹。每入厨操作，襁负儿在身。上有重堂养，并须侍晨昏。既作农家妇，畦间菜蔬耘。生长田间苦，儿时目所经。长方四五岁，祖教识字丁。吾祖出观稼，牵牛复负孙。肩头教之读，寒暑二三更。戊寅春二月，吾祖目长瞑。我父奔丧返，守礼在家门。孝事先王母，兼课我弟兄。次年上学读，母促起五更。从此成习惯，到老亦相仍。吾母家法峻，教子义非轻。衣履必整洁，妄言不出唇。偶从市上食，归必遭严惩。壬午重阳后，胞妹育珍贞。吾父营实业，家业渐渐亨。丙戌春三月，离家赴北平。临行谆谆谕，勤学顺亲心。改官来粤峤，谕令先成婚。今年方十七，不解夫妇情。小试曾前列，学疏难采芹。随任到河邑（先大夫以丁丑成进士，以主事分刑部。丁艰回籍，经营实业者近十年。回京供职，资格限人，候补无期，乃改官知县），吾父更劳形。次年遭水灾，救活数万人。

---

① 本文是李准1930年写的五言体回忆录。

我于署中读，制义教我频（先大夫每下乡勘案，马上作时文，回署念之，令抄，早晚诵读，期余成名。屡试不售，负亲甚矣）。读经兼读史，并令抄说文。己丑赴香邑，夏初令入京（戊子冬调署香山县，己丑元旦赴任，旋调补首邑南海）。不许居衙署，肄业在成均。读书兼应试，方冀宴鹿鸣。秋后落第归，长女菊荪生。自从庚寅夏，量移海阳闉，航海赴汕埠，炎天暑日蒸。吾母病几殆，凉剂伤元神。从此失康健，常有疾相侵。连年入燕市，徒自困风尘。名既未能显，又阙侍慈亲。辛卯冬除月，次女梅荪生。壬辰仲春候，揭阳再役行。吾母抱病久，力疾同赴新。七月初四日，春晖忽西倾。今生未能报，不孝辱家乘。次年扶柩归，船破险遭沉。葬母宅之右，千古此佳城。甲午三月末，返粤侍严亲。只此一年中，一妹一弟生。吾弟方弥月，吾妹未一龄（吾庶母杨太淑人，于辛卯冬来归先大夫，弟、妹皆其出也）。我父请开缺，过班觐紫宸（先大夫以捐赈得奖，遇缺先选用道，又历保存记，遇缺提奏道、遇缺简放道，至是始请开缺，并案送引）。清理交代卷，亏累十万盈。东挪复西借，交代始得清。伤哉围姓毒，十载累清贫（先大夫历任皆腴缺，徒以历年捐赈及卜塳花围姓，负累十余万，多由商号借贷，交代始得清结）。例有四参案，部议格不行（先大夫十年县令，例有四参之案，部中书令见先大夫历任优缺，今以道员送引，援例讹诈，索贿万金，先大夫不之予，部议令仍赴本任）。乙未任南海，奔走晨至昏。年终得解任，闲居亦自欣。

吾父既罢官，弈棋任升沉（先大夫以戆直触粤督谭钟麟之怒，奏劾以通判降补，日与知交以弈棋为乐）。衣食将不继，端赖余支撑。吾年已廿六，家事免亲临。丙申奉鄂委，捐赈救灾民。捐例本未闲，日夜考察勤。一切繁难例，皆能有主名。列表人尽识，朗若列眉成（余欲推广捐输，无如南洋港油各商家多不谙捐例，乃将各项捐例详列一表，俾人一目了然，印成一折，千数百本，通行各埠。嗣后无论官商，无不详谙捐例者）。潮民感先德，应募筹巨金。济鄂赈十万，文襄称余能。奏保膺郡守，余独不敢膺（余先以同知分广西，自奉委总鄂赈，数月之间，集款十余万解济，鄂督张文襄专摺奏保，以知府补用）。归功先君子，都缘德在民。父应文襄召，入鄂为陈情。秋间赴津地，弟妹挈同行（先大夫入鄂，请将南洋捐册按月专送天津，由直隶总督代咨，取其迅速换照，以广招徕）。是年夏四月，生儿庆得麟。吾父官虽降，转喜能抱孙。连年筹灾赈，踊跃不可云，解款逾百万，前后无比伦。直皖川秦晋，淮济争委承。一一都分解，博得筹赈能。奉诏解巨款，五十万两金（光绪己亥，李文忠奉旨往河南山东勘估黄河工程，奉旨命盛宣怀及余父子各筹垫五十万，交李鸿章备用。余遵旨筹垫如数，电汇天津，转解李文忠工次应用。奉上谕余父子均著先传旨嘉奖。盛宣怀惊异，卒未如数垫解。然余从此天下闻名矣）。依限交合肥，嘉奖奉纶音。戊戌方晋引，藉省亲至津。父选沂州倅，仍以道记名（先大夫既降调，迭经各督抚交章迭荐，非得缺不能复官，乃加遇缺先花祥，赴吏部投供候选，果选补山东沂州盐补通判、过班道员，并案引见。奉旨交军机处存记，遇缺请旨简放）。

辞父回粤峤，分发到桂林。委权梧州守，辞职旋羊城。奉檄绾钱局，造币钱与银。更兼善后局，出纳数如鳞。己亥天子命，吾父晋京卿。奉命充督办，矿商务大臣。敦促就蜀道，送妹至春申。相随至鄂渚，纱局驻行津。文襄殷勤意，至契王雪澄（先大夫奉命为矿务商务大臣，准其专折奏事，挈吾至申，二胞妹本相随在粤，乃送至上海，一同回川。至鄂，张文襄迎至纺纱局，日与至契王雪澄观察讨论商矿事。文襄甚以家乡事难办为忧）。月余乃上驶，送行至江陵。归棹旋岭表，文忠督粤临。委总粤厘务，官办重责成。年定四百万，咋舌惊同寅。差幸一年后，如数尚有增（广东厘金，旧为官办，年收二百余万两。刚毅来粤整理厘务，谓官办不可靠，归商人包办，年定四百万两。讵一年后仅收一百卅余万两。文忠督粤，革商收回官办，仍以四百万两为定额。藩司丁慎五方伯休常不敢承。文忠垂问于余，因力陈向来中饱太多，果能厘定新章，优给薪俸，除陈积弊，慎选人才，必得如数，有增无减。文忠然之，即奏派余总理其事。余仍让藩司为主体，丁方伯亦推心置腹，和衷共济。一年之后，共收四百三十余万两，同寅无不咋舌，称为奇事）。庚子拳匪乱，联军不敢撄。文忠入议和，中外议沸腾。电责解赔款，如期交关称（文忠入京议和之后，各国赔款磅价多观望，未解交上海道，庆邸电署粤督德寿，令"将应解赔款四百余万两，必如期解到，否则于和局有碍，该督能当此重咎耶？"等语。于是令善、厘两局，依期筹解，为期已迫，各票号以余向不与通，乃连行不汇，以"数巨收买港纸为难"为词。余乃将各库之纹银毫洋，用兵舰运香港，交汇丰银行押仓息五百万，电汇上海道库，尚不逾十月初八限期。事后乃在港收买港纸，交汇丰银行结算，尚比各票号承汇便宜三十余万两云）。吾父病在蜀，情急心如焚。乘轮就蜀道，触礁在崆岭。仅以身自免，吾父受虚惊（当奉电筹解之时，又得川电，吾父病重，急请假归省。当道以余掌全省财政权，非将赔款解清不许离省。幸筹办就绪，十月十一日乃赴沪。适有德商瑞记洋行之瑞生轮船直放重庆，余恨不能飞行回川，早见吾父，即乘此轮。四日至鄂，谒文襄及雪岑。文襄以川江初次行轮，不可恃。令沿江红船保护。又四日，而抵宜昌。冬月八日启碇，不数钟而抵崆岭险滩，触礁船沉，余仅以身免。川督得电，转告先大夫，骇极受惊，而疾病更甚矣）。乘红船上驶，凄风苦雨淋。万县遵陆道，归家祭坟茔。冬月廿八日，得视我严亲。病乃血冲脑，参茸毒酿成。庸医施凉剂，病势日已深。自宴事难办，徒自费苦心。当道纵拳匪，几伤及外人。所聘各矿师，从西藏回申。殷忧正无措，忽闻圣驾惊。两宫蒙尘走，余病不能行。毁家纾国难，倡捐二万金。绅民凑十万，贡献表寸心。奉派赴南洋，舟行万里程。自愿离川省，就医赴南溟。辛丑春二月，举家赋长征，四月抵羊石，医药费酌斟。余辞各局事，免公私交紫。专管厘金局，赈捐难自屏。日亲侍汤药，公牍私寓评。衣带不解者，十月有余零。榻前席地卧，动静必先闻。饮食余自进，便溺我自承。除月嫁吾妹，霍邱裴岱云。不日父病殆，遗书奏王廷。恩旨赠阁学，御赐祭葬馨。抱恨终天日，罔极负深恩。义园寄殡后，守礼在门庭。厘务是专管，责成重权衡。勤肃传训谕，势必在夺情。

时当军事急，各江任统巡。仍管厘金局，兼统粤义军（余以整顿厘金之故，添设巡船，刷新水师，以防盗贼，以利商船通行。粤督陶方之年丈模，传谕整饬水师，以保商民，仍管厘金局事，并兼统粤义军，夺情视事）。巡行各江后，厘金数更增。五百余万两，历年益有盈。整饬缉捕队，水陆一色新。清乡捕盗贼，保商并安民。粤汉办铁路，奉派总工程。借款权不属，美公司合兴。广三支路峻，干路费量评。乃与郑陶斋，合电路大臣。收回国自办，权利不让人（粤汉铁路原与美国合兴公司借款兴办，大权概属之外人，办事诸多掣肘，乃会同购地局总办郑陶斋观察观应，同电路矿大臣，请收回自办，由粤筹款，还之外人，余乃总办工程局。盖事系初办，风气未开，凡开导弹压，非熟悉而有兵权者，不能办。故路大臣委膺斯职）。经办赈捐局，数逾千万金。一一都结束，无暇解此纷（余办赈捐，至此已七年矣，总计收数已逾千余万两。而路事军事财政事益繁重，日不暇给，乃将捐事结束停办，俾专心经营粤事）。

广西军事急，粤督简西林（以粤西军情紧急之故，朝廷特简西林岑云阶督办两广军务）。到任不加察，参劾概无凭。官吏慄慄惧，雷厉又风行。轻听又轻发，妄杀多冤情。军饷多不继，将寻我罪名。历查经办事，无一不澈清。借端区新匪，漏网十余春。限期一月获，逾期必严惩。既悬重赏后，妥购眼线真。依限率队往，一网尽收擒。西林迫不已，会抚据实陈。蒙恩得简放，军机处记名。号膺巴图鲁，果勇人所称。接统巡防队，中东西北营。为数七十五，也算号知兵。自问实自惭，都缘相逼成。既入武行道，整理不后人。水陆俱腐败，言之实可憎。必从新改造，始得具模型。李北海一股，扰乱东西邻。奉命往剿办，驻军在新兴。一月都消灭，干匪尽投诚。内有李耀汉，翟汪李新林，率队自拔出，此中实铮铮。海盗林瓜四，沙上扰农民。为患十余稔，大府无法平。又责余往办，整顿水师营。甲辰春耕早，匪党结成群。动辄千数百，麇集沙田塍。立堂竖旗号，龙凤堂自称。打单收行水，缓交立杀人。官兵循例往，故事都如恒。因此更猖獗，年收百万金。业户共嗟叹，环跪吁请兵。及余率队往，抗拒利器精。大小数十战，十月方肃清。群逆都授首，齐唱凯歌声。

乃请辞各职，归葬我先椿。绍基兄来粤，一同扶柩行。乙巳二月朔，长江畅行旌。旋里甫一日，朝命速晋京。复沿江东下，入朝谒至尊。时当四月望，请安在宫门。第一次召见，召对谒紫宸。霎时恩命下，提封岭表荣。先命署江北，西林强留人。此皆慈后语，一一告知闻。宣召至四次，请训出都门。过津且小驻，顺道谒项城。不日径沪上，江督派人迎。玉帅率官出，请安日近亭（既至沪上，江督周玉帅太姻丈派许岑西观察炳榛，及文巡捕郑大令洪年来迎。至南京，玉帅在日近亭跪请圣安，欢宴三日，乃旋申浦）。三日出申浦，遵海而南行。轮舶甫到港，省吏又出迎。到省谒岑督，谦逊不顶门，传谕慈后训，西林跪谢恩。入座语多讽，气焰真熏人。从此有意见，公私费调停。丰润张安圃，量移晋中丞。不尽依依念，难得公道人。只有勤尽职，以免祸患侵。既然任水提，仍旧兼统巡。考察水陆队，去旧乃更新。部令通行到，裁减旧绿营。地方正多事，添防营保民。裁旧本十万，新添卅万增。防营百二十，概是不教兵（光绪末，部令裁减旧绿营，以练新军。绿营饷本微薄，如裁出正饷十万，则地方空虚，必添若干防营，以保地方，每年反增三四十万，防营由七八十，逐渐添至百二三十营，欲减而反增也）。

乃仿新军制，抽调训练成。更设讲武堂，官弁与目兵，多挑粤籍者，中学毕业生。五百生齐集，分班讲战争。速成一年可，正班三年分。每年选优秀，卅名送北京。保定毕业后，分别各从军。如是者三期，一千五百人。更有要塞科，防海炮垒凭。沙角设学校，实地练习成。水师为本分，设学黄埔滨。水鱼雷电器，般般考究匀。延聘专门者，造船厂重振。广海练船大，水师练习驯。容人过千数，运兵甚觉灵。更设无线电，于是始芽萌。添聘洋教习，丹国人那森。入学练习者，尽通英文人。一年毕业后，分别各出勤。更造有公所，水师办公厅。傍设操练地，水师学兵营。枪炮兼造作，灯号旗语明。会操学生队，同与练船登。更造新军舰，大清巩固名。枪炮皆新式，无线电如林。速率多快捷，还有探海灯（无线电为军事所必要，除海口、徐闻、河口、虎门、崖门、沙角、黄埔、汕头各设电台外，省城水师公所设总台，各新式兵舰如广海、江大、江清、江巩、江固、龙骧均有无线电。以后屡经变乱，皆由信息灵通，调兵迅速之效）。巡行三江口，盗贼胆战惊。西林调任去，玉帅棨戟临（岑云帅以铁路风潮擅捕大绅黎国廉等，激动京外，绅民公愤，调任云贵总督，以江督周玉帅继任）。一切多倚任，敢不尽乃心。

其时东西路，民党运动勤。黄冈告失守，钦廉屡围城。正统军东去，西路警频闻。惠州匪猖獗，处处适当平。追匪闽边后，回师到惠城。千江援北海，次第扫妖氛。王师电奏迟，开缺简西林（玉帅抵任，一切多咨询。余尽心筹画，以报知遇。适党人屡于省会举事失败，乃向省外边远之地发动。余先率队往东江惠州巡缉，忽得玉帅电称与闽省接壤之黄冈厅失守。余闻警立即西下，当夜即调集亲军二千人，由兵舰并雇商轮载运，次日即抵汕头，率吴宗禹、隆世储、赵月修等营，直趋黄冈。总兵黄金福困井州，得援拔出，释同知谢某。厅城克复。乱党窜闽之云霄、诏安。吴宗禹越界追剿，余电闽督请派兵会剿。闽督松寿即电奏，先于玉帅，奉旨开缺，重简西林督粤。时西林在都任邮传尚书，日有陈奏，庆邸忌之，借此挤之使出也。余正由闽边向汕，而续调之赵声一标，已乘广大到汕。当令由原船开往北海，会同统领郭人漳解廉钦之围。盖党人狡计百出，故于极东之黄冈起事，又于廉钦极西边地扰乱，使我顾此失彼，以图一逞。黄冈事方毕，而惠州之乱起，围攻博罗县城，归善、三多祝、白花等处，啸聚数千之众。余得电，即令吴宗禹、隆世储等，原队乘原船，由海道直趋澳头，登岸，会驻军洪兆麟之队与党人战于三多祝，大败之，乘胜追击至惠城。副将赵定国率姚洪阶、钟子材等营，解博罗之围。东路之乱以平。西路廉钦各属已在廉钦道王雪岑观察，会郭人漳、赵声等人讨平）。余奉旨降调，北海镇总兵。会同廉钦道，善后办军情。电催秦署提，交替整归程（玉帅既开缺，西林亦迟迟不来，在京委王瑚署钦廉道，夏诩署钦州，柴维桐署廉州府，原任钦廉道王秉恩革职。余奉旨降署北海镇总兵，会同王瑚办理钦、廉善后事宜。广东水陆提督，以江西臬司秦炳直署理。余电催其速来，俾交卸后退归林下。实畏岑如虎狼、如蛇蝎也）。

廉钦乱再起，失守县防城。宋令全家殉，又告失东兴。余本不愿出，热中惹口嚬（余平定东西路军务，今复奉旨降调，西林之威，益不可测，不知死所，决挂冠归去。钦、廉各将领，以主帅获咎，各存疑惧，均告病不出，致党人由安南运动土匪起事。防城、东兴相继失守，钦州被围，王瑚以济军两营守城，灵山被围，以吴福昌一营守城。护督胡湘林要余出膺军事，余誓不出）。忽闻岑开缺，丰润督粤省。急电余收拾，速进兵廉钦。调集亲军队，急切如火星。次日抵北海，诸将笑盈盈。分路授各属，次第都荡平（余正欲束装归去，忽奉朝旨，西林开缺，以丰润张安圃尚书督粤，急电余收拾廉钦之乱。余与安帅感情素恰，且其平易近人，不予人以难堪。即日起而视事，并电钦廉诸将领，并调集夏文炳、李耀汉、邓瑶光、隆世储诸营，乘兵舰星夜赶赴北海，次日到埠。郭人漳、林虎、赵声、宋安枢等，皆喜形于色，愿效死救援各属。当令郭人漳赴防城、东兴，收复失地，令赵声率彭大松、隆世储、宋安枢等援灵山。余率夏文炳、李耀汉，邓瑶光抵廉州，乌家三那，三日抵钦州。王瑚闭城不出，余分遣各队，次第将各处荡平。郭营三日克复防城、东兴等失地）。

在此三月久，奉调御强秦。西江本多盗，上达至梧浔。近来屡出事，伤害及外人。各国多责备，军舰自由行（余自降调以来，不闻外事，继之者颇有更张，至西江屡出劫船之事，并伤害外人，各国责备不报，分派浅水兵舰，自由出入，遇有匪之区，不分皂白，任意开炮袭击，人民大哗。各国与外部交涉，奉旨调余回省督办西江缉捕，以秦子质接办钦廉善后事宜）。乃与各国议，捕权我自承。分段派巡缉，违者以法绳。列国无异议，涣然如释冰。

再回水提任，恩旨皆有因。粤中本多盗，炮火利器精。因之禁入口，条约订于英。戊申岁元旦，侦探报确音。奸人运军火，出口往横滨。预定元旦日，卸货在澳门。先派四兵舰，伏在海湾心。果见二辰丸，下碇在零汀。旋见把杆起，卸货已现形。质问该船主，封关日不行。据言卸军火，海面属澳门。本系租借地，领海无明文。葡兵强卸载，岂畏彼吞鲸。乃会拱北关，押解日商轮。莲花山寄碇，日领出面争。万国公法定，船货充不存。先自取军火，步枪六千根。子弹数百万，开花炮六尊。从此交涉起，日公使出庭。外交部抗议，争惩首祸人。余同吴管带，毕令夺官勋。索赔数十万，立刻放船行。我方坚不允，彼将战祸临。舰队自日动，示威出台、澎。更有美国在，舰出菲律宾。还有三舰队，远向太平伸。交涉始就范，不索赔偿金。升旗放船走，为时逾三旬。抵制日货起，民气益纵横（余自侦探确报，即派人随船往，日果未卸载而开回，计日将于元旦到九州洋海面。当即派右翼分统林国祥，会王仁棠，宝壁管带吴敬荣、广亨管带罗凤标、安香管带李炎山等，于除夕驶往九州洋鹅颈海面隐蔽。元旦晨，果见日商轮二辰丸入口，在九州洋面寄碇。又见葡人以小拖轮带泊船，到此起货。吴敬荣先邀得拱北关税务司裴式凯，同上该船质问船主，在此封关之日，欲卸何货？船主直言卸军火不讳，且谓此处属葡国海面，中国不能干涉。林、吴、王均称，澳门本系租借地，并无领海权。葡人强欲卸载，我方不允，势将用武。吴敬荣云：我将与葡人开仗，不能在贵国旭日旗下打仗，乃下日旗而升龙旗。葡人始退。乃将二辰丸驶行至虎门内之莲花山淡水河寄碇，将船主送交日本领事馆看管，一面起卸军火。日公使向我外部抗议，必惩办此次首祸之人，斥夺余与吴管带之官勋。安帅以去就力争。日方要求不遂，声言宣战。舰队吾妻等号自台湾、澎湖出动示威，美舰队将菲律宾就近调至粤海外，并由太平洋面调三大舰队来华，交涉始得就范，余率各船及绅商报界往莲花山升回日旗，敬炮廿一门，日人欢呼，我方痛哭至于失声）。

此案方终了，东沙岛案生。距汕八十米（海里）？海中有挨仑（英语称海岛曰挨仑）。俗名称东沙，久无人往巡。遂为日占据，强将领海侵。更名西泽岛，旭日旗高升。机器厂屋建，轻便铁道成。我遂下彼旗，索还我海瀛。日便称无主，版图索之名。若欲交还我，旧图方为凭。二百年前案，有书有证萌。《海国闻见录》，古书早载明（清康熙间，高凉镇总兵陈伦炯著《海国闻见录》，有此岛名，并附有图，乃据此与之交涉）。据此与交涉，日方无词争。索偿廿五万，偿彼所经营。我索加倍数，偿我海产金。彼此都不偿，俾免枝节生。

又有西沙岛，距琼二百程。中有洲十四，版图无主名。余率两舰至，并带测绘生。各种匠人齐，小工百余人。牲畜多称是，籽种备耕耘。粮食多丰足，淡水惜如金。先至榆林港，天然好港形。惜乎局面小，不可多停轮。在此观天象，西南风好行。更观三汉港，产盐美不胜。再入黎人峒，人民尽犹臻。不衣亦不履，生熟食不均。齿黑如黧漆，周身毛森森。椰林广场下，跳舞结成婚。性情多质实，真乃上古民。畴昔剿黎匪，都缘被欺凌。方铤而走险，以图一逞能。传谕巡防队，不有剿匪名。启碇方出口，远见有山形。甲板查海图，此岛无先闻。此必鲨鱼见，绕道远一程。旋即见隐没，鼓浪直前行。次早到一岛，大约数里坪。此中无猛兽，海鸟结成群。大者与人齐，腥膻气难闻。恒多与人斗，木棍随手擎。大龟多如鲫，重者六百斤。捕之诚易易，照以牛眼灯。夜间闻水响，结队上沙尘。只须灯一眼，缩头不动身。翻之腹朝上，任人宰割频。红白珊瑚树，漂泊海之滨。更有物如橘，紫色兼黛青。间以珍珠点，薄如纸一层。开花蔚蓝色，其味膻而腥。闻之似植物，质乃同石磷。似此珍异物，皆目所本经。小工掘逾丈，甘泉总难寻。又移至他岛，与此同情形。再寻至三岛，大小可同论。且有鱼船二，捕玳瑁海参。此岛有淡水，即以甘泉名。再寻十一岛，大小不相伦。最大曰林肯，华里四十程。各岛多椰树，累若串珠形。高逾数十丈，采椰作点心。汁甘解热渴，各自以口承。岛中纵牲畜，令其子孳生。在此十余日，启碇必及晨。绝岛漂流记，几作鲁滨孙。海图测绘竟，汇缄送神京（余笔记中有《西沙群岛记》，恕不再注）。

粤海多港汊，密如蛛丝形。轮船往来数，一千三百零。冒挂各国旗，自由任意行。偶然遇盗贼，领事出肩承。交涉从兹起，聚讼益纷纭。追源索祸始，海关理船厅。洋商船到验，加足气放行。华商船到验，锅炉先击抨。限制士颠气，彼徙我不灵。更有厘关卡，留难常十分。洋商畅无阻，沿途携载频。因此悬洋旗，乃可与竞争。下令厘关卡，一律任畅行。收回理船厅，华洋一例衡。亲赴船商会，晓谕各商民。限期一月内，国旗一色明。讵知不逾旬，满海黄龙旌。乃设保商队，更增卫旅营。非指定码头，不许搭客人。每船分派队，一律保安宁。

又有大沙头，附近在省城。四面皆环水，百顷地坚凝。与沙面对峙，天然好地形（附省之西有似此之地曰沙面，为各国租借地）。华侨致富后，各存归国心。四乡多嘴忽？梅为盗所侵。轻则劫资财，重则掳其身。贪劣灭门令，敲诈巧计生。此地由官购，华侨自领承。筑堤开马路，一桥为通津。一切仿租界，官任保护人。华侨多欢悦，认股千万金。此皆安帅意，余手自经营。继者为有利，收回自建成。定价售华侨，百倍利率生。华侨闻大哗，以资资他人。

粤中本多盗，清乡数十春。逸匪具赏格，匪族自缴呈。为数逾百万，朋分者官绅。一一责提解，管局任保存。获匪审定谳，如数由局匀。无论何方面，不得动一文。各乡自招勇，名之曰老更。以邻国为壑，盗贼更充盈。此乡已如此，彼乡亦相仍。若获盗送案，攻保不相能。从此反多事，地方益纠纷。愈清匪愈众，永无一日宁。毅然裁更练，就款募成营。安勇人所信，不须自请缨。官弁由我任，饷糈绅发薪。守望多相助，统帅专责成。官决不调用，力薄助官军。各乡照行后，果然见安宁。此乃民自卫，不恃官卫民。

宣统纪元后，水提乃即真。年来风潮甚，多唱改革声。朝廷虽立宪，民意总难平。莘莘向学子，革新中脑筋。海外诸亡命，运动注新军。是年除夕夜，借故与警争。元旦群出动，捣毁警区门。军警出弹压，反抗若仇人。新军警队出，一齐来攻城。协标统出定，报告军变情。炮营齐管带，劝阻一命倾。乃会增军帅，旗兵任守城。一面守各库，兵工厂增营。飞调亲军队，无线电信灵。两日调回者，已达三千人。齐队出迎击，初三正黎明。军行牛王庙，叛军整队迎。为首倪映典，四人跪地平。余本不愿战，意欲其请成。亦派四人往，劝其速回营。彼即呼同胞，非为冲突情。今日齐举义，反清尽复明。愿拥余为主，各省必响应。廿分钟答复，逾限我无情。余亦不之理，但听彼骄横。霎闻散开号，枪弹如雨淋。乃下令还击，崩山倒海声。映典冲战线，立被我生擒。我军追击后，缴械五千根。时当新年际，各乡不知情。及至初四后，土匪闻声临。遣军四出击，一一都讨平。及后军咨府，谓为仇新军。余与袁海观，交部议处分。袁革职去任，余叨宽免恩。从此军心散，何敢击党人。

次年逢辛亥，滔天势已成。暗杀乘风起，孚琦先成仁（新军之变，粤督袁树勋去任，将军增祺亦告归，都统孚琦署将军，张鸣歧授粤督，厉行新政，革命风潮，愈演愈烈。三月初十，孚琦往燕塘看飞机，归途为温生才狙击殒命）。三月廿九日，党人集羊城，群起攻督署，余先已有闻，走告张坚白，怎奈不见听。只得先调队，冀将城保存。党人果发动，迎击都现成。坚白缒墙出，逃入行署门。并救其眷属，一一都得生。连日多巷战，被杀二百人。击毙亦逾百,七十二烈魂。党人恨入骨，宣布余死刑。闰六月十九，要击于双门。炸伤余腰际，肋骨折三根。犹能跃屋顶，击杀放弹人（自三月廿九变后，党人恨余刺骨，主计暗杀，林冠慈、陈敬岳等于闰六月十九，乘余由水师公所入城，于双门底人丛中放弹炸余）。养伤一月后，腰屈不能伸，一再请开缺，卧病回虎门。从此一切事，坚白总其成。潜与党妥协，我亦不问闻。

九月初二日，邀余到省城。扶病即口往，伪言无一诚。即日回虎署，旋炸风禹门（九月初二，坚白电邀余至省，余令卫队统领吴宗禹严为戒备，及余至省，见司道，均劝余谨慎出入。晤坚白，并无要事相商，仅邀同司道一饭而别。初四日，将军凤山到粤，甫登岸，即被炸死于仓前街，余独幸而免）。及至初八夜，司道诣我营。据言竖白旗，张督极赞成。黎明得省电，取消独立旌。行为何首鼠，阴克大智门（及初八黄昏，司道如陈夔麟、王秉恩、秦树声、蒋式芬、陈望曾同来虎门，询知为省城已竖白旗，同人早有“龙旗同守，白旗则走”之誓言，今来与公商大计，共生死也。相向对泣，坐以待旦。及黎明后，两分统来电称，已将各处白旗扯去，取消独立。盖因得电，冯国璋在汉口已攻克大智门。司道欢然色喜，余派舰送之回省。两分统李田、何品璋、刘冠雄亦来请示报告省中情状云）。司道旋省后，坚白反覆心。十三又独立，电责又不承。及至十七日，各官电请行。余乃允至省，解决大事情。电话询张督，闪灼其辞云。十八出告示，择期独立行。自治各议会，公推都督人。首推张坚白，副为龙子诚。十九送印往，坚白逃无形。子诚惟有泣，余病难担承。公推蒋伯器，都督暂摄行。余督水陆队，维持公安平。各省均独立，议迎胡汉民。余旋引疾去，香港隐莲门。虽奉清廷谕，会同梁鼎芬，规复粤省旨，总督两广荣。不闻家国事，日惟学书文（十月初六，奉廷寄署两广总督，会同梁鼎芬规复粤省事宜，梁鼎芬赏给三品卿衔，会同李准规复事宜。余以大局已定，徒滋纷扰，反令生民涂炭，不报）。

壬子冬北上，乃看共和成。公府充顾问，匡救其恶行（壬子冬，应项城之召赴京，聘充公府高等军事顾问）。洪宪帝制见，借故离都门（项城有帝制之心，余借回粤解散民军为名，回港避之，小住一年，次年回京）。香江一年住，丁巳旋燕京。黄陂为总统，授我为将军。直威贯字号，亦徒有其名。往来京津间，编剧晓世人。提倡旧道德，改良社会心。日作大、小篆，钟鼎彝器临。古籀汇成编，集字万有零。分书十二卷，便于初入门。临池有誊稿，依字数编成。集之廿余载，敝帚还自珍。取自便翻阅，不敢出示人。《任庵闻见录》，十册自保存。守我固穷节，保我岁寒心。天壤虽然大，何处可容身？举世尽狂易，天翻地覆倾。仅此廿年中，民困已难伸。若徒再扰攘，同胞尽绝尘。追思前朝事，吾泪已沾襟。只此十余载，七女二男生。教养尽吾责，难期尽成人。作此长歌曲，聊表身所经。命名曰《自述》，敢希没世名。

水师提督李准生平概要

（1871—1936）

包述安　整理

1 岁（1871）：同治十年二月初六子时，李准生于四川省邻水县柑子乡活水沟桅子湾。据《任庵自编年谱》记载，传说他出生之时，母亲王氏（23 岁）仿佛看见一只糠筛大的螃蟹在屋里转了一圈。祖父梦见宋代忠臣寇准向他走来，十分惶惧。因而祖父给他取名继武，后更名准，派名新业，字志莱，别字直绳，号任庵，又号平叔。父征庸，24 岁，时在京任职。

其入川祖李诣元，是江南江宁府上元县拔贡，于明末到四川邻水县任教谕。明亡时落业于柑子乡李家坝。六传至李天贵，于清乾隆中叶迁柑子乡活水沟桅子湾居住，耕读传家，经营实业，主持乡事，整理有法，为乡党州闾所矜式，诰赠光禄大夫。曾祖李清典，积学早逝，诰赠光禄大夫、建威将军。祖父李逢春，字舒锦，敦顺慈祥，和蔼可亲，为一乡之仰，诰封中宪大夫，屡赠光禄大夫、建威将军。父李征庸，字铁船，丁丑进士，历任知县、通判、四川矿务商务大臣、南洋考察商务大臣，头品顶戴，三品卿衔，卒赠内阁学士。李征庸 54 岁卒，归葬柑子乡李家公馆右侧石墓，墓前有石人、石马和高大的桅杆。惜其解放后先后被拆除。

4 岁（1874）：祖父教其初识字。

5 岁（1875）：从祖父读《三字经》《百家姓》《千字文》等，

睡前必背。四月，刘曾祖母亡，享年 82 岁，御赐修节孝牌坊。

6 岁（1876）：读四子书，与祖父对句，如“粗皮——精核”“合掌——分心”……

7 岁（1877）：父中进士。对五、七字句，如“风吹红豆树——雨打紫荆花”“一行白鹭上青天——几只乌鸦过小桥”等。跟祖父学下象棋，且胜大伯李佑弼。大伯称赞他“七岁小儿即能下棋，长大当务国事”。

8 岁（1878）：二月，祖父李逢春（字舒锦）亡，享年 65 岁。父回奔丧，子不识父。读《诗经》，旁及《小学集注》、《幼学琼林》、唐诗等。父于屋侧建五间屋为学堂。

9 岁（1879）：张祖母亡，67 岁。父守礼讲学，设馆授徒于屋侧，以教子弟。受业于黄俊三。父开煤厂、烧石灰，在兰家沟、集福寺等处开铁厂，办实业。并凿池养鱼，种桑养蚕，精究种植、畜牧等事。

10 岁（1880）：师从李雨亭，读《四书》《尚书》，从父学作诗，练习书法。父以本地出产原料，开办造纸厂，获利甚丰。

11 岁（1881）：师从王炳照，读《礼记》《左氏春秋》等。功课完毕，仍需温习旧书，不得与群儿嬉戏。

12 岁（1882）：仍从王先生读《左氏春秋》，学作试帖诗和时文。妹珍贞出生。

13 岁（1883）：从李德荃读《周易》，功课极松，无甚进步。

14 岁（1884）：到五里外伍家山翠竹小房从钟炳灵上学，同学五六十人，分两三班讲授。环境艰苦，吃住条件差，以读书而无暇顾及于此。

15 岁（1885）：仍从钟先生读。逢匪乱，与父母等在穿心洞避乱 20 余日。

16岁（1886）：因乡人排挤，父上京求职；改官知县，在吏部候选。临行前嘱咐："听母之教，立志上进，以远大为期。吾家世代忠厚孝友，不替他人以精刻自诩，自私自利，不讲内行，不恤人言，不愿汝曹效也。"

17岁（1887）：赴县试，得第13名。与指腹为婚之妻黄氏结婚，因婚礼恰值府试之期，遂错过府试。父获选授广东河源县知县。八月，与母、妻等至广东河源父治县所就读。师从黄俊三。书法学作小篆，自此时始。

18岁（1888）：因贪食故，罹患痢疾，重病月余。病后枯瘦如柴。

19岁（1889）：父任香山县知县。19岁（1889）、21岁（1891）、24岁（1894）先后三次赴京读书，应顺天府乡试，均落第。七月，大女菊荪生于香山县署。书法师从陶睿宣，临北魏、隋碑，兼及唐碑。

20岁（1890）：父奉调海阳县知县。书法从父命，专学唐碑。每日仍作小篆，读《史记》《汉书》《后汉书》《昭明文选》及《皇朝经世文编》以为常课。受业于丁忧在籍的翰林院编修黄槐森门下。喜篆刻，以刻水晶章为乐，累积至数百方之多。

21岁（1891）：生母王氏病重，允父接继母杨氏。十二月，二女梅荪生于海阳县署。

22岁（1892）：父奉调揭阳县知县。生母王氏扶病随任，七月亡故，享年43岁。是年学照相，兼学绘画。

23岁（1893）：二月，离家送母归葬故乡四川邻水县李家公馆右侧。父撰墓联曰：墓旁可墓我，斯歌斯哭斯聚族；德配堪千古，此人此土此有财。居家守礼一年，同时编写《李氏族谱》。妹淑贞生于揭阳县署。

24 岁（1894）：弟李涛（字次武）生于揭阳县署。准离家一年余，添一弟一妹。十月，三女芝荪（1897 年亡）生于广州华宁里。

25 岁（1895）：父为其捐同知，分指广西。冬，奉调湖北赈捐，日夜考查各种捐例，将捐纳与封赏的关系，包括各种大小花样分门别类列表，条分缕析，并印制成册，使人一目了然。父阅之喜曰："不闻举国视此捐例繁缛，莫能言其究竟者，尔竟能条分缕析，将新旧各事例录列为表，朗若列眉，使人尽知。尔一生之衣食，将于是乎？赖尔能用心若此，吾勿忧矣！"

26 岁（1896）：赴香港、汕头等各处劝捐，以谋生计，替父分忧。鄂督张之洞专折保奏，称其"才具优良，志趣坚定，实心任事，历久不渝，请以知府补用"。奉旨允准。四月，长子李相枚（字景武）生于广州天平街。

27 岁（1897）：先后到四川、直隶、湖北、安徽、江苏、江西、山东赈捐，应接不暇，而成绩显著，皇上赐加三品卿衔，戴花翎。"奉上谕，着盛宣怀、李征庸各筹垫 50 万两，解交考察河工大臣李鸿章备用。"如期将款项电汇至津。上谕："李征庸、李准着先行传旨嘉奖。"

28 岁（1898）：父遭贬谪，改山东沂州盐补通判。六君子遇难，父为杨锐、刘光第收尸，备棺殓，资送其眷属回川，时人颇称道。准充粤钱局提调，改旨广东。父因捐助京师蜀学堂 2 万两得头品顶戴。

29 岁（1899）：张之洞以其劝捐劳绩，保俟补缺，后以道员用。李鸿章称赞其"明敏诚笃，果敢有为"，奏派为广东厘金局总办。仿香港之"铜仙"，改造三等铜元。父得三品卿衔，专充督办四川矿务商务大臣，与英商摩庚公司订合同，办四川矿务。父教谕

“要差可当，优差不可当。宁为红人，勿为私人”。

30岁（1900）：兼充海防善后局提调。建惠安、肇安、韶安、广安水军十营以护商船，保厘金征收。至成都探望父亲，沿水路乘瑞生轮船，在崆岭峡遇险，被红船搭救。回归途中到邻水活水沟扫墓。逢庚子之变，父“毁家报效”，捐款2万两，合川省绅民凑成10万两，蒙传谕嘉奖。

31岁（1901）：父病愈，奉旨任南洋考察商务大臣，办理秦晋赈捐。厘金一年征收猛增至430万两，令众人意外。父病重，床前行孝。十二月，父病故于广州，享年54岁。御赐厚葬，赠内阁学士衔。准劝捐得力，赐加二品衔。四女蕙荪生于广州。

32岁（1902）：居丧守礼。广东藩司因厘金局需要，请其“夺情视事”。为保商厘，统领各江水师，兼统粤义军，兼管营务处。因捐助黄埔武备学堂经费二万两，赏头品顶戴。请汪精卫为弟妹儿女家教。

33岁（1903）：又兼粤汉铁路工程局总办。冬初，两广总督岑春煊责令一月内荡平西江股匪区新。得傅赞开（左眇右跛）、潘斯铠（右眇左跛）及都司潘灼文（足疾）协助，依期殄除区新巨匪。岑春煊、张人骏合奏请功。上谕：“李准交军机处存记，但遇有道员缺出请旨简放，并赐赏‘果勇巴图鲁’名号。”后逼降肇庆股匪李北海等，初遇匪首林瓜四。

34岁（1904）：造内河14艘小兵舰。追林瓜四至横琴岛，遇葡萄牙警察阻止；后捕林瓜四于路环岛维新昌杂货铺，因葡方阻挠，解往澳门监禁。十月，将余党林瓜五全股殄灭，无一漏网。设护河总局，激民自卫。耕收之时，带兵巡逻，匪不敢出。年来疲于奔命，咯血、便血时见。

35岁（1905）：林瓜四被押解回广东，岑督命凌迟处死。请假三个月回家葬父，刚抵邻水，即奉旨进京，被慈禧、光绪帝召见，升任署理广东水师提督（五月）。六月初一，补授闽粤南澳镇总兵。冬，兼陆路提督，仍署广东水师提督。为训练防营，建虎门陆军速成学堂。

36岁（1906）：仍任水陆提督。岑去周（馥）来，十分信任，恒主军事。自筹款造“龙骧”，自资改建水师行台。在各船舰、要塞、海口建无线电，同时建要塞学堂。

37岁（1907）：平钦廉、黄冈之乱。由水陆提督降职为北海镇总兵，因岑春煊面奏太后说“以准威权太重，骄蹇难制”，“必稍加裁抑”。岑欲再任两广总督，准交卸水师各职，欲挂冠而去。张人骏任两广总督，英舰入侵西江，调准回驱。十二月，“广东水师提督由萨镇冰补授，仍着李准署理”。

38岁（1908）：正月初一，在澳门九洲洋拘日邮轮“二辰丸”号，没收走私步枪6000支、小炮6门、子弹600万发、炮弹若干。于内河建水上警察厅，收回理船厅，改革军火检查制度，增四艘新型浅水兵舰，迫英舰退出西江。巡阅日本人占领的东沙岛，驱赶日本人。族谱编成付印。在厦门会见美国海军舰队官兵。

39岁（1909）：任水师提督。恩诏“荫长子桓（相枚）一品荫生”。建皮革公司，办云、贵、川会馆。巡视西沙15岛，升旗鸣炮，刻石竖碑，重申西沙是中国领土。袁总督树勋盛气而来，裁绿营，招新兵，意见不合。以“强提花红以肥己”等被参劾，奉旨查办，得以还清白之身。自解其号任庵，含义是：“盖凡事均负责任，无游移两可之事也。”

40岁（1910）：正月初三，新军兵变，弃前嫌而救袁督，迅速平乱，两人遂成莫逆。因兵变故，年底袁督革职，准革职留任，加恩宽免。著《广东水师国防要塞图说》。嫁大女菊荪（夏建寅，字旭初）。令长子相枚随大女菊荪及女婿同去德国留学。

41 岁（1911）：新任总督张鸣岐到任，收兵权，准常住虎门，练字。三月二十九日，革命党人攻督署，派吴宗禹等救张督至水师行台。岑春煊致电令张督借机杀李准，张感恩曰："人不杀我已属万幸，安能杀人？"遂毁电文。帝赏李准穿黄马褂。闰六月，林冠慈、陈敬岳等于广州双门底行刺，准被炸，受重伤，帝四次准假。九月初二，张鸣岐设鸿门宴欲杀李准未遂。九月初四，准秘密联络革命党人。九月十八日夜，张督逃至香港。十九日，准率部反正，广东"兵不血刃"而告独立，迎胡汉民为都督。胡留准仍管水路各军，"保境安民"。后因与胡对民军态度不合，形势险峻，为顾全大局，准于十月初三离任去香港。十月初六，逊帝秘谕署两广总督，未赴任。十二月，袁世凯授陆军中将。自号"居夷道人"。

42 岁（1912）：居香港罗便臣道住所。在家学书，研究金石文字。被袁世凯聘为高等军事顾问、军事处参议。三月下旬至青岛，六月为弟李涛和周馥之孙女周沅君完婚。八月，嫁妹淑贞与陈省三之子陈树阶。

43 岁（1913）：加上将衔，袁世凯授广东宣慰使、四川宣抚使，均辞之。留寓京华，以学书为事。

44 岁（1914）：读史学书，每日必作篆一两千字。编《薄情郎》《香妃恨》等京剧，"将借伶人之口以唤醒国人"，"借戏曲为改良社会之利器"。

45 岁（1915）：为混成模范团副官，与众将领同被袁世凯囚禁于京。无所事事，除作书之外，日与蔡锷等至广德楼观剧，晚到福兴居吃饭。九月，为相枚娶妻姚氏。

46 岁（1916）：蔡锷起兵讨袁，龙济光独立于广州。应袁世凯要求，以个人名义前往调解，实际乃借机逃出虎口。五月，袁世凯死，劝龙济光通电取消独立。奉黎元洪大总统电令嘉奖。六月，纳妾阎氏。于天津英租界购地三亩。

47岁（1917）：日唯看书、练字。二月，晋谒段祺瑞总理，奉命授为直威将军。十二月，阎妾生五女如碧。于天津法租界购地四亩三分。

48岁（1918）：仍居津门，日唯学书。修天津泰安里。自住洋房2所，出租9所。十二月，六女如璧生于泰安里。

49岁（1919）：五女亡。为金少梅编《画中缘》《拾金不昧》等京剧。

50岁（1920）：编《吴越春秋》《活捉王魁》等京剧，排演《香妃恨》《秦晋配》等剧。做中堂、方扇之类。为人作书、如屏、立轴、中堂、扇面等。七女如璋生。

51岁（1921）：每日作篆作隶，教伶人演剧。为金少梅赠诗二首。八女如琇生。

52岁（1922）：香港之业售出，全家迁至天津。组织川路股东维持会。

53岁（1923）：吴子玉（佩孚）聘为直、鲁、豫巡阅使，高等军事顾问。任国民大饭店董事。

54岁（1924）：七月，次子相度生于天津。为金少梅之母金月梅主持丧事，处分家产。

55岁（1925）：编《任庵闻见录》《粤东从政录》《广东革命史》《古籀类编》12卷。售出泰安里房产，另购英租界八亩八分地，建泰华里，自住2所，出租楼房13所。

56岁（1926）：学书、编剧为事。十月大雪，跌伤腰部，卧病几十日而愈。为孟丽君作诗。

57 岁（1927）：编《刘太夫人苦节记》；编舒锦公、王夫人、绍基兄行述；编《阁学公年谱》及《任庵自编年谱》。九女如莹出生。

58 岁（1928）：以学书为事，日写《古籀类编》。编《临池誊稿》一千六百余页。

59 岁（1929）：居天津泰华里，以作书为常课。七月，三子相普生于泰华里，字赵卿。

60 岁（1930）：为荀慧生编《棒打春桃》《真假太子》等。编《再生缘》八九本。

61 岁（1931）：继续编《再生缘》至 11 本。穷困，子侄读书不努力者居多，忧心学费。

62 岁（1932）：编《悔婚》。房产不易脱手，日用维艰。节衣缩食。川中开战，家中款项无以接济。十女如瑜生。

63 岁（1933）：作篆，编剧。将所编《再生缘》续编至 14 本。川中仍不来一钱，穷困至极。

64 岁（1934）：生病。

65 岁（1935）：赴长春为溥仪祝诞。被召见，赏旅费。

66 岁（1936）：冬月初九，李准殁于天津，葬于天津市郊。后子女将其与黄、阎夫人迁葬北京八达岭长城。

（材料来源：李准《任庵自编年谱》）

后 记

李 昕

哪怕是在半年以前，我也没想到自己会写这样一本书。

去年 11 月，海南省要举办第一届海南岛国际图书（旅游）博览会。海南出版社邀请我前往参加，并说届时海南省新闻出版局要举办编辑培训班，请我也在班上办个讲座。我都欣然同意。出版社的同志知道李准是我家先辈，便建议我顺便前往三沙看一看，说今年是李准巡海 110 周年，此时去三沙别有意义。当然，去了也要有任务，就是要在三沙大学堂讲一次课。这既令我雀跃，十分向往和期待，但又有些为难，因为我过去做过的讲座，大多和编辑业务有关，不适合大众读者。而三沙所在的永兴岛上，哪有出版社和编辑呀？经过商量，三沙方面提议，就讲讲李准吧，这个题目最适合在西沙群岛讲。

我在本书开篇时说过，我对李准向无研究，过去收集的一些资料，多是李准本人的著作和回忆，且都未曾细读。此时忽然要讲李准，一时头大，然而终究是西沙的诱惑太强，逼着我勉为其难。利用去年国庆假期，我写了两万多字的讲稿，题目就是《南海雄杰》。

11 月 26 日，在西沙永兴岛的三沙大学堂，讲座受到热烈欢迎，不仅海岛上的礼堂座无虚席，而且主办方特地利用视频在海口办公区设置分会场。三沙市委书记、副书记等党政班子成员，当地驻军领导都坐在台下倾听，其重视程度令我感动。

因为有了踏勘三沙的实地感受，加上在海南又找到一些珍稀史料，看了其他学者的一些研究性文章，我立刻意识到主题为“南海雄杰”的讲座有若干不足，需要修订补充。于是从当天晚上开始，我就一直在琢磨那篇讲稿。就连从海口飞回北京，在飞机上近 4 个小时，我也是在改稿中度过的。其实，我心里明知此讲稿修改后大概也不会应邀再讲第二次，但此时李准已成为我的一个心结。对自己的文章负责，这是我一贯的态度。哪怕不发表，也要让自己满意才行。

说来也是有缘。此时海南出版社约我将《南海雄杰》扩充为一本书，类似于《李准传》。我没敢接招。因为过去几年，国内出版社已经接连出过几本同类著作，有的甚至是皇皇巨著，让后来的研究者望而生畏。因为我是编辑出身，对于图书的出版，有一个顽固的理念：“个性化和差异化是一本书存在的理由。”如果按照原有套路再写一本《李准传》，我担心会因为无法超越已有的研究成果，而失去自己作品的价值。但我同时认为，李准作为一个传奇人物，一生经历中值得探讨的方面很多，目前学术界对他的研究，还有很多领域和题目未曾涉及。如果写成专题论文，那还是有机会写出新意的。当然，写论文需要有更加充实的史料作为基础。

同时，我也需要建立自信，因为我虽然对中国近现代史感兴趣，读过不少这方面的著作，但从未尝试这方面的写作，故而对自己的能力心里没底。我把修改后的《南海雄杰》讲稿发给几位中国近代史专家，听取他们的意见，结果得到他们一致认可，这令我稍感安慰。但其中一位清史专家在讲了一些称赞的话之后，说“看来你还需要注意官方史料的收集”。于是我便问他手里是否有这些史料。他立即将晚清朝廷上有关李准的几乎全部奏折、文档发给我，我如获至宝。此后，我又根据在网上查找的线索，在孔夫子旧书网上购买了一些清末史料方面的图书，并下载了一些民国早期图书的电子版。同时托请我在香港和台湾的朋友，帮助我购买相关图书，或者复印珍稀史料。此外，报刊文章也不可忽视。我到全国报刊索引和中国知网下载，但这两个平台都是需要付费的。特别是前者，每篇晚清和民国报刊文章价格不低。结果没想到天意助我，在春节以后，特别是新冠肺炎疫情期间，全国报刊索引网站对晚清以来直至1949年的报刊文章提供免费下载服务，我借此机会下载了100多篇与李准相关的资料，以《申报》的文章居多，这对我的史料搜集是一个重要补充。

我虽然已经退休，但是接受返聘，依然需要每天上班。原本春节后，到正月初七该上班了，但是因为新冠肺炎疫情防控的安排，我仍然滞留在家。于是我便着手写有关李准的专题文章，除了前些时日完成的《李准与汪精卫》以外，又接连写了4篇，这就是收集在本书“下编”的一组文章。这组文章最初只想在报刊发表，但是海南出版社的编辑建议我考虑把这些文章和《南海雄杰》讲稿编在一起出书。正好我当时也在考虑，这样的专题文章一篇篇写下去，还是无法完整反映李准一生的全貌，何况，有些已经掌握的而且富有价值的史料，很难融入单篇的专题文章。所以我决定再次修改《南海雄杰》讲稿，扩充它的篇幅，使它成为一篇有关李准一生经历的综述性文章，大约5万字，作为这本书的“上编”。

因此，读者可能会注意到，本书“上编”和“下编”的文章结构以及叙述风格不完全一致。“上编”仍然是讲稿的文体，因为它原本就是从讲稿脱胎而来；而“下编”多“以史带论”，可以算是“学术随笔”。其实无论上下编，我都试图通过讲故事展示人物的精神境界。我过去写过不少有关人物的随笔，特别注意的一点，就是要在作品中见人格。散文随笔大家王鼎钧说过，要“做值得写的人，写值得做的人”。李准值得写，只因为他是个“值得做的人”。他当然不是完人，肯定有很多弱点和缺点，但我认为他人格之中的闪光点，足以令我们敬仰和钦佩，我必须写出这些，才没有枉费笔墨。事实上，我并没有刻意去美化他，书里所讲的每一件事，都有扎实的史料基础。或许我的某些判断未必正确，但肯定不是臆想枉言。早在学生时代写论文，武汉大学的罗立乾教授的告诫我一直谨记。他说“你未必能言之成理，但你必须持之有故”，意思就像胡适所说，要“有一分证据说一分话”。这一条，我自认为是做到了。

至于怎样写，当然要设法让读者读懂，并留下印象。所以，我没有把这本书当作学术论文，因为我不愿它进入象牙之塔，被普通读者束之高阁，或者望而却步。我想让更广大的读者了解李准，知道这位“南海雄杰”在晚清黑暗的天幕之下，曾经以自己的努力发出过一线微光。我试图以“讲史”的口气来写此书，每写一段，自己都要反复阅读，检查是否存在过于晦涩之处。因为书中需要引用大量晚清时期的文言、半文言史料，其中一些冗长、沉闷者直接引用必然导致读者产生阅读障碍，所以我有时只截取历史文档中的片言只语加以引用，或者索性变成自己的话叙述，然后加上注释，告诉读者原始资料见于何处，如此或可保证读者阅读的流畅感。至于书中的注释，需要说明的是，我的写作仍然以李准回忆录《任庵自编年谱》（即中国文史出版社出版的《李准年谱》）为底本，对李准一生经历和相关历史事件，参照各种官方、民间乃至私人史料加以考定，最终形成文字。所以书中讲述李准的经历，凡依据《任庵自编年谱》所写者一般不再另行加注，但涉及关键性或重大事实者除外。其他内容亦如此，即一般史书中常见的史料和历史知识不注。

这本书的出版，首先有赖海南出版社同仁的热情支持，这本书从无到有，是他们策划和推动的结果。为了督促我顺利成书，他们也前置了编辑工作，总编辑谭丽琳亲自担任责任编辑，我的文字每完成一篇，她都当日通读，从不过夜。从书名和文章标题的确定，到一些事件和细节的表述，乃至字词句和标点符号的运用，她都提出过有益的修改意见。近现代史专家郭世佑先生和清史专家潘振平先生，也都就文章内容给过我很好的建议，郭世佑先生甚至连我一篇文章的引文出处都做了校核，指出其中可能存在的错讹。河北学者刘天昌先生知我研究李准，便向我慷慨提供了一些有关李准与张人骏合作的史料。南开大学中文系的乔以钢教授和上海《文景》杂志的老主编杨丽华，还有李准的外孙女、北京中医药大学教授段天璇是在写作过程中给我支持最多的三位，这本书中的每篇作品，她们都是第一读者，经过她们细细把关，我不仅纠正了很多讹误，而且获得了更多的自信。此外，更有南京的作家、书法家张昌华先生，他不仅慨然应允为本书题写了书名，而且还不厌其烦地以清秀小楷录写我的七言小诗《追思先伯祖直绳先生》，连书数遍，供我和编辑选择，并一再嘱我不要署他之名，其诚意和深情令我感动。我要深深感谢以上各位。

希望这本小书没有辜负大家的鼓励和期待。

2020 年 3 月 9 日